本书为广东省中小学"百千万人才培养工程"项目（2021—2024）成果

广东省中小学"百千万人才培养工程"
初中理科名教师培养项目丛书

丛书总主编：于 慧 李晓娟

自我觉察

提升名师专业发展获得感的修炼

于 慧 李晓娟 等 著

暨南大学出版社
JINAN UNIVERSITY PRESS

中国·广州

图书在版编目（CIP）数据

自我觉察：提升名师专业发展获得感的修炼/于慧等著 . —广州：暨南大学
出版社，2024.12

（广东省中小学"百千万人才培养工程"初中理科名教师培养项目丛书/于
慧，李晓娟总主编）

ISBN 978 - 7 - 5668 - 3909 - 1

Ⅰ.①自… Ⅱ.①于… Ⅲ.①中小学—师资培养—研究 Ⅳ.①G635.12

中国国家版本馆 CIP 数据核字（2024）第 087585 号

自我觉察：提升名师专业发展获得感的修炼

ZIWO JUECHA：TISHENG MINGSHI ZHUANYE FAZHAN HUODEGAN DE
XIULIAN

著　者：于　慧　李晓娟　等

....

出 版 人：阳　翼
统　　筹：黄　球　潘江曼
责任编辑：曾小利　苏　洁
责任校对：刘舜怡　潘舒凡　何江琳
责任印制：周一丹　郑玉婷

出版发行：暨南大学出版社（511434）
电　　话：总编室（8620）31105261
　　　　　营销部（8620）37331682　37331689
传　　真：（8620）31105289（办公室）　37331684（营销部）
网　　址：http：//www.jnupress.com
排　　版：广州良弓广告有限公司
印　　刷：广州市金骏彩色印务有限公司
开　　本：787mm×1092mm　1/16
印　　张：13.5
字　　数：252 千
版　　次：2024 年 12 月第 1 版
印　　次：2024 年 12 月第 1 次
定　　价：69.80 元

（暨大版图书如有印装质量问题，请与出版社总编室联系调换）

目 录
CONTENTS

理论篇

基于自我觉察的名师专业发展获得感的提升

于　慧　李晓娟

（广东第二师范学院）

一、名师专业发展获得感的界定与理解

（一）主要概念界定

学者们对名师的界定不尽相同，有的认为"名师首先是教师，具有一定的知名度，具有一定的美誉度，具有一定的认可度，具有一定的影响度，具有较高的教师专业素养，具有一定的创造性，具有突出的成就。"[1] 有的提出名师是具有高级职称或正高级职称，荣获特级教师或省级学科教学带头人、教学名师称号，并具有一定的区域领导力的卓越教师。[2] 我们认为可将这两类定义结合起来定义名师，即名师既应有定性的影响力标识，又应有职称或称号等明确的成就性标识。

"获得感"是一个具有时代特色的词汇，学者们普遍认为获得感包括客观获得和主观感受，是个体基于外界一定的实际获得而产生的主观心理体验。[3] 教师是一种基于教学的专业性职业，因此，本文进一步将名师的专业发展获得感界定为：他们对所从事的教师职业以及任教学科产生的，由于物质和精神双重层面的获得而形成的自我效能感和积极体验。

（二）相关文献分析

目前直接研究基础教育教师专业获得的结构维度的并不多，但学者们基于不同侧重点对专业/工作获得感的结构划分不同，如二维的客观物质获得、主

① 杨文新. 关于中小学名师成长路径的思考 [J]. 中小学教师培训，2012（3）.
② 毕景刚. "卓越教师"计划之背景、内涵及策略 [J]. 教育理论与实践（中小学教育教学版），2014（4）.
③ 邢婷. 小学教师职业获得感及其与组织公正感、离职倾向的关系研究 [D]. 金华：浙江师范大学，2020.

观精神获得,[①] 三维的物质获得感、精神获得感、职业认同感,[②] 四维的工作条件获得感、做事平台获得感、待遇保证获得感、发展空间获得感,[③] 五维的物质获得感、专业获得感、公平获得感、成就获得感和精神获得感[④]等。

目前对于教师获得感考量的系统研究成果也不多,大多利用 CGSS、CEPS、CSGS、GSS 等全国性调查数据进行抽象研究,主要是人口学变量的差异检验[⑤][⑥],缺少对各个维度及其观测指标的详细说明。

关于教师专业发展获得感的现状与提升路径等问题的研究,吴亮奎(2017)认为教师专业获得的问题主要表现为专业价值感问题、专业知识感问题、专业信念感问题和专业文化感问题,其解决对策分别是专业价值内生对策、专业知识体验对策、专业信念形成对策和专业文化自为对策。[⑦] 刘娟(2018)认为提高教师获得感有三点:一是提高教师的生活待遇,让教师成为令人羡慕的职业;二是畅通职业发展渠道,提高教师精神获得感;三是完善教师荣誉制度,增强教师职业认同感。[⑧]

已有的成果为相关研究提供了重要的理论基石,但总体而言仍存在尚待拓展的空间:一是理论上没有结合教师职业环境与特点,系统理清其专业发展获得感的结构维度、样态考量和提升路径;二是方法上以理论思辨为主,亦有部分自编问卷测量,但获得感作为一个主客观衡量指标,客观获得主要通过数据获悉,应该注重自陈式路径[⑨];三是研究对象上还没有对广东名师专业发展的细化研究。

鉴于此,本文理论部分期望回应:名师专业发展的获得感维度可以是什么?实际获得样态如何?对提升教师专业发展获得感有哪些启示和建议?

---

① 吴俊赏.乡村小学校长职业获得感研究:基于河南省 363 所小学的调查 [D].郑州:河南大学,2020.

② 刘娟.乡村小规模学校教师获得感研究 [D].长春:东北师范大学,2018.

③ 黄立清,林竹,黄春霞,等.高校辅导员获得感评价指标体系构建 [J].中国健康心理学杂志,2019 (6).

④ 崔友兴.新时代乡村教师获得感的内涵、构成与价值 [J].当代教育与文化,2020 (2).

⑤ 文宏,刘志鹏.人民获得感的时序比较:基于中国城乡社会治理数据的实证分析 [J].社会科学,2018 (3).

⑥ 刘娟.乡村小规模学校教师获得感研究 [D].长春:东北师范大学,2018.

⑦ 吴亮奎.乡村教师的专业获得感问题及其弥补性对策 [J].中小学教师培训,2017 (8).

⑧ 刘娟.乡村小规模学校教师获得感研究 [D].长春:东北师范大学,2018.

⑨ 彭文波,吴霞,谭小莉.获得感:概念、机制与统计测量 [J].重庆师范大学学报 (社会科学版),2020 (2).

二、名师专业发展获得感的样态

研究者试图通过质性研究方法，生成能够简化现象，具有解释力、启发性和应用性的理论,[①] 创造性地将两个理论整体关联、整合视角，以期呈现名师专业发展获得感的多维图景。

（一） 理论框架与研究方法

本研究主要采用两个相关的理论为支撑。一是理论模型主要参考董洪杰等学者经过社会心理学量表测评、探索性和验证性因素分析、结构模型的拟合指数测评、信效度检验等研究最终确立的中国人获得感的五因素理论结构，具体包括：①获得内容：个体对不同层次需求得到满足的认知，包括物质需求、成就需求和社会需求的满足等；②获得环境：个体需求得以满足的主、客观社会氛围；③获得途径：个体在需求满足过程中的主体性作用；④获得体验：伴随需求满足的过程和结果而产生的情绪体验；⑤获得分享：个体需求的满足在认知和情绪体验基础上产生的感恩、互惠、共享性等心理倾向。[②] 该五维结构突破了以往单纯内容层面的划分，既体现了需求的客观性与个体性，也强调了需求的精神性与社会性；既关注到外在社会环境在需求产生与需求满足过程中的作用，也解析了个体自身在需求满足中的主观能动性。[③] 这与教师的职业特征匹配度很高。需要说明的是，因教师的生活待遇等问题正逐步得到解决，本研究并不讨论"获得内容"中的"物质需求获得"，而是将重点放在与名师专业发展直接相关的获得内容（成就需求和社会需求）、获得环境、获得途径、获得体验和获得分享上。

二是具体的分析方法采用自我觉察分析框架对名师成长档案做文本分析。成长档案是由教师按主体悟性梳理的，即这里面的关键人物和事件并不由第三方设定，而是教师根据自己的感受来描述，可以说，是教师自己创造了"关键事件"。教师根据自己的教学经验和兴趣偏好来判断哪些事件具有意义，这

① 董洪杰，谭旭运，豆雪姣，等. 中国人获得感的结构研究 ［J］. 心理学探新，2019 （5）.
② 谭旭运，豆雪姣，董洪杰. 社会阶层视角下民众获得感现状与提升对策 ［J］. 广西师范大学学报 （哲学社会科学版），2022 （5）.
③ 杨宜音，赵静，吴莹. 质性研究中理论原型的生成：社会心理学文本资料分析的经验分享与讨论 ［J］. 苏州大学学报 （教育科学版），2019 （1）.

具有很强的个人色彩，也正因此形成了教师不同的专业表现和行为。① 关注教师作为一个人的发展，强调教师的自我知识和自我理解是专业发展的关键②，鉴于此，自我觉察分析框架提供了较好的指引。

自我觉察分析框架由美国组织心理学家 Tasha Eurich 在其著作《深度洞察力》（*Insight*）中提出。其理论基础是：自我觉察是一个相对复杂的概念，可将其核心定义为一种清晰地认识自我的意愿和能力，它包括克服认知偏见，唤醒自我觉醒，看清内在的自己，也了解别人眼中的自己是怎样的。作者认为自我觉察是一种清晰地认识自我的意愿和能力，它旨在唤醒自我觉醒，看清内在的自己。具体运用到"洞察七柱"（Seven Pillars of Insight），即：①对自我价值观的觉察；②对自我热情的觉察；③对自我抱负的觉察；④对自己与环境匹配度的觉察；⑤对自己行为模式的觉察；⑥对自我反应的觉察；⑦对自我影响力的觉察。③

获得感五因素理论结构与自我觉察分析框架密切相关，存在多种要素的契合。获得感关注个体对获取自身需求满足的内容、实现途径与所需条件的认知评价，以及在此过程中的心理体验④，意味着其并不是只看客观获得，主观感受与评价也是一种能力，这点与自我觉察相近。其中获得内容（本文主要考察成就需求和社会需求的认知）与"对自我价值观的觉察""对自我抱负的觉察"较为契合；获得环境与"对自己与环境匹配度的觉察"较为契合；获得途径与"对自己行为模式的觉察""对自我反应的觉察"较为契合；获得体验与"对自我热情的觉察"较为契合；获得分享与"对自我影响力的觉察"较为契合。当然，这种契合是相对的，但可以较好地链接自陈式研究与获得感样态之间的桥梁，帮助我们搭建从个体层面到群体层面以及组织结构层面的联系。具体如图 1 所示。

---

① TRIPP D. Critical incidents in teaching：developing professional judgement ［M］. London and New York：Routledge，1993.

② 宋萑. 走向学习本位的新时代教师专业发展体系构建 ［J］. 教育发展研究，2021（4）.

③ Tasha Eurich. 深度洞察力 ［M］. 钱基莲，译. 台北：时报出版社，2018.

④ 董洪杰，谭旭运，豆雪姣，等. 中国人获得感的结构研究 ［J］. 心理学探新，2019（5）.

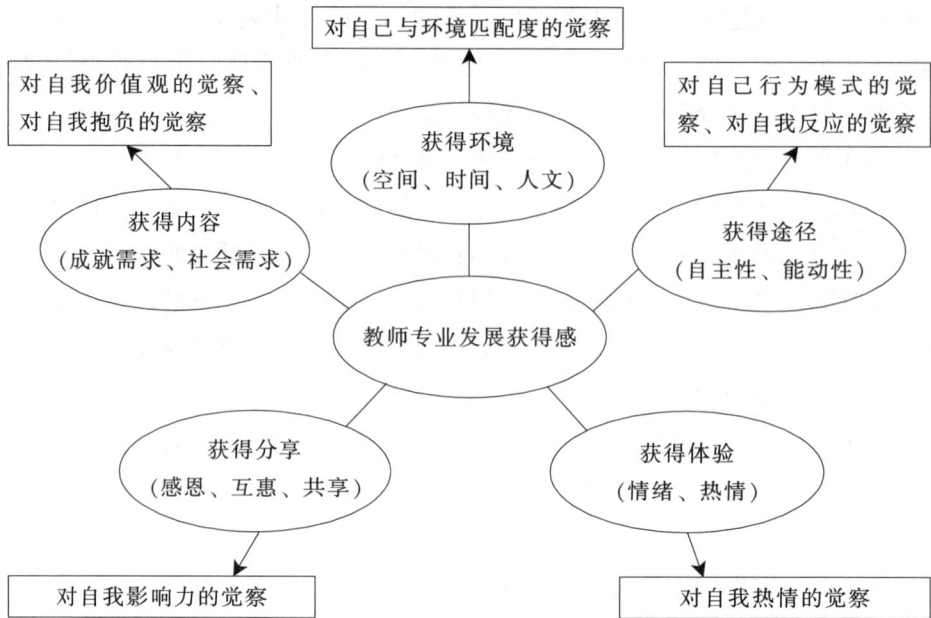

图1　基于自我觉察的教师专业发展获得感理论框架

（二）样态呈现与讨论

自我觉察是 21 世纪重要的技能之一。研究表明，对自己有更清晰、准确的认识的人能够作出更明智的决策，能够建立更高质、满意的亲密关系和职业关系①，有更好的职业发展②，并且更加自信③。本研究先对名师成长档案进行"洞察七柱"的提取，再与匹配的获得感五因素进行聚类分析，一方面呈现对自身专业发展关键事件的主体悟性和真实外显，另一方面印证对专业发展获得感维度与要素的理解。

1. 获得内容：觉察到专业发展要有立德树人的价值情怀，以及成就学生和服务社会的理想抱负

对自我价值观的觉察旨在明了指引自己的核心价值观是什么，这套价值观

---

①　FRANZOI S L, DAVIS M H, YOUNG R D. The effects of privateself-consciousness and perspective taking on satisfaction in close relationships［J］. Journal of personality and social psychology, 1985（6）.

②　BROWN C, GEORGE-CURRAN R, SMITH M L. The role of emotional intelligence in the career commitment and decision-making process［J］. Journal of career assessment, 2003（4）.

③　SUTTON A, WILLIAMS H M, ALLINSON C W. A longitudinal, mixed method evaluation of self-awareness training in the workplace［J］. European journal of training and development, 2015（7）.

既能帮我们定义自己想成为的样子，也为对自己行为的评估提供标准。①

　　本文根植于广东省中小学"百千万人才培养工程"的名师群体，他们是教师群体中的领军力量，其专业发展获得感关乎个体生活质量、职业吸引力、教育优质公平，是连接教育高质量发展与个体幸福体验的交汇点。他们想干事、能干事、干成事，专业发展获得感就是他们对所从事的教师职业以及任教学科产生的物质和精神双重层面的获得而形成的自我效能感和积极体验。在名师的特征方面，成尚荣（2008）认为有如下四个基质：追求职业价值的动力、安静不安分的心理、文化与才情的优势、敏锐独特的见解②。黄友初（2019）提出主要从教师知识、教师品格、教师信念及教师能力四个方面体现名师专业素养的内在结构③。但这些研究普遍从已经成了名师的教师这个"点"来看，难以找寻他们生动的个体记忆和发展轨迹；若借助其实践成长"线"的视角，则能更为清晰地复盘他们本来的心和走过的路。比起采访式的第三方观察，本人的自传式文本采用教育叙事或行动研究的形式，深入教育主体的内心世界，尝试捕捉更为丰富的信息。鉴于此，本文从理论上搭建了名师自我觉察的框架，实践上由名师各自按照主体悟性梳理自身提升专业获得感的成长档案，这里面的关键人物和事件并不由第三方设定，而是教师根据自己的感受来描述相关事件，可以说，是教师自己创造了"关键事件"。教师根据自己的教学经验和兴趣偏好来判断哪些事件具有意义，具有很强的个人色彩，因此，才形成了教师不同的专业表现和行为。本文期望通过质性表达，生成解释力、启发性和应用性的理解进而对教师职业生涯发展的重塑发挥引导价值。

　　名师 L：师生之间，不需要燃烧与被照亮的牺牲与成全。相互成就，可以让师生成为最好的自己。

　　名师 H：爱生如子的我始终牢牢坚持以"假如是我的孩子"和"假如我是孩子"为教学宗旨，努力构建和谐、民主的生命化课堂。

　　对自我抱负的觉察与明确目标、成就略有不同。比起问自己"我想达成什么"，更好的问题是"我想从中获得什么"。人们会在目标达成后感到失落，但抱负是持续的，它永远无法被完全实现，我们每天醒来都可以再次被它激励。④

---

①　Tasha Eurich. 深度洞察力 ［M］. 钱基莲，译. 台北：时报出版社，2018.
②　成尚荣. 名师的基质 ［J］. 人民教育，2008（8）.
③　黄友初. 教师专业素养：内涵、构成要素与提升路径 ［J］. 教育科学，2019（3）.
④　Tasha Eurich. 深度洞察力 ［M］. 钱基莲，译. 台北：时报出版社，2018.

名师 G：任教 17 年我的教学激情持久不衰。这份激情来源于对山区教育事业的一份执着，来源于对山区学生的热爱，来源于对乡村美好生活的憧憬。我感觉到山区和孩子都需要我。

名师 Z：一直以来，我都在为达成自己心目中"智慧高效有生命力的智慧教育"之理想而奋斗。这种至善、至美、至上的教育既能"成人"，亦能"成事"，在教学方面要能"教得有效，学得愉快，考得满意，用得自如"！这种理想的教育是点亮孩子心灯的"启蒙者"，他们不仅可以获得有生命的知识，还可以看到知识创建的过程，懂得知识对于人类、个体的价值与意义。

可以发现，名师们坚持教书与育人相统一，从学生发展、学科育人视角树立了自己的价值观。他们的抱负也不只是塑造学生"现在的样子"，还有造就学生"未来的样子"，他们全心全意充当学生锤炼品格和学习知识的引路人，正是深沉的责任感和使命感让他们永葆专业发展自觉和师者的仁心情怀。

2. 获得环境：觉察到专业发展可以通过空间环境浸润获得、与时俱进主动获得和组织氛围支持获得

对自己与环境匹配度的觉察旨在了解对自己而言最理想的环境。知道自己在怎样的环境中最开心、最有动力，能够事半功倍。①

名师 X：我的家乡潮汕工夫茶家家飘香，茶文化和教学有异曲同工之妙，茶艺师好比教师，茶客犹如学生，茶的品种犹如课堂主体——不同类型的学生，不同内容的课，不同的课型。泡茶水的质量犹如教师的知识源泉，有源头活水和好水才能激活一壶好茶，水质、水温特别重要；冲泡方法就如教学方法，不同的茶叶有不同的茶性，顺应茶性泡出来的茶，才能最大限度发挥茶的口感、香气、汤色。犹如"三适"教育连环，环环相扣：适性教育，丢不得；适量教育，比不得；适时教育，急不得。上课热情拿捏就如茶的温度，太热太冷都达不到效果，凉掉的茶或隔夜茶往往还有害。

名师 Y：在工作中，科组给了我锻炼和成长的多样平台，不仅让我成为集体备课的主备人，而且还把我推向前台，参加区学科基本功比赛活动。我有不足和缺憾，他们热情无私地帮我出主意；我取得优异成绩，他们为我的成长和成功点赞庆贺。

---

① Tasha Eurich. 深度洞察力［M］. 钱基莲，译. 台北：时报出版社，2018.

可以发现，名师受到自己生长的地域浸染并能较好地在文化认同的过程中处理文化冲突与文化理解。此外，对新环境的主动适应，与时代共舞的新思考、新行动，以及组织搭台子、压担子都能促进名师成长。

3. 获得途径：觉察到主体性贯穿专业发展的全过程，促进名师自助、自为、自觉

对自己行为模式的觉察，即认识到自己在时间上和空间上都具有持续性和一致性的思考、感受和行为模式。对自我反应的觉察就是关注人在各种情境下思想、情感和行为上不同的反应。①

名师 X：虽然我也注重向其他优秀教师学习，但我并不照搬他们的课堂模式，而是注重自己对问题的独立思考。假如我是学生，我会思考：教学设计的知识呈现方式合理吗？其中提到的知识应用有趣吗？能解决我们生产生活的实际问题吗？我总是这样多次的"折腾"，让课堂体现自己的个性。

名师 S：镇里没有特殊教育学校的教材和任何教学资料，也没有行家指导，我就经常利用双休日独自一人自费到广州等兄弟学校学习。每次外出都会买许多专业书籍、教材及配套的教具和学习资料，回来不断摸索。

名师 F：尽管工作任务重，但只要是能提升自己专业修养的事情，我都愿意尝试和接受。英语教材改版时，大家都不愿教新教材，我主动要求到初一教新教材，没有人愿意和我一起干，我就单枪匹马地干。

对于一件事，是积极面对还是消极逃避，都在转念之间。关注问题解决和勇于迎接挑战甚至创造挑战，是名师行为与反应的共同特征。没有支持，没有同伴，他们仍想方设法用尽所有可能的资源，不惜投入时间、精力和财力，争取自我成长。

4. 获得体验：觉察到对教育的天然热爱和不计得失的投入，这种积极情绪又产生对专业发展更高层次的内在激励和更强的行为动力

对自我热情的觉察会让自知的人不断探索，并在这个过程中越来越接近自己真正热爱的事情。

名师 W：不需要任何理由，我就是喜欢学生。偶尔遇到不开心的事，孩子们的纯真眼神和大声问好让我再也无法沉着脸，走进教室后便又激情洋溢地

---

① Tasha Eurich. 深度洞察力［M］. 钱基莲，译. 台北：时报出版社，2018.

投入教学中，这真是一剂良方。

　　名师Z：曾因高烧39度入院，要求医生在我的左手进行静脉注射，只为了方便右手执笔阅卷；母亲因粉碎性骨折而手术的当天，我恰好在介绍金属材料，讲到钛合金可用来制造人造骨时实在忍不住落泪……只因为我从事的是一项必须付出时间精力、必须以心灵来拥抱的事业。当我的学生非常喜欢我的化学课时、当我所带班级的中考成绩一再刷新学校的辉煌纪录时、当一个聪明而又经常闯祸的学生在我的帮助下终于走上了阳光少年的求学之路时、当学生和家长向我投以感激的目光和灿烂的笑容时，所有的辛劳都化为欣慰……我是一个累并快乐着的化学教师，让理想照进现实是人生一大幸事，我以从事教师事业为荣！

　　名师Y：来到重点中学的第一年，我对自己提出了更严、更高的要求，每天都要听一两节其他老师的课后自己才上课，为的就是那几句精彩的点拨、那几段巧妙的衔接，每次我都如获至宝，并将其转变成自己的方法运用到教学中。

　　名师们天然地喜欢学生，也总能在教育教学中找寻意义，与学生在一起时环境就会变成奇妙的"幸福场"。他们不断探索与确认自身的热情，发自内心地投入自己的时间、精力、情感去育人，无需外界施加压力，并在此过程中产生了安全感、幸福感和获得感。

　　5. 获得分享：觉察到与单纯的"得到"相比，感恩与分享的强烈责任感给专业发展带来新的动力和效能

　　对自我影响力的觉察帮助人们明白自己的行为对他人产生的影响力，也更愿意促进互惠和合作。

　　名师T：已毕业的孩子们向我报喜，他们的英语成绩在高中名列前茅，学得也最为轻松，因为很多知识我都在初中"涉猎"过……也有不少孩子选择了出国深造或是从事与英语相关的职业。我的目标实现了：教育教学成果不仅是当时的分数和证书，更重要的是孩子们后续的学习兴趣及持续的发展动力。

　　名师C：我除了做好自己的教学工作和处理好学校繁重的行政事务，还肩负着指导、引领、带动全区学科教师以及工作室成员成长的重任。作为高龄孕妇，我曾怀着六个月身孕在重感冒的情况下连续两个星期早晚奔走于乡村送课、评课。同事们都说我是"拼命三郎"，可在我看来，这是一种责任，做自己能做的事，做自己该做的事，做别人认为可以不做而有益于他人的事，而且要做到最好。

示范引领是名师的责任担当。名师对学生、对同行、对区域的影响有些是即时性的，有些是延展性的，有些是显性的，有些是隐性的，但最关键的是这种影响力并不源于名师称号的光环，而是依托他们的师德信念、专业素养和人格魅力而自然带出来的"追随力"。

三、名师成长的关键素养、关键事件与关键时刻

（一）关键素养

通过对名师自我觉察的分析，我们归纳出如下名师具备的关键素养。

1. 倾注教育情怀、心系家国的价值素养

名师们能够主动将自己的职责与党和国家培养"时代新人"的要求紧密联系。培养"时代新人"本质上是实现人的全面发展，贯穿"德智体美劳"的教育目标和任务。[①] 党情、国情、乡情、学情总能滋养这些教育者的灵魂，他们为此努力、克难、执着、热爱、奉献，成为学生健康成长的指导者。

2. 尊重学生、成就学生的教育素养

靳忠良老师说过：学生已经把喜欢的老师当成一种形象、一种力量、一种长久的情怀。对于学生来说，教师就是榜样，就是偶像。名师们研究学生，热爱学生，和学生一同成长，这已成为他们的责任和义务。他们坚持以学生为学习的中心，以自身的专业发展为保障，为个性化学习和学生的成功负责。名师们关注的不只是单纯为学生升学或就业做准备，而是学生个体的精神世界和发展需求，是"在一个全面发展的、活生生的、有血有肉的人身上，体现出力量、能力、热情和需要的完满与和谐"。

3. 个性化教育哲学、专于研究的思维素养

名师们喜欢天马行空地"想"，喜欢扎扎实实地"干"，喜欢随时随地地"写"，注重教学与教研的有机融合，自觉从教学实践中提炼"真问题"，开展"真研究"，从而产生"真成果"。通过不断地去行动、去体悟、去证明，实现"立德，立功，立言"。

4. 不断学习、勇于创新的实践素养

名师们是教育工作的探索者和研究者，通过探索和分析教育事实以促成工作转变，激发教育热情。同时，自我教育是教师成长发展和完善教育工作的重

---

① 褚辉，高向辉，曲洪波，等. 习近平关于"时代新人"培养问题论述的三重逻辑解析［J］. 现代教育管理，2020（11）.

要途径。成为自我教育者意味着要养成自我进修和终身学习的习惯，要为上好一堂课作毕生的准备。① 名师们总是在反思管理、课程、教学等方面的重要问题，创新性地提出解决问题的理念、思路与策略，并积极推动教育教学管理实践的改革与创新。

5. 引领团队同行、示范担当的领导素养

名师们一方面在其所在学校带领同事积极作为，另一方面在帮扶支教中起辐射作用，从一所学校、一个学区扩展到一个地区乃至更大范围，在成就他人的同时，也传播其教育教学主张并推动它产生良好实践效果。

（二）关键事件

通过对名师成长历程的觉察分析，我们归纳出如下影响名师的关键事件。

1. 竞赛获奖、课题论文的专业认同

名师 H：我有幸代表学校参加教学比武，与众多经验丰富的老师同台竞技，竟然获得了第二名的好成绩。这次"小试牛刀"让我尝到了取得成绩的甜头，点燃了"我可以做一名优秀老师"那把心中的火！从此，学校也开始赋予我重任，我就在鼓励和压力中成长了。

名师 L：我担任课题中心组组长，第一次学做和领做课题。这次课题聚焦"中考科目的课堂教学有效性的研究和改革"，100 多名教师参与其中，全校教研氛围浓厚，教学质量提升迅猛，一跃成为本市名校。从此，我对科研的态度从被动参与转变为主动投入，真正进入了教师专业发展的新阶段。

有成就感才会有职业认同。教学竞赛、公开课等是对教师教学认同的集中展示。教学认同不仅是一个认识问题，还是一个价值问题。它不仅意味着对"教学是什么样的"的认识与理解，还意味着教学对教师主体而言具有何种价值的认可、肯定、欣赏。② 课题、论文等专业表达的产出性驱动更能帮助教师明确自己所思所为的理论与实践价值，并获得更为长久的专业成就感。

---

① 肖甦，宋瑞洁.新时代教师角色的应然、实然与使然：基于苏霍姆林斯基人学教育思想的审视[J].现代教育管理，2021（3）.

② 周波.教学认同：高校教师回归本分的内生力 [J].高教探索，2020（11）.

2. 被现实绊倒、突破认知的挑战驱动

名师 L：我调到这所名校后，感受到资优生对知识的理解和运用游刃有余，课堂上循规蹈矩的知识讲授对于他们来说就是浪费时间，而他们头脑里千奇百怪的想法往往让我哑口无言，我甚至开始怀疑自己是否适合教书。随后我潜心"琢磨学生"，去研究他们的学习方式、思考方式以及所具备的知识基础，开始大胆建构适合这所学校数学课堂的教学流程，经过不断推倒、重建、实验、反思、完善，慢慢成形，最终取得成效。

名师 D：与小 P 同学的一次对话帮助我增强育人的意识并开始思考在教育教学中如何关注人的发展。她告诉我："老师，我发现咱班的同学大多数都不知道自己的梦想是什么，对自己的要求出奇地低，考试及格就好，这和我以前重点中学的同学完全不一样，他们力争上游，生怕落后，在那样的集体自然会充满斗志和动力。我想回到那样的集体。"她的话给我当头一棒。本来我一直认为所带的班级和谐友爱、正常运行，就能够满足学生的成长需要。至此，我才开始思考，对于城乡结合部的孩子，家长文化水平不高，对子女的教育和要求也不高，怎样才能为这些孩子打开一扇通往外界的窗？我的班级、我的课堂要将孩子们引向何方？从此，我的课堂开始悄然变化，除了书本上的知识，还有外国风俗习惯、天文地理，国际新闻等。我的班级管理除了定班规、讲道理、创文明，还多了励志故事、时间管理、电影欣赏、理想职业规划……我希望在教会学生知识的同时，还教会他们做人，点燃他们心中的梦想。

学生是成就老师的重要力量。教师被现实"绊倒"进而突破原有认知的起点往往就是学生，他们让教师意识到"尚不足够"。新时代的学生不只知识面广，理念也相对成熟，这更加促成了教学相长的平等交流与相互滋养。名师不仅要善于发现和评价学生的优点，还应勇于直面某些学生所提出的现实挑战，积极调整教学方式，及时更新教育理念，面向现在、面向未来、面向更好的育人成效。

3. 职后培训、学历提升的学习支持

名师 C：真正让我的教学思想成熟起来的是参加"广东省百千万人才培养项目"的学习。我聆听了许多名家讲座，观摩了许多名师优秀课例，参加了许多论坛及沙龙，得到了导师们的指点和同伴们的帮助。见贤思齐，我对自己有了新的认识和规划。我如饥似渴地研读名家著作，开始思考自己的教学风格、自己的教学追求，并很努力地去运用到课堂中去。学习，让我的大脑思维"打开了几扇窗户"。

名师 K：我考上了华南师范大学的教育硕士，可以说是我教书生涯的一个重要转折点。从一名只会教书和上公开课的经验型教师走进了教育科研大门，我开始主动广泛阅读，仔细咀嚼知识，创造性地开展工作。

学习力是一个人学习态度、学习能力和终身学习之总和。名师通过参加高水平的专业培训或学历提升，在更广、更高的平台遇见志同道合的优秀同伴，在知识、能力、价值观上都有新的生成，进而反哺教育教学实践，实现更好的专业成长。

（三）关键时刻

1. 创造"被看见"和"被认同"的荣耀时刻，强化成长动力

名师成长是一个循序渐进的过程。培养教师的过程中组织不仅要搭台子，如组织竞赛、支持科研、帮助教师发表研究成果等，还要切实助推其走向成功。助推教师走向成功，其中如何评价教师就是一个重要的推手。多设里程碑，如为目标设置关卡和层级，或做周期性的回顾总结以挖掘其成就，通过一系列递进的小目标不断创造教师成长的荣耀时刻，进而支撑大目标的实现。教师评价还应从传统的评判学生优差更多转向引导学生成长。针对教师发展的不同阶段或典型事件，可以基于"转变事件需要凸显，里程碑事件需要纪念，低谷事件需要被填平"[①] 这样的理念来设计评价标准，传递出"你所做的努力都被看在眼里，我很欣赏你，我愿意持续支持你"的信息。创造荣耀时刻将会给予教师更多的认可与支持，有助于强化教师的成就感和发展动力。

2. 增加与利益相关者的连接时刻，进化成长思维

名师对自己的职业充满使命感，与利益相关者的彼此回应会让情感更加坚固。从成长档案的文本分析，影响名师们成长的关键人物主要有从教的家人、学生时代的恩师、就职单位的领导同事、触动思考的学生和职后偶遇的专家同行。这些能够点燃名师的关键人物或言传身教，或信任鼓励，或指点迷津，或教学相长，用经验、思考、质疑或者人格魅力为名师成长提供了关键时期的关键帮助。在这之中，学生更是点燃教师工作热情的主要力量，多倾听学生关于

---

① 奇普·希思，丹·希思. 行为设计学：打造峰值体验 [M]. 靳婷婷，译. 北京：中信出版集团，2018.

"你对学校的看法是怎样的（理解）、你对未来有什么期望和梦想（肯定）、我该怎样才能帮助你更有效地学习（关心）"等核心问题，可以帮助教师感受到自己最终所做的贡献是什么，又是如何对学生成长做出贡献的，便能够跳出烦琐事务的条框，继而投身于高于个体的、更加伟大的使命之中，产生一种彼此连接的归属感。而基于使命感和归属感的成长驱动将极大影响教师接受新挑战、更新自身教学行为的积极信念。

3. 鼓励终身成长的认知时刻，强化专业反映

《人是如何学习的——大脑、心理、经验及学校（扩展版）》的作者总结了一线教师学习的几种形式：在教学实践中学习、向其他教师学习、向教育专家学习、参与学位课程学习和从正式的职业工作之外获得学习①。无论是提升学历以提高教师的学科知识和综合素养，还是职后培训以观察导师同行的间接经验，进而提高教学技能和丰富教学策略，都体现出教师作为专业工作者必须具备"行动中反映"的能力，成为"反映的实践者"②。而在强化专业反映上，"高标准＋信心"和"方向＋支持"＝自我认知的加深③。教师们参与培训、学历深造、遇见导师和名师同行，都在助推其加深对自身专业发展的能力和潜力的认知，是一种能够产生积极效果的压力和动力。

四、提升名师专业发展获得感的启示与建议

1. 提升多重价值认同，增加教师专业发展的社会需要和成就需要

名师的价值观和抱负在"被需要"中得以实现，他们被学生需要、被科组和学校需要、被社区需要。在意义世界的建构中体验个人、职业、教育的价值，这些终将成为教师坚守教育的内心依据。④ 他们尊重和敬畏教育职业，在与学生的真切交往与理解中深刻感知肩上的重担与使命。而现实中存在不少教师不认同组织价值也不认同自身价值的情况，与学生脱嵌，与社区脱嵌，价值认同感弱导致融入感低和获得感低。教师需要认识到自身所承载的多重价值，

---

① 约翰·D. 布兰思福特，等. 人是如何学习的：大脑、心理、经验及学校（扩展版）[M]. 程可拉，等译. 上海：华东师范大学出版社，2013.

② 唐纳德·A. 舍恩. 反映的实践者：专业工作者如何在行动中思考 [M]. 夏林清，译. 北京：教育科学出版社，2007.

③ 赵永勤. 教育经验改造视域下的乡村教师专业发展路径研究 [J]. 教育发展研究，2018（20）.

④ 李森. 新型城镇化进程中我国乡村教育可持续发展的现实困境与战略选择 [J]. 西南大学学报（社会科学版），2015（4）.

如提升教育质量，促进学生健康发展；通过加强学校与社区的联系，以及区域文化与教育的衔接，弘扬与传播本土文化，建设社会文明，等等。特别是在当前乡村振兴和城乡一体化背景下，乡村名师更需要有大局意识和责任担当，要积极发挥其作为"乡贤""知识分子"和"文化人"的多重角色功能，助力乡村振兴与发展。①

2. 发掘地域、时代和人文环境的成长意义，营建良好的教师专业发展获得环境

在空间环境上，名师们很注重体悟地域文化对自身成长的匹配性影响。悦纳与发展区域文化中的宝贵教育元素令他们前进得更远、更好。要提高教师队伍建设的社会场域适应力，使教师队伍建设有深植的土壤、深厚的文化，培养新时代教师专业发展的自觉性，集中"以'成人成事'为目标，培养'发展自觉'"。②

在时间环境上，名师们积极拥抱数据时代，运用新兴信息技术取得教学育人实践的新突破。新时代教育对充分利用人工智能、"互联网＋教育"等来促进教师队伍建设提出了新要求。"当教师投入于将信息技术与教学相结合起来的时候，对这个过程起决定性作用的是教师所拥有的对技术整合的自我效能信念。"③ 教师应积极融入数字生态共同体，利用好人工智能、大数据、云存储等多元化新兴信息技术所创生的丰富的、动态的教育技术资源，与时代共舞，创造共生价值。

在人文环境上，名师们珍视和回馈正向的组织氛围，他们认为在这样的氛围中更能够取得竞赛获奖和教学成绩优异等成就性驱动，是其成长为名师的关键事件。王照萱等（2020）的研究表明，教师感知的学校氛围，如决策共享、教师合作以及师生关系等，对教师领导力、教师自我效能感与工作满意度具有直接影响。④ 因而有必要创建支持性的学校共同体，构建组织支持、同伴互助、师生共进的公平信任环境。考虑到部分乡村教师就职于小规模学校，与城区甚至本校的同行交流都受到诸多限制，还可建立片区内的学科联盟体。

3. 坚持自我建构和终身学习，引导教师专业发展的获得途径

名师们不仅把专业发展作为职业的专业成长，更将其作为人生志向、潜能开发、精神成长与信念生成的专业成长。在一定程度上，教师专业发展是教师

---

① 崔友兴. 新时代乡村教师可持续发展机制探析 [J]. 教育理论与实践，2020（34）.

② 叶澜. "新基础教育"内生力的深度解读 [J]. 人民教育，2016（Z1）.

③ 叶澜. "新基础教育"内生力的深度解读 [J]. 人民教育，2016（Z1）.

④ 王照萱，张雅晴，何柯薇，等. 乡村教师感知的学校氛围对其工作满意度的影响：教师领导力和自我效能感的中介作用 [J]. 教师教育研究，2020（6）.

主体自我建构的过程。故此，教师成长要特别关注主体悟性。主体悟性需要教师的主动投入，发展一种对自我行为方式的责任感。它主导着个体将会看什么、听什么、关注什么、想什么和做什么，其功能主要表现在：决定外界影响的判断和选择，决定个体的期望和目标，导致行为效果的差异。[①]

名师们也非常善于学习，特别注重观察优秀同行。教师也应多花时间挖掘专家和优秀同事身上的"隐性知识"，即在工作中积累的那些只可意会不可言传的经验，并将其转化为能为己所用的思维模型：他们是如何安排工作的？他们是如何思考问题的？他们为什么做出这样的决策？这些行为背后的思维模型又是什么？如果能逐一弄明白这些问题，进步就会快得多。特别鼓励教师借助认知支架（脚手架），在与研究者及同伴的对话、协商等互动中，通过不断"寻找自身与他人的差距"，不断"寻找设计与现实的差距"，跨越"最近发展区"，实现"理念更新"与"行为更新"，最后达成发展。[②]

4. 运用赋能和欣赏型探究，激发教师专业发展的积极获得体验

名师们都提到被学校赋予重任，在鼓励和压力中成长，能力也不断提升。组织行为学学者阿吉里斯认为，能力是在需要与环境之间架起的一座桥梁。这意味着能力因需要而产生，当把更高、更有效的工作绩效作为需求时，人们会发现自己其实可以胜任更多的工作。教育行政部门和学校应多给教师机会、角色、岗位和资源，更重要的是要创造平台和机会帮助教师发展，这就是赋能的工作场景。有了从普通人到"价值人"转换的经历和体验后，教师就会有很强的身份认同感。此外，通过分享故事和发掘组织的积极核心，一个能够展示核心价值与组织认同重要性的欣赏性空间就得以建立起来，这种对于积极情感的共时性体验使人们对于共享各种可能性产生了真正兴趣。[③] 鼓励教师分享自己在组织中最满意的一个故事、一个解决方案或一个想要的未来，从而形成积极的问题和愿景，促进教师内生动力的生成[④]，这也非常有助于感召其进行转型性学习。

---

① 崔友兴. 新时代乡村教师可持续发展机制探析 [J]. 教育理论与实践，2020 (34).

② 王洁，顾泠沅. 行动教育：教师在职学习的范式革新 [M]. 上海：华东师范大学出版社，2007.

③ 王洁，顾泠沅. 行动教育：教师在职学习的范式革新 [M]. 上海：华东师范大学出版社，2007.

④ 弗兰克·约瑟夫·巴雷特，罗纳德·尤金·弗莱. 欣赏型探究：一种建设合作能力的积极方式 [M]. 张新平，译. 上海：上海教育出版社，2017.

5. 联动名师工作室和区域合作研修等制度设计，倡导教师专业发展获得共享

名师们总是能给人满满的正能量。在对"人"上，他们以生为本、教书育人；在对"事"上，他们信奉"一事精致，便能动人"；在对"责"上，他们示范辐射，用专业实现担当。有学者指出：知识经过分享，双方所获得的信息和经验都会呈线性增长，若继续与他人分享，并不断将问题反馈与延伸，那么所获得的经验和信息就会呈几何级数递增。① 鉴于此，要实现教师专业发展就有必要为教师们提供交流、分享知识与经验的空间。名师工作室是经过实践检验的很好的共享平台，区域合作学科研修也有利于共享名师资源，解决区域与区域之间，以及区域内部不同学校之间的资源不平衡问题。学校优化教师获得资源共享的制度时需要考虑：如何创造一种环境，让教师之间能够分享各自的经验，尤其是能使其他教师得以意会和产生共鸣的优秀教师的教学真知和智慧，实现教师群体知识的共同化，提升整个团队的教学水准；如何提供一些途径、创造一些机会，让教师个人的经验、诀窍等隐性知识表达出来或转化为别人容易理解的形式，实现教师隐性知识的外显化；如何提供一种支持，对教师所贡献出的、外显的优秀教学经验、知识及科研成果等显性知识进行梳理、提炼和统整，从而创造并创新教师的知识体系。②

综上，我们以名师个体对其成长历程中"最具意义"的典型感受和关键事件为主线，通过具象研究寻找名师成长的共性特征与发展建议。可以看出，名师成长既是一个教师自主、同伴互助、组织培养多元联动的过程，又是一个主体悟性的自我觉察的过程。如何为教师赋能，点燃其自觉、自悟、自为、自长的内在动力和成长性思维，是一个需要继续探究的话题。

---

① 傅安国，吴娜，黄希庭. 面向乡村振兴的心理精准扶贫：内生动力的视角 [J]. 高等学校文科学术文摘，2020（4）.

② QUNINN J B，ANDERSON P，FINKELSTEIN S. Managing profession intellect：making the most of the best [J]. Harvard business review，1966（3－4）.

实践篇

终身体育思想指导下的体育教学

李　雪

（广州市黄埔区教育研究院）

一、前言

随着经济高速发展，我国已然步入知识信息化时代，人们的生活习惯与生活方式都发生了很大变化。在生活水平与文化素质提高的同时，人们的空闲时间逐渐增多，越来越多的人开始注重体育运动，认为体育运动是生活中不可缺少的一部分，也是健康生活方式的一部分。而在发生如此变化的社会里，学校体育教学工作要怎样面对现实、面向当今世界、面向未来，培育出身心全面发展的优秀人才，始终是需要学校体育教学工作人员仔细思索的问题。在许多教育中，体育与健康教育作为一种独特的存在，对人的身心健康有着很大的促进作用，它使我们在不同的时期都能够找到适合自身的运动，以维持身心的良好状况。终身体育教育自 20 世纪 90 年代就进入了人们的视野。也就是从那个时代起，学者们认为体育终身化是体育教育事业发展的客观要求和必然结果。终身体育思想是指导学校体育教学的最好选择，它的出现是我们这个时代的要求，也与我国体育运动政策吻合。

《国家中长期教育改革和发展规划纲要（2010—2020 年）》中提出，"构建体系完备的终身教育"，"促进全体人民学有所教、学有所成、学有所用"，以达到打造运动大国、推动运动生活化、持续改善人们的健康水准和生命品质的总体目标。但目前国内义务教育阶段及至大学的体育教学状况却不尽如人意，主要体现在以下几点：

（一）体育意识不足

目前我国中小学生的运动能力普遍不高，受传统观念以及升学压力的影响，他们对运动的关注度也不高。针对中小学生成长阶段中出现重智育轻体育的现象，我们要将体育课放到第一位。在义务教育阶段，学生终身体育教育有着十分重要的学习使命，通过培养学生的体育意识，使他们形成终身体育运动的良好习惯。这也是一线体育教师毕生的追求与探索。而实际上，不管是学校管理者，或是教师、学生家长、学生自己，他们对体育运动的认识都比较浅薄，学生很少自主进行体育运动。

（二）终身体育是健康成长和心理发展的客观需求

现如今，大部分中小学生家庭环境都较为优越，娇生惯养，平时缺少体育锻炼，在困境面前，缺少吃苦耐劳、团结合作的精神。同时，越来越多的中小学生在战胜困难方面的表现较差，随着年龄的增长，他们也会发现自身与身边的环境不相适应，心态和行为方面的问题也会越来越突出。怎样合理应对学业、人生等方面出现的困难，正是终身体育促进自身素质提升的任务所在。

（三）当前体育教学改革中存在的问题

目前，全国学校的体育教学已经采取了大量的改革举措，并开始把终身体育思想融入课程中，但效果一般。不少一线教师的体育课开展状况并不乐观，课程中对"学、练、赛"的一体化课程特色体现不够，教学方式还是比较传统，导致学生即使上了 12 年的体育课却无法掌握一门运动技术。如何以体育教学改革为突破口来增强学生的体质，让体育运动项目学以致用、终身受益，这是一线体育教师在教学过程中需要探索的主题。

综上所述，体育课是我国基础教育乃至高等教育的组成部分，肩负为社会培育优秀人才的重任，是学校向整个社会培训与输出优秀人才的重要手段。在我国教育变革的大潮下，终身体育教育思想领域也在进行着各种程度的教学变革，但无论怎样的教学变革，如果没有落在体育教学领域，也没有触动课堂、没有提升课堂的效果与品质，则一切教学变革都难以有根本性的进展。以"健康第一"为指导思想，全面转换体育教学观念，已迫在眉睫。

二、终身体育的意义、内涵与主要特征

终身体育是从 20 世纪 90 年代开始，在体育运动变革与发展进程中出现的一项全新观念，指一个人在终身运动理论的指引下，以运动体系化、整体化为中心，从人生的开端至终点，一生当中所进行的学习和体育运动。

（一）终身体育的意义

1. 理论层面的意义

在理论上，法国教育家保罗·朗格朗的真知灼见使终身教育理念的内容更为丰富，继而产生了终身体育理念，更为有效地丰富了终身教育思想体系，使终身教育理念体现了更多特色。

政治、经济、文化的发展都离不开人们奋发向上的精神面貌与乐观心态，而体育运动能促进人更快、更好地健康发展。从这个角度来看，终身体育的发展与社会的发展是一致的。此外，2021 年《全民健身计划（2021—2025 年）》的出台又在思想上丰富了终身运动的内涵。

2. 实际层面的意义

当人们在物质上获得很大满足时，精神世界的充实与自我实现的需要便成为必然。当人们对运动的理解上升到国家层面后，终身运动便更多是在为国家、为运动者自身服务了。

终身体育理念的广泛传播伴随着整个社会的发展，它的成长就是我国社会发展的体现。终身体育运动是一种长效机制，尽管校园体育与健康教育为终身体育运动打下良好的基础，但它的开展同时又要求社会各阶层在时间与空间上适当衔接，使运动教学向着社会性、生活化、终身性的趋势发展。通过把握开展终身体育运动的各因素，培育学生的运动爱好，引导他们主动投入终身体育运动当中，如此终身体育运动可以在校园体育与健康教学中得以广泛开展。

（二）终身体育的内涵

终身体育就是一个人终身进行身体锻炼或者接受体育教育。具体来说包括两个层面，一是对终身体育运动的正确理解和认知，形成人的自身需求，强烈的运动需求驱使人们自觉地参与到运动当中，从而逐步形成终身运动的观念。二是在人的整个生命历程中长期坚持身心运动。人的生命会经过不同的阶段，而各个阶段又会面临不同的情况，应在了解和认识的基础上突破各种限制因素进行运动。终身体育从持续时间上来讲，可以贯穿整个生命；从运动项目上来讲，项目并非一成不变，可按照自身的喜好灵活选取；从受众上来讲，面向所有公民；从教育上来讲，可以提高国民的身体素质，让国家越来越强盛。

从对终身体育的认识误区来看，由于学校体育项目在教学上受学校场地、器材、师资、考试等因素的影响，学校常常忽略了培养学生的兴趣爱好，导致学生所学的项目并不一定能够坚持终身。所以，要想提升人们的整体素质，首先要从全民体质出发，从终身运动出发，从学校运动出发。

（三）终身体育的主要特征

终身体育运动，是终身教育思想在体育运动教学中的具体应用，是在人的生活视角下对体育运动问题的理性认识。它强调运动教学和体育锻炼不仅是生命中某个阶段的运动，还是伴随人的一生的生活内容。

1. 个体性

终身运动，在微观表现上是人的长期身体活动。身体运动是人的根本需求，也是人的基本权利，每个人都是运动的受益者，开展健身运动和坚持终身运动已成为人们的自觉行为，在运动实践中人们也会对运动的实质、作用、社会意义了解得越来越深。

2. 社会性

伴随着经济社会的进步，以及现代生活方式的变化，人们对精神健康的需求也在不断变化。终身运动有助于现代人应对高强度、快节奏的社会活动。日本学者从社会运动的观点出发并主张："现代社会运动只要不能终身连续开展，就会缺乏价值。"所以，将社会运动当作终身体育运动就比较正确。实践证明，人的运动活动受国家和社会政治行为的引导，不能脱离社会而存在。所以，终身运动的特殊性存在于社会活动当中，是社会性的集中反映。

3. 过程性

终身运动注重对人的良好运动习惯的培养，将运动的过程看作日常生活中的一部分，是日常生活过程中自然而然完成的事，而不仅仅强调运动知识的灌输。人们在运动过程中可以通过合作、娱乐、竞争等形式来发展自身的运动兴趣、爱好。因此，人们不仅要开展体育锻炼，还要重视运动学习的过程，从过程中学会运动，掌握体育运动的基本能力。

4. 生活性

终身体育思想旨在让人们知道，无论是在学生时期还是在步入社会后，体育运动更多的是要贴近现实生活，要把体育运动和日常生活紧密结合起来。只有贴近生活才能有效地激发人们对运动的兴趣，才能使他们在学习体育知识的同时获得运动带来的快乐与放松。另外，体育运动也可以拉近亲子关系，保护视力，让人们远离电子产品，促进体育品德的养成，养成规则意识，提高协调能力，促进人与人之间的交往。

5. 结果性

终身体育是希望在人一生的活动中有一个成果，这个成果虽然有大有小，因人而异，但是培养好的运动习惯，坚持健康科学的运动，必然会获得不错的成效，使人的精神面貌、心理个性、社会交往、自信自律等方面进一步得到提升和优化。

三、终身体育与终身教育、学校体育的关系

作为学校体育教育工作者，教师只有明确终身教育、终身体育、学校体育三者之间的关系，才能更好地实施国家体育与健康课程，设计课程目标、课程内容，选择教学方法。

（一）终身体育与终身教育的关系

终身教育对终身体育运动来说具有直接的启发意义，它的出现也促成了终身体育教育理念的产生。新的教学大纲提出，要彻底改变以往以体育运动技术教学为中心的模式，突出要使孩子懂得读书，懂得自己健身、自己判断，懂得正确的体育锻炼方式，为健康成长和终生体育运动打下根基。《义务教育体育与健康课程标准（2022 年版）》提出的课程总目标："掌握与运用体能和运动技能，提高运动能力；学会用健康与安全的知识和技能，形成健康的生活方式；积极参与体育活动，养成良好的体育品德。"这些内容的提出说明终身体育是终身教育的基础，运动对于人们而言早已不是"行不行""动不动"等问题，而应当上升到如何进行毕生运动的全新高度。终身体育思想的形成是终身教育内涵的延伸、补充与完善。两者的对比见表 1。

表 1　终身教育与终身体育的对比

终身教育	终身体育
整个人终身进行的所有教育	整个人终身进行的体育学习与锻炼
目的是保证日常高质量的生活水平，提升个人和社会整体素养	目的是增强体质、增进身心健康，提高个人生活质量和体育综合素养
强调学习的整体性与连贯性	强调体育锻炼的整体性与连贯性
接受各种形式的教育	接受各种项目的体育教育

（续上表）

终身教育	终身体育
社会全员参与	社会全员参与
学习内容多样	体育锻炼内容多样
不断丰富和积累知识	不断丰富体育知识，科学有效地指导体育锻炼

由表1可看出，不论是终身教育还是终身体育，强调的都是人一生不断练习的过程，并持续终生；其目的都是改善生命品质，并不断改进；终身教育包含了正式培训与非正规培训，并不局限一种，终身体育同样是通过各种体育方式、各类运动项目来实现体育锻炼的目的；两者都是通过学习与练习来不断累积，都具有过程性特征。

（二）终身体育与学校体育的关系

终身体育和学校体育都是一个人在不同阶段通过体育学习与锻炼达到教育的目的，促进健康，增强体质。不过它们在组织管理方式、活动成员、场地和时间划分方面也存在着一定的差异，见表2。

表2 终身体育与学校体育的对比

终身体育	学校体育
整个人终身进行的体育学习与锻炼	在校期间进行的体育学习与锻炼
目的是增强体质、增进身心健康，提高个人生活质量和体育综合素养	目的是形成正确的价值观、必备品格和关键能力
强调体育锻炼的整体性与连贯性	强调体育学习的整体性与连贯性
社会全员参与	学生全员参与
社会体育运动场地	学校体育运动场地
锻炼内容多样	教学内容多样
不断丰富体育知识，科学有效地指导体育锻炼	培养运动兴趣，养成良好的运动习惯

由表2可以看出二者的主要不同之处在于：首先，终身体育不受时间、空间、形式的限制，参加者能够按照自身的需求自由地选定运动目标。而学校体

育则作为一种教学形式，是由学校体育教师或课外教练所实施的有计划、有目标、有组织的教学，内容也相对广泛、系统。第二，参与对象不同，终身体育是社会全员参与，而学校体育的主体是学生。第三，终身体育是个人终身进行的体育学习与锻炼，而学校体育只是学生学习期间进行的体育学习与锻炼。第四，从时间上来说，终身体育远比学校体育时间长。第五，校园运动是终身体育运动的基石，在学校阶段培养良好的体育锻炼习惯可以为终身运动奠定牢固的基础。终身体育运动在学校体育运动的基础上逐步开展。

二者相同的地方是：学校体育和终身体育都需要经过学习与锻炼来了解体育运动的基本知识和技巧；目标都是全面提升健康水平，锤炼意志品质；学习与锻炼的形式内容都是多种多样的，等等。

综上所述，学校体育教学、课外体育活动、校外体育展示与竞赛，都必须注重与终身体育的衔接。所以说，学校体育是终身体育运动的关键环节，如果忽略了学校的体育教学与活动，就无法更好地进行终身体育运动。

四、影响终身体育思想在教学中发展的因素

终身体育的哲学思想是"以人为本"，是整体而长远的，并且越来越受到人们的重视。作为学校体育教师，只有深入了解终身体育思想在教学中的发展情况，才能有的放矢，深化体育教学改革。

（一）终身体育思想在体育教学中的要素体系构成

终身体育思想在体育教学中由一个庞大的体系构成。首先，从构成人群来看，可分为教师、学生和家长、管理者；其次，从锻炼的空间来讲，每一个人的成长都离不开家庭、学校、社会这三个空间，其中学校体育教育是成长的关键，对未来家庭的发展及社会的进步都会产生极大的影响；再次，从习惯的养成过程来看，又可分为体育意识、体育兴趣、体育观念、体育氛围；最后，从体育能力上来看，包括关于运动项目的知识、技能、体能、运用、观审与评价，可见个人运动能力是身心品质的综合体。

表3　终身体育在体育教学中的体系构成

终身体育	构成人群	教师
		学生
		家长
		管理者
	锻炼空间	家庭
		学校
		社会
	习惯养成	体育意识
		体育兴趣
		体育观念
		体育氛围
	体育能力	知识
		技能
		体能
		运用
		观审与评价

从表3可以看出在校期间是终身体育发展的关键时期，在这一时期内如何提高体育教师的教学能力，提升师生对体育观念的理解，通过课程培养学生参与体育锻炼的兴趣，让学生在体育锻炼过程中产生积极性，使学生通过学习可以具备一定的体育锻炼能力，合理有效地保证教学这一实践活动是体育理论付诸实践的关键。

为了保证体育教学实践的效果，首先要从学生所需要和应具备的基本要素入手，通过深度了解学生的体育学习情况，找到影响终身体育发展的主要因素，在此基础上设置体育教学内容。终身体育的教学要素如表4所示。

表4　终身体育的教学要素

终身体育的教学要素	身体层面	身体素质	运动能力、身体机能、身体形态
	观念层面	体育意识	体育情感、体育态度、意志品质、体育认识
	课程层面	体育观念	正确的体育价值观、健全的人格品质
		终身体育习惯	体育锻炼意识、体育锻炼兴趣
		终身体育文化	体育理论知识和运动保健知识
		终身体育能力	体育运动技能、自我锻炼能力、 自我评价能力、学习能力
		终身体育行为	良好的生活方式、锻炼行为、 卫生行为、交际行为
	主体层面	教师的教学能力	教学目标、教学方法、教学效果
		学生的学习能力	学习目标、学习方法、学习效果

从表4可以看出终身体育的教学要素包括了身体层面、观念层面、课程层面、主体层面四个一级指标及九个维度。这九个维度是紧密相关的，不能说一节体育课是体育习惯课，另外一节课是体育行为课等，教师应在每节课中都有所渗透。

（二）影响终身体育思想发展的因素

从表4分析可知，在影响终身体育思想发展的各因素中，观念因素、课程因素、主体因素是影响终身体育思想在教学中发展的关键因素。接下来我们对这三个因素进行较为详细的说明：

1. 观念因素

在传统教育观念的影响下，很多家长认为体育活动是可有可无的，是一种放松，是一种娱乐，不是必需品，如果体育活动过多占用孩子的时间就会影响学习，甚至导致孩子没心情学习。此外，有些管理者也觉得，提高学习成绩才是每个班级的首要任务，因此经常减少体育课程数量和时段，将体育课程归为"说起来重要、做起来次要、忙起来不要"的学科。在这种观念的影响下，学生自然忽视了身心健康的和谐发展。另外，部分体育教师在体育教学中更多地偏重技术传授，忽视了对情感与态度价值观的培养，设计教学时对体现体育核心素养的设计不足。

2. 课程因素

虽然素质教育已经提出了许多年，学校有了很大的转变，但个别学校仍未摆脱应试教育的影响。在体育课堂教学中，教师重视运动技能的教学，忽视了体育健康理论课程，学生只是在短时期内感受到了体育的价值，终身体育的意识并没有得到强化。《义务教育体育与健康课程标准（2022 年版）》提出课程要引导学生掌握体育与健康的基础知识、基本技能和方法，增强学生体能，培养学生坚强的意志品质、合作精神与交往能力等，为学生终身参加体育锻炼奠定基础，促进学生健康、全面发展。但从课程实施的现状来看，学生对课程目标的达成并不算好，毕业后也没有进行体育锻炼的能力，很难实现终身体育的目标；同时，课程重复的内容较多，所安排的教学内容缺乏衔接性与连贯性，不利于动作形成的正迁移；再者，很多学校的体育课程评价多以体能与身体形态为评价标准，不能很好地适应学生的心理需求。

3. 主体因素

教学的主体因素是人，只有人才能成为主体。教师是高等教育人才培养、学科专业构建、改革与教学研究的直接承担者。课堂教学是教师最基础和最关键的岗位，是教师的首要任务，尤其是青年教师的发展代表了学院的未来和期望。另外，学生同样是教学的主体，师生之间的关系是主体间的关系。形成、发挥和提高学生的主体性是当前学校体育教学的主题之一。所以，怎样帮助教师提升授课能力与管理水平，是当前面临的迫切而现实的问题。尽管目前教育主管部门正在对各学段教师实施岗前、岗后的持续培训，但由于这些培训课程偏重宏观的教育教学思想而轻专业课程实践，且相关教学多是在短暂的时间内进行，所以其效果具有很大的局限性。

五、终身体育思想指导下的体育教学实践

无论从哪方面来说，学校体育教育都为终身体育的实践奠定了基础。所以，笔者重点从体育教学方面对终身体育发展进行实践引领。通过体育教学实践，加强对学生终身体育观念的培养、丰富体育课程内容资源、细化体育教学目标的设计、提高教师综合素养及提升教学质量。

（一）观念引领

体育认识是所有运动的基础，从其含义来看由三方面构成，即意识、情感

和意志。运动能力发展的强弱是一个人能否养成运动习惯的主要标准。义务教育阶段的体育运动培养是校园体育的最初组成部分，担负着培养中小学生的运动爱好、形成科学运动观的重要使命。作为一线体育教育工作者首先要从课程内容上定期安排观念意识培养专项内容的教学，除此之外，在日常体育活动课上也要对学生进行体育意识的培养，上至学校管理层，下至学生家长都要定期开展学校终身体育政策宣传，减少亚健康人群的比例，缓解学生学习压力。具体可参考广州市黄埔区中小学体育教师培训体系表（见表 5）：

表 5　广州市黄埔区中小学体育教师培训体系表

培训形式	培训对象	培训主题
集中研修、分组研修、网络研修	入职 5 年内的	岗前培训、教学实践、线上培训、交流研讨、社会实践、其他
	5～15 年的	教学实践、线上培训、教学技能、学术交流、社会实践、单科培训、长（短）期培训、其他
	15 年以上的	教学实践、线上培训、教学技能、学术交流、交流讲座、学术会议、单科培训、短期培训、其他

（二）课程引领

课程目标是课程效果的出发点，确立的目标合适与否，直接关系到今后的学习效果，根据《义务教育体育与健康课程标准（2022 年版）》提出的教学目标，体育教师一定要以体育核心素养为总目标，课程内容应紧紧围绕运动技能、健康行为与体育品德三个方面来设计。在实施目标教学之前，教师可根据学生的特点与自身的特点，设计教学方式、教学目标与课程内容。建议课程内容以六大类（球类运动、田径、体操和健美、水上或冰雪运动、中华传统体育、新兴体育）体育项目为主。所有专项运动技能采取不少于 18 课时的大单元进行系统教学，各学段纵向上要注重专项运动技能的衔接与延伸。

另外，按时布置与教学相关或教学延伸、亲子共同参与的体育家庭作业作为学期评价标准之一。对于课堂评价多采用过程性与结果性相结合的方式，切实提高学生体育学习的积极性和主动性。

（三）主体引领

其一，体育教师要适应社会发展的脚步，与社会同步，不断完善自身，创新教学理念，每学期都要参与专业培训，积极参与校内外互动的教学，使学科建设处于一个积极的发展阶段。其二，教会学生进行身体状况分析，帮助学生制订有效的锻炼方案，使学生主体锻炼意识发挥出最大的作用。其三，发挥榜样教育的作用。通过树立学生榜样来带动全体学生的运动热情。其四，注重校内体育教学与校外体育教学相结合，鼓励学生积极参加社会体育社团活动，让校内的教学在校外的练习中得到补充。其五，经常举办体育节、运动月、体育周等活动，为学生提供表演和比赛的机会，引导学生从运动中寻找自信，获得成功。

为师生，向未来

曹雅婷

（深圳市福田区红岭实验学校）

著名教育家车尔尼雪夫斯基说："教师要把学生造就成一种什么人，自己就应当先成为这种人。"传统课堂教学以教师讲授为主，学生没有足够的时间和知识储备与教师进行思维上的碰撞。我 26 年的教学生涯都致力于研究如何让学生在课上学习活动开展前就能够有所知、有所做、有所思、有所疑，在课上就会有所问、有所长。

一、注重教学反思，为初中数学教育赋能

只要是正确的事，又怎么能因为一时的困难而止步不前呢？数学教育让我在学会教书的同时，也学会了选择和自我管理，并不断提升这种能力，从而有助于学生的真实成长。

1. 不以难为而不为

自 1998 年登上讲台，我有幸经历了我国基础教育改革的主要过程，逐步从数学教学走向数学教育。从熟读、擅教教材，到重整、统合教材，这是一个困难重重的过程，但正是因为实践了，才为后面的各种教育教学尝试奠定了基础。

（1）不断进阶的课堂组织形式。

小组学习创造的学习环境更符合学生学习的特点；在小组学习中学生行动起来，发挥主动性，这是学习活动最重要的实施方式，也是教师努力寻求的一种状态。我尝试小组授课、选课走班。在很多同行对此不以为然的时候，我已经体会到：不存在适合不适合的问题，只存在适应期长与短的问题。无论是小组授课还是选课走班，都是一种新的教学组织形式，是对创新育人模式的探索，涉及学校课程组织架构、治理结构、诊断评价等多方面的变革。面对众多

的新理念、新方法、新形势，家长一时难以完全理解，学生一时也难以全部跟上老师的节奏。为了让家长和学生适应，我把准备实施的课程和上课形式的变化情况整理成文字说明并做成手册；举办与之配合的主题家长学堂，提升家庭教育智慧。从而让家长和学生知道数学课堂在干什么、老师在干什么、学生应该干什么，也知道学习中的困难应如何解决。所有这些内容通过微课、微信公众号、班级简报等方式分享，都逐步得到落实。

（2）不断进阶的学生主体性。

我从教 26 年，共指导编辑了 672 期德馨周报，架起了家校互动的桥梁。学生编辑的德馨周报，素材来自教师、家长和学生，实现师生与父母共写、共读一张班级周报，增进了彼此的理解，实现了父母与子女、家庭与学校共同成长。

成立班级数学学习委员会，建立自主学习团队。教师不仅要关注学生的学习和成绩，还要关注学生的情绪和情感、心理和身体的发展变化，自主学习的方式更有助于学生数学学科思维的建构。在两个平行教学班实施选课走班以后，首先要解决自身的教学方式问题。我充分利用现有的学习资源变革教学组织形式，主动将这些资源融入学习过程，这些资源使学科教学更加符合学科特点和规律，使数学教学回归到学科本质，能提升学生的综合能力，激发学生学习的能动性。同样的数学课，针对不同群体的学生要设置不同的学习起点、不同的学习目标、不同的课程内容、不同的教学方式，进行分层教学。对于基础比较薄弱的学生、学习习惯还没有完全建立起来的学生，侧重基础知识讲练结合展开教学；对于基础较好的学生，可以通过典型例题的讲解和小组合作学习的方式展开教学；对于数学思维好、自主学习能力强的学生，则采用自主学习和小组合作学习的方式。同一门数学课由于分层分类，满足了不同层次学生的学习需求，在教学过程中既兼顾了数学固有的学科思想和研究方法，又保证了不同层次的学生都能学有所得，做到因材施教。

2. 不以"忙"而不为

教学经验丰富的数学老师在应对一些棘手的教学问题时，总会有自己的几招秘籍，年轻的教师是很有必要向他们学习的。当然，也不能忽视向书本学习。无论教学和管理任务如何繁重，都应组建数学课堂变革发展团队，发挥不同发展阶段数学教师的专业优势，让每一位热爱数学教育的教师都能提升自身的价值。

（1）不断进阶的主动成长。

我在教育实践中，坚持将加德纳多元智能理论付诸实践，潜心教研反哺教学，主持省级课题"基于混合式学习的初中数学深度学习实证研究"、市级课题"基于微课的初中数学深度学习实证研究"和区级课题"和谐家校互动对儿童成长的影响研究"，探索"三阶段六环节"智慧课堂教学模式，坚持"把学习的权利还给学生"，领航福田课堂改革。

（2）不断进阶的教师团队。

在开展数十节公开课的过程中，课堂让我更加敬畏：每一节课都是不完美的！不完美让我不敢懈怠，不断寻求"把学习的权力还给学生"的方法，带动全校教师一起进行课堂革命实践。2015年以来，我主张的"三助式"教师发展模式，促进了教师队伍素质整体提升。

同时，我鼓励青年教师多读一些教育类的专业书籍，了解不同阶段学生的心理发展特点及规律，掌握一些教育技巧，参加一些有关教育教学的专业技能培训，或者参加一些心理沙龙、教育教学读书会，通过不断提高自身的教育能力，更好地服务于学生的成长；鼓励成熟教师开设专业沙龙，有组织、有计划地建立教师交流研讨学科教育平台，对于问题学生以及学生问题，可以在教师之间进行及时沟通和交流，概括共性原因，就此协商研讨，制订帮扶方案，从而找到解决问题的策略。

（3）不断进阶的变革动力。

教书育人是每位教师的工作职责，教学过程是师生生命相互影响的过程。数学课堂变革发展团队让师生的思维碰撞熠熠生辉。数学教师应从六个维度促进教学成长：勇于担当"为党育才，为国育人"的历史使命，具有开展小组合作学习的组织能力，能够根据学生学习的心理特征重构教学素材，采用多种教学方法呈现教学内容，聚焦学生学习需求进行施教，融合信息技术辅助教学。

3. 不以收获而停滞

数学教育的教者和学者都是人，这里必然涉及有效的人际关系，需要互相沟通，团队合作，实现自我发展和培养他人。最好能够有一个大目标，然后各自主动合作，这样形成的合力就非常有效。形成一个精神内核统一的价值观，推动每一个人都去为这个梦想奋斗。

（1）不断进阶的师生成长。

新目标形成的过程，其实就是不断获取新的成就的过程，也只有这样，才能有新的成长，而成长又会促进新的成绩出现。学科教育既要注重教学内容本身又要利于激发学生的思维活力。要学会因材施教，要学会用人之长，而不受制于人之短。如果总是考虑补短，就没办法快速获得学习数学的成就感。要去想这个学生能在哪些方面获得巨大进步，即考虑他的优点。有效的数学教育，就是设置合情合理的育人观，想出让班级里每一名学生都获得发展的办法，而不是比较、冷落、忽视、偏爱一部分学生，所有学生都应该成长为对社会有益的人，是我们通过教育想要塑造的人。

（2）不断进阶的教育观念。

在我们不断优化教学手段的过程中，首先要提升教育观，目中有人的教育才可以实现春风化雨。先将教育观放在这里，推动数学教研教学的发展才有了落脚点。发掘学生的学习潜能，激发学生的学习内驱，这样学生的自主学习就会有更强大的动力，能够解决暂时还没有解决的问题。同时，促进每一名学生的成长，其实就是在成就这个学科上的学习，一定要记住发挥学生所长。其实这也是一种配合，是师生之间、生生之间的配合，小组合作不仅发生在学习过程中，还发生在教与学的互动中。所有学科的教学，最后都是为了培养未来社会需要的人才。

二、注重教学改革，为初中数学课堂赋能

落实新的课程标准，以教学方式变革助推学习方式变革，培养学生从浅表学习趋向深度学习，是我从事初中数学课堂建设的重要目标之一。这也符合义务教育阶段数学新课标的内涵——数学在形成人的理性思维、科学精神和促进人的智力发展中发挥着不可替代的作用。学生通过学习数学课程，应掌握适应现代生活及进一步学习所必备的基础知识、基本技能、基本思想和基本活动经验；激发学习数学的兴趣，养成独立思考的习惯和合作交流的意愿；发展实践能力和创新精神，形成和发展核心素养，增强社会责任感，树立正确的世界观、人生观、价值观。

1. 聚焦初中数学新课堂

以"线上＋线下"的教学方式，打破传统课堂教学的时空限定。将基于混合式学习的初中数学课堂教学模式作为研究方向，混合式学习的初中数学课堂教学模式将浅层认知学习内容前置，课上用于学生发展思维和体验学科本质。

（1）从理论上梳理思路。

对基于混合式学习的初中数学课堂教学模式"教学重构"策略中的教师主体教学策略、教师信息技术与学科融合策略、学生自我监控策略、学生实现

深度学习策略进行分析总结，形成方法策略、模式架构，这些对师生进行基于混合式学习的初中数学课堂教学具有指导价值。

（2）从实践中寻求突破。

将基于混合式学习的初中数学课堂教学模式、策略应用到课堂中去，可以解决传统课堂的很多弊端。在"双减"及新课标背景下，研究成果对深化教与学方式的转变、重构课堂教学模式、促进有生长力的数学学习、培养学生终身学习能力具有很强的指导意义；对促进学生提升思维能力、养成良好个性品质、落实学科素养、形成终身受益的关键能力有重要的价值。基于混合式学习的初中数学课堂教学，有效克服了传统课堂教学的"主知主义""教师中心"，即以书本、教师、教案为本，重理论轻实践、重理性轻感性、重结论轻过程、重学轻用、重预设轻生成、重教法轻学法、重灌输轻探究。基于混合式学习的初中数学课堂教学明确"学生是学习的主体"，关注学生学习能力的差异性，以任务驱动搭建个性化学习平台。培养学生积极的学习心理，重视学生学习过程与品格养成的迁移关联、学习能力提升与核心素养形成并举，促成学生关键能力和良好个性的综合发展。

2. 聚焦初中生如何"学"数学

为了更深入地推进课堂教学改革，我建立了由深圳市九所学校21名教师组成的研究团队，选取不同年级共计681名学生进行抽样调查，调研实施基于混合式学习的初中数学课堂教学的学生学习基础，通过对学生数学学习习惯的调查，重点收集学生在混合式学习过程中进行"课前—课中—课后"三阶段学习的可行性、薄弱点、困难点，在研究过程中实现了变革学习方式促进深度学习。

通过问卷调查，明确了如何以实施基于混合式学习支撑学生的"学"。

（1）学生层面。

通过提供线上、线下，不拘一格而又适切的数学学习方式，关注每一个学生个体，让每一个学生都能在数学学习活动中有所进步。

（2）学习层面。

通过深度学习让真正的学习更容易发生，学生的数学学习发生难易程度与深度学习达成度相得益彰，学习发生门槛低更容易促进学生的学习走向深度学习；反之亦然。

教师应提供随时可取的学习资源，从台上走到台下，从主导转换为引导、促进和陪伴，给予学生充足的思考时间，开展适合深度学习的学习方案如项目学习、主题学习、实践学习等，突出学生主体的课程结构，即以学定教、任务导学、质疑助学、问题驱动。让技术助力学生数学深度学习，将技术与数学教学深度融合，提升数学教与学的效率。

3. 聚焦初中数学教师如何"教"

为了更深入地推进课堂教学改革，我的研究团队选取不同年级的54名教师进行了抽样调查。通过对初中数学教师教学观念的调查，为梳理基于混合式学习的初中数学课堂教学实践研究的目标、内容、重点，以及具体实施办法指明了方向。

通过问卷调查，明确了如何以实施基于混合式学习支撑教师的"教"。激发教师主动成为基于混合式学习的初中数学课堂教学模式的实践者。教学相长，课堂是生命价值提升的实习场，学生基于混合式学习的体验离不开数学教师自身素养的与时俱进。应提升数学教师教育教学理论水平，提高教师的信息技术应用技能，提供"互联网＋课堂"支持，提升教师将信息技术与数学融合的效能感。

4. 聚焦诊断初中课堂"教学行为"

本团队与深圳大学教育专家团队合作开展"基于混合式学习的初中数学课堂策略提升项目"研究，对42名教师的授课进行现场课堂观察与诊断，从教学观念、教学设计、教学策略、教学重构、教学评价五个维度展开调查。

如表1所示，在上课结束后立即以课后反思会的形式，与授课教师和参与课堂观察的教师展开教学调查，分析问题并提出破解办法。

表1 "基于混合式学习的初中数学课堂"关键问题分析及破解办法

维度	破解办法	
教学观念	主观客观相结合	1. 耐心引导，梯度命题 2. 主观提升，客观引领 3. 习惯养成，建立自信
教学设计	业务实践双提升	1. 业务学习，理念科学 2. 学生主体，实施有法 3. 课堂实践，反馈优化
教学策略	三段六环步骤清	1. 基于学习，课程前置 2. 教师主导，学法指导 3. 任务驱动，分层推进

（续上表）

维度	破解办法	
教学重构	教材素养双螺旋	1. 教材研读，系统整合 2. 学科素养，螺旋组织 3. 课堂实施，构建体系
教学评价	针对时时重反馈	1. 开拓视野，主体多元 2. 提高针对，鼓励有法 3. 时时展开，注重反馈

　　本团队对16名教师的课例进行了具体分析，结合课堂观察与诊断，指导梳理出"基于混合式学习的初中数学课堂的特征""基于混合式学习的初中数学课堂的目标""基于混合式学习的初中数学课堂的设计""基于混合式学习的初中数学课堂的实施条件""基于混合式学习的初中数学课堂学生学习习惯养成"等相关内容。

　　5. 聚焦数学新课堂的四个特质

　　基于混合式学习的任务驱动初中数学教学，以"翻转课堂"为重构方式，任务要服务于教师的导航和教练职能，保证学生能够在问题情境中主动思考，每一个问题的提出都含有学生待达成的学习目标。在任务驱动的基于混合式学习的初中数学课堂中，任务设置要精当，要避免封闭式问题，问题宜少不宜多，问题内容要确保基础各异的学生都能参与解决，问题要能体现新旧知识之间的联系，要清除对探索产生障碍的驱动问题。任务驱动的基于混合式学习的初中数学课堂，是对传统教学策略的扬长和发展，是对基于核心素养的育人目标的重构，从而让课程真正成为立德树人的载体。

　　（1）数学新课堂是开放的。

　　学习可以发生在课前、课中、课后，但是这又不同于时下流行的"翻转课堂"，是教师基于现有教学经验、信息技术能力、教学内容，充分考虑学生在线学习和传统学习方式结合的可能性，将领会浅层学习内容的任务交给学生通过自学完成。

　　（2）数学新课堂是以学定教的。

　　课堂学习从解决学生自学中发现的问题开始，鼓励学生间交流合作、互助和质疑；教师根据学生的学习进程给予适切的指导。

（3）数学新课堂是师生双方的因材施教。

教师在明确自身教学实施优势的前提下，综合运用和调控各种学习资源，把学生的学习由浅到深地引向深度学习，进而实现学生数学核心素养的提升。

（4）数学新课堂是服务于学生终身发展的。

教学环境要有利于教师关注全体学生，课堂的时间管理从以学科为中心转向以学生为中心，要便于课堂活动形式，要服务于学生的发展；课堂的行为管理则要注重学生良好行为习惯和思维品质的培养。在教材使用中，不但要研究教法，而且要研究学法，不但要遵循课本内容，而且要在此基础上挖掘教材、整合教材，使课堂教学设计更适合自己的学生。

我从一线教学中不断丰富对基于混合式学习的初中数学课堂教学的认识，关于其定义给出以下两种：一种是从观念视角给予定义，另一种是从技术视角给予定义。这两者都是对基于混合式学习的初中数学课堂教学狭义的定义：重点突出基于混合式学习的初中数学课堂教学的外在表现形式，但忽略了基于混合式学习的初中数学课堂教学的主导者和主体者这两方面的因素，缺乏基于混合式学习的初中数学课堂教学的内涵。

基于混合式学习的初中数学课堂教学模式，核心概念分为两个维度，即学生的学和教师的教。学生的学，是"线上＋线下""课前＋课中＋课后"学习方式的混合；与之呼应的教学是将基本内容前置，课上教学过程突出学生主体、教师主导，课后分层分类布置作业、差异化针对，教师综合运用"教学能力＋""教学设计＋""教学技术＋"，由此生成"趋向学生素养＋深度学习"的数学课堂，教与学相得益彰。根植于传统教学，理念为引领，是基于混合式学习的初中数学课堂教学模式的应有之义，否则谈不上混合。

6. 聚焦初中数学新课堂的融合与重构

在开展教学改革的征程上，培养学生沉浸于学习情境中，让课后学习自然主动发生，打破了传统课堂教学的范式，让学习时时处处发生。解决数学课堂教学缺乏设计、流程随意的问题，实现生长数学目标。围绕小组合作学习、微课、翻转课堂、在线同屏四个主题，展开教学实践。形成基于小组合作的"理念＋技术"的学习方式，逐步建构"课前＋课中＋课后"的"导—研—展—升—测—评"即"三阶段六环节"的浸润式数学课堂。

三、注重凝练成思，为初中数学发展赋能

实施基于混合式学习的初中数学课堂教学的途径是"教学重构"。在教师

的课程理念上，能够将学生主体发展、教师自身成长、信息技术与学科融合有机结合起来；在课程实施时间分配上，分为课前、课中、课后，必要的课程类型采取了"翻转课堂"的授课方式；在课程环节上，基本流程是导、研、展、升、测、评六环节，根据课程实施需要，某些环节可以重复或删减。本课题组关于学生前置学习、课中互动、养成数学学习习惯、自我监控、学生主体教学策略等都有具体总结。

1. 教无定法，凝练模型

（1）初中数学新课堂的四要素。

初中数学新课堂的四要素是课程、技术、教师、学生。这四要素之间的联系纽带就是问题。课程是教学重构的素材和基础，技术是教学重构的纽带和工具，教师是教学重构的主导者和推动者，学生是教学重构的主体和受益者。

（2）学生、课程、教师三者的关系。

教师是学生学习的促进者、教育教学的研究者、课程的建设者和开发者。初中数学新课堂四要素是教学活动的内容，课程和学生之间存在着互为依存而又相互作用的关系，教师助力学生对课程的学习。教师的作用是将普适、抽象的教材课程具体化、个性化、任务化、生命化，这样才能联结学生的自主知识建构，促进思维的迁移内化，逐步趋近深度学习，促进学生良好品质、关键能力的形成（见图1）。

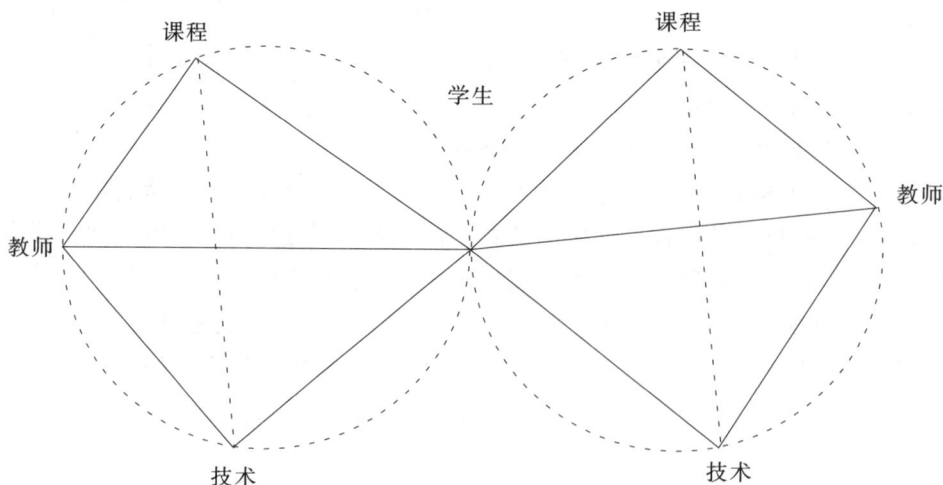

图1　初中数学新课堂四要素之间的关系

学生学习活动的真正发生，从旧知到新知一定会经历知识冲突，从而产生问题、提出问题，在自主、合作、探究的过程中解决问题，通过展示、分享，形成新知再到内化应用，周而复始，从而实现数学知识的个性化建构。

（3）基于混合式学习的初中数学课堂"教学重构"的步骤。

第一步是内容重构，第二步是流程重构，第三步是评价重构（见图2）。

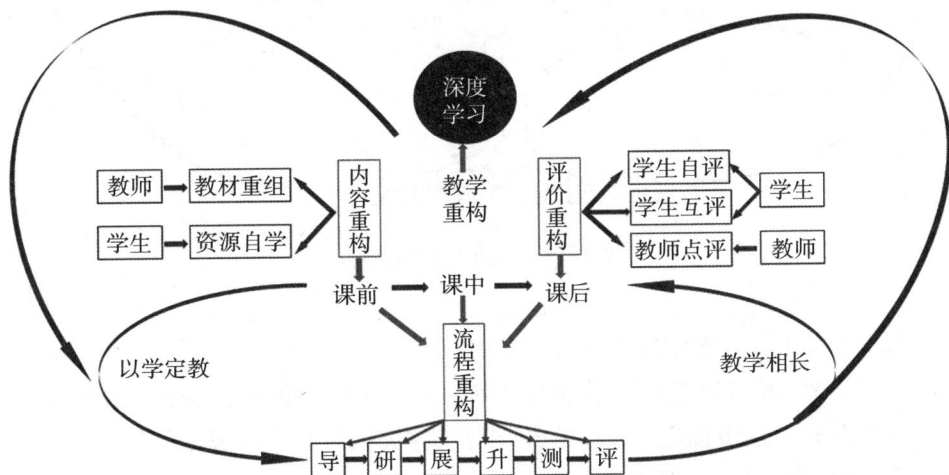

图2 "教学重构"的步骤

2. 因材施教，凝练设计

（1）"三阶段"教学流程设计。

根据任务驱动模式可以将基于混合式学习的"教学重构"教学设计模式分为"翻转"模式和"六环节"模式两种。"翻转"模式就是根据教学内容和教学目标确定好课前、课中、课后三个阶段的学习内容及学习方式，然后以任务驱动组织学生个性化开展探究、合作、展示……最后分级实现深度学习（见图3）。

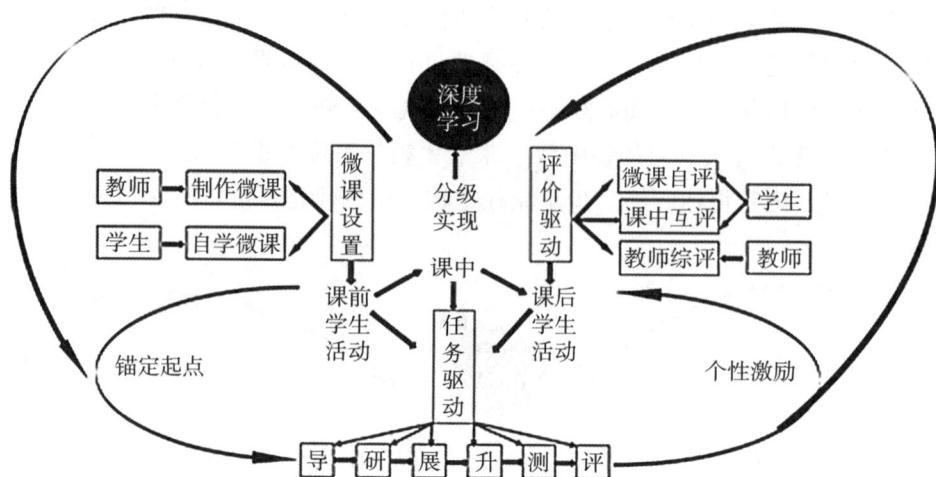

图3 "三阶段"教学流程

（2）"六环节"教学流程设计。

"六环节"模式就是根据教学内容和教学目标确定课中任务链，由学生个性化认知开始，逐级推进，学生在逐层分析探究的过程中完成学习任务，最后分级实现深度学习（见图4）。

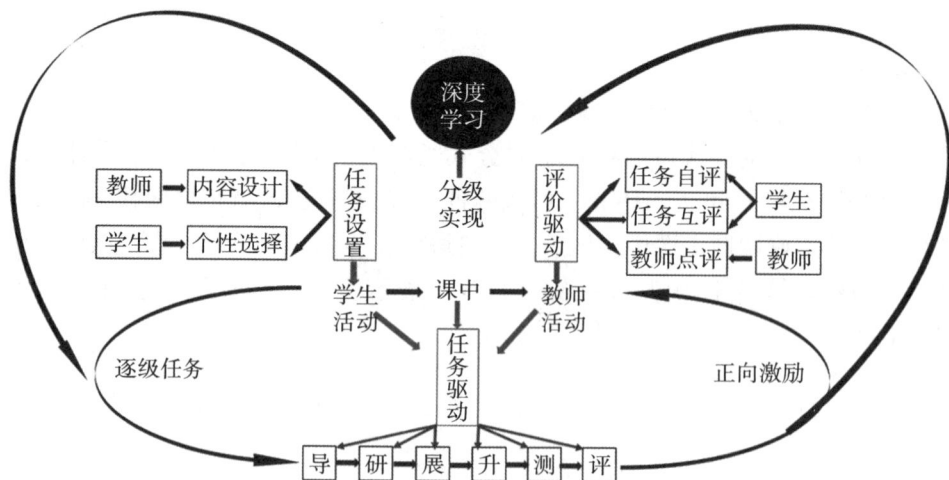

图4 "六环节"教学流程

3. 明确重构，凝练策略

（1）重构助力教与学科学并进。

基于混合式学习的初中数学课堂"教学重构"策略包括教师主体性教学策略、教师信息技术与学科融合策略、学生自我监控策略、学生实现深度学习策略。通过"翻转"和"不翻转"两种课堂，实行课前学习反馈、课中个体自评、同伴互评、教师综评，明确教师活动有待补充和完善的内容，包括课程资源、课程流程、课程评价、教学策略、学习策略等方面，助力学生活动的适切性和主动性。

教学活动"前展后拓""真题实境"的问题设计、"内驱外引"，有效解决了学生主动性差、对实际问题无从下手的困境；学习活动以"虚"强"实"，搭建课前、课中、课后自主学习平台，实现泛在学习（处处可学的学习方式）。借力互联网、智慧课堂优势资源，建立基于"课前导学""课上深学""课后自学"的学习体系，为学生创设"无师不在"的深度学习情境。自主学习平台实现了"抽象原理具体化，结构过程可视化，导、研、展、升一体化，评测多元化"的"四化"状态，学生数学学习突破了时间、地点的限制，实现了课上学习与课前、课后学习的无缝对接，达到深度学习。

（2）重构助力数学素养落实。

传统的初中数学课堂教学往往存在着"主知主义"和"教师中心"的问题，过度强调书本知识、教师讲解和教案执行。这种教学模式在一定程度上限制了学生的主动性和创造性，不利于学生的全面发展。基于混合式学习的初中数学课堂教学，强调"学生是学习的主体"，关注学生学习能力的差异性，通过任务驱动的方式搭建个性化学习平台。在这样的教学模式下，学生能够更加主动地参与到学习中来，积极构建自己的知识体系，提高问题解决能力和自主学习能力。同时，混合式学习也能够克服传统课堂教学中单一的教学模式和资源利用方式的不足，充分利用在线学习资源和技术手段，丰富教学内容和形式，提高教学效果，助力学生数学素养的提升。

四、注重研究推广，为初中数学同行赋能

1. 边学边研，辐射引领带动

在践行"课改"的路上，我累计上了 54 节公开课，发表了 8 篇论文，出版了 1 本专著，主持了 2 个省级课题，接受电台采访 3 次，直播分享 1 次，线

上讲座 4 次，各地支教 6 次，培养肇庆教师 3 名。围绕教学重构，展开师生活动，实现"课程 + 技术"和以教师为主导、学生为中心的数学学习。形成"翻转课堂"教学模型，以内容和目标确定课前、课中、课后的学习内容及方式。形成"六环节"模式。

2. 边研边行，提炼工作室价值内核

我还成立了名师工作室，并且明确工作室的信念与使命，重视工作室文化与研修，确立工作室规章制度，推进"读书 + 反思 + 设计 + 构想"系列学习活动。从制度文化到研修文化，最后形成精神文化。我们主张教师为未来而教，学生为不会而学。工作室致力于打造生长数学课堂，师生互育探索未知。

3. 且思且行，教育行为带动

我倡导"善问思辨"，提出"导—研—展—升—测—评"六环节的教学模式。倡导学研为主、以教促学的教学原则；自我、生生、师生三主体的教学评价，学习、进步、参与、效能四兼顾。主张成长数学，创设开放、自主、探究融合的教学环境；展开师生、生生思维碰撞的教学活动；达成理性、递增、生命共生的教学效果。

我主张的初中数学课堂教学模式的关键是内容重构、流程重构、评价重构，意在突出学习主体是学生，注重教师教学方法与信息技术深度融合。其中，作为任务驱动主导的教师，能否设计出高质量的任务激活学生的思考，取决于其自身专业素养的高低，需要其加强对课程内容和学生心理的深入研究；作为任务载体的教学观念、教学方法与信息技术，需要日臻完善的融合为支撑，这样才能真正实现"教学设计 +""教学能力 +""课堂效能 +"。

五、注重顶层设计，点亮师生生命色彩

从教育学意义上看，未来教育和未来课程是"超越现代范式"的教育哲学和课程理论的本质变革。站在未来社会需求的视角理解并设计初中数学教学，就是解决"培养什么样的人""如何培养人"的问题。

在传统课堂教学中，师生的主要任务是完成信息的传递和技能的基本熟练，而信息内化主要在课后完成。不同层次的学生在课后无指导、无监督的自我训练中，经常无法达到预期效果。而基于"混合式"的数学课堂教学则是：教师将本课中的基本知识、基本技能做成短小精悍的视频，辅以学习单等资源，促使学生在课后通过自主学习完成对新知识的学习，课上则带着问题与老

师、同学进行探讨，通过变式巩固和方法提升这一学习过程使学生形成具有综合性、整体性和持久性的数学核心素养。

1. 打开格局，展望未来

如何打造一所与时俱进、富有生长力的学校？深圳的教育发展虽突飞猛进，但也有其局限。

（1）正视局限，找准问题。

物质资源的过剩与外来务工人员子女的持续流入，加上土地资源的局限，良好教育的连续性、稳定性、一贯性根基的进一步夯实显得尤为重要。如何发挥数学教师的教育功能？办学理念（理想）是否可以传承？课程在学校中发挥什么作用？如何实施教师培养？四者之间看似孤立，实则存在严谨的内在逻辑。

（2）化解局限，寻求答案。

数学教师可以是一个清醒的设计者，抓住历史长河中的某一片段也可以纵观时局。教师要知道教学素材对学生成长的价值，挖掘资源的潜质，勠力擘画办学理念，从理念出发推动打造学校文化，推衍出指向育人目标的办学目标，牢牢把握课程这个学校工作的核心，并科学架构围绕课程建设的德育和管理体系。学校培养出优秀的教师团队，能有效支撑课堂实践，实现以生为本的教育。办学理念具有相对稳定与阶段更新的二重属性，以五年为一个周期，所以制订阶段性五年发展规划是必要的。学校如果恰好处于快速发展期，那么三年发展规划也合情合理。

在课程执行层面，数学教师也可以是盘活资源的操盘手，是确定办学理念的思考者，是规划学校文化的设计师，是提升硬件设施的建造师，是改善办学条件的技术总监，是协调公共关系的心理大师，是维护理论落地实践的发展导师。学习不仅是一种自身发展需求，更是课程执行的需求。不学习，数学教学只能停留在课程层面；学习，数学教学就会升级到教育的范畴。"君子博学而日参省乎己，则知明而行无过矣。"

（3）突破局限，确定方法。

学校的资源条件各不相同，但是不影响形成相对稳定的办学理念，细枝末节的修改是因地制宜的完善。好的学校运作起来不是靠没有温度的管理，而是靠全员参与的治理。从调研中找到需求，从需求中发现支点，从支点中开启发展，从发展中走向理想。教师是学校的第一资源，是学校发展的原动力。教师的发展是学校发展的前提，教师活力的生发唯有文化。积极的数学教师应注重修为：修为人，修为德，修为能，修为术，修为道。崭新的建筑会因风化而陈旧，难以忘记的唯有初心。以价值文化引领精神，教师将忘年。

2. 建设格局，规划未来

教师的成长，为课程的理解、规划、完善，做好了人力资源的储备。课程衔接着德育和治理，是实现学校育人目标、办学理念的中流砥柱。而国家、地方、校本三级课程，又要求对课程目标、课程内容、课程实施、课程评价做好整体设计，要经过前瞻性的预设、前期的科学调研、中期的广泛实践、过程的不断修正，既要有一线教师的参与也要有高校课程专家的指导，还要有专业人士的统整。此外，"课程领导力也是校长的第一领导力"的说法，不言自明。一个学校的课程建设与学校的育人成效、治理水平有着密切的联系，优秀的教师团队着力推进人本化、富有感召力、凝聚力和生命力的课程，促进学生健康自主发展，让学校治理井然有序，井然有序的治理与学校发展生生不息，实现教育理念、达成教育理想也就不再遥远。

3. 展望格局，书写未来

教育与价值观的定位密不可分。无论时代如何进步，符合当下价值体系的教学理念始终是保证学校顶层设计的最重要前提，这个前提是黏合各年龄段教师发展的强力剂，教师的协同发展给学校持续发展提供了最扎实的保障，会作为学校文化的一部分传承下来。所以"强师工程"的第一步就是提升教师的价值感、存在感、幸福感，不是单纯的物质激励，而是精神凝结与物质表达的综合。

"工欲善其事，必先利其器。"吸纳不同发展阶段的教师在各自跑道上努力前行，将传统教学的和风细雨与单元整体教学的掷地有声相结合；将纸笔教学的朴素扎实与信息融合的快速直观相结合；将识记技能目标与任务驱动自主达成相结合；将锚定学段的专注与纵向分析的贯通相结合；将熟练驾驭教材与横向对比不同版本相结合；将问题设计与教学目标达成相结合；将作业设计与中高考命题相结合；将文化科学学习与艺术修养培植相结合；将课堂教学作为主阵地与发展校本课程相结合；将教师的发展与学生的成长相结合；将育人目标的达成与学校办学目标的实现相结合；将办学目标的实现与办学理念的实践相结合……教师带着以终为始的理性逻辑，就会有越来越多的学生因良好的数学教育而成才。

学校之所以为学校，正是因为岁月流逝校舍可以翻新，但是办学理念与育人目标会与时俱进而初心不改。后之视今，亦犹今之视昔。传承好的顶层设计，必点亮每一个有幸在此停留的生命。

优质均衡的教育需求是民心所向，优质的数学教育不仅要求教师基于学生的立场实施教学，还要求教师能基于国家发展优化教育；优质的数学教学，不仅能让学生获得结构化的知识体系、系统化的学习方法、逻辑化的学科视角，还能让学生获得指向终身发展的数学素养。为师生，向未来。

手脑相长，思行合一

杨美珍

（珠海市容国团中学）

"人生两个宝，双手与大脑。用脑不用手，快要被打倒。用手不用脑，饭也吃不饱。手脑都会用，才算是开天辟地的大好佬。" 陶行知先生这首脍炙人口的《手脑相长歌》，道出了手和脑统一的重要性。

化学是一门以实验为基础的学科，义务教育化学课程作为一门自然科学课程，具有基础性和实践性，学习化学可以帮助学生了解科学的基本原理和规律，培养学生的科学素养，包括对科学思维方式的理解和运用能力，对落实立德树人根本任务、促进学生德智体美劳全面发展具有重要意义。义务教育化学课程有利于激发学生对物质世界的好奇心，形成物质及其变化等基本化学观念，发展科学思维、创新精神与实践能力，养成科学态度和社会责任，为学生的终身发展奠定基础。

"手脑相长，思行合一"是我的教学观点，更是一种学习方式，倡导学生在学习过程中充分动手实践，结合实际情况思考问题、解决问题，并将所学知识应用于实际生活中。初中化学是学习化学的基础阶段，它涵盖了许多基础的化学知识和实验操作技能。在初中化学教学中，应该倡导"手脑相长，思行合一"的学习方式。手脑相长意味着学生不仅要靠传统的课堂听讲和阅读书本来学习化学知识，还要通过进行实验操作、实践操作等活动，亲身体验化学反应过程，培养动手能力。学生可以通过制作实验装置、进行实验演示等方式来深化对化学概念的理解，并在实践中提出问题、思考问题。同时，通过对实验结果的观察和分析，可以帮助学生培养逻辑思维和分析问题的能力。思行合一指的是学生在学习过程中要充分思考对所学化学知识的应用，将化学知识与实际生活联系起来。学生可以通过分析身边事物的组成和变化，探究化学知识在生活中的应用，从而提高化学学习的主动性和实用性。

一、教学观点的提出

（一）初中化学教育教学现状分析

初中化学是学生首次系统地学习化学知识的一门课程，由于学生的性格、思维等方面的差异，其对于该门课程所表现出的兴趣也有着较大差别。例如，部分学生对于化学课有着浓厚的兴趣；而部分学生在学习化学时对于相关知识的理解存在困难，导致其对该门课程逐渐失去兴趣。此外，教师的教学方式单一，教学时主要以机械性的知识传授为主，课堂枯燥；评价只以学生的学习成绩作为标准，缺乏对学生实践、思维能力的考量。在当前的初中化学教学中，普遍存在着学生动手机会少、动手能力差的现象。学生的动手机会较少导致其在学习化学知识时仅仅是对抽象的知识内容进行了解或记背，难以形成对知识点更加深刻的认识和理解。同时，学生动手机会较少还导致其实践能力无法得到有效提高，学生对于化学现象缺乏思考，这些都不利于学生化学学习能力的提高。

（二）培养崇尚科学、严谨求实、追求真理的社会主义接班人的需求

1. 国家培养人的目标需求

《中华人民共和国教育法》第六条提出：教育应当坚持立德树人，对受教育者加强社会主义核心价值观教育，增强受教育者的社会责任感、创新精神和实践能力。

2. 课程改革需求

2021 年 6 月，国务院《全民科学素质行动规划纲要（2021—2035 年)》提出将科学精神融入课堂教学和课外实践活动；培养学生的爱国情怀、社会责任感、创新精神和实践能力。2021 年教育部等发布的《义务教育质量评价指南》指出，要进行学生发展质量评价，主要包括劳动与社会实践等重点内容，培养适应终身发展和社会发展需要的正确价值观、必备品格和关键能力。

2022 年新课程标准对义务教育阶段的化学课程目标提出了以下四个方面的要求：形成化学观念，解决实际问题；发展科学思维，强化创新意识；经历科学探究，增强实践能力；养成科学态度，具有责任担当。这些目标的实现，离不开实践活动，手脑相长能实现动手实践与思维能力的相互促进，提高学生的实践能力和创新思维，使学生能够将所学理论知识应用于实际实验中，从而

更好地理解和掌握化学知识，培养学生崇尚科学、严谨求实、大胆质疑、追求真理、勇于创新的科学精神，提高学生的科学素养和实验能力。

2023 年教育部办公厅《基础教育课程教学改革深化行动方案》指出要聚焦核心素养导向的教学设计、学科实践（实验教学）、跨学科主题学习等教育改革重点难点；加强科学教育实践活动；结合科学课程标准，设计相应的科学实践活动，组织学生在实践探究中学习。

（三）手脑相长、思行合一对初中化学学习的重要性

1. 培养科学思维能力

手脑相长的学习方法，要求学生通过实验操作来检验和验证理论知识。在初中化学学习中，学生通过亲自进行实验操作，可以更直观地观察化学现象、体验化学乐趣，培养科学思维和实践能力。通过实验操作，学生可以发现问题、解决问题，并培养对化学现象进行观察和分析的能力，提高自己的科学思维。

2. 提高动手实践能力

初中化学学习需要学生具备一定的动手实践能力，通过实验操作可以帮助学生培养和提高这方面的能力。通过实验操作，学生能够亲自操作仪器、调配试剂、观察实验现象等，提高自己的动手实践能力。而且，实验操作还可以培养学生的观察力、注意力和耐心，提高学生的实验技能。

3. 手脑相长在初中化学实验教学中的应用

（1）实验设计与操作。要求学生能够根据实验目的和要求，合理设计实验方案并进行实际操作。学生需要掌握实验操作的基本技能，如量取物质、配制溶液、过滤、加热等。此外，还要求学生能够正确使用和保养实验器材和仪器。

（2）实验观察与记录。要求学生能够仔细观察实验现象、记录实验数据和结果，并进行简单的分析和总结。学生应当养成仔细、准确地观察实验现象和进行实验记录的习惯，培养科学态度和实验思维。

（3）实验数据处理与分析。要求学生能够正确处理实验数据，如观察数据规律、归纳总结等。学生还要能够根据实验结果分析问题，运用所学知识进行合理解释。

（4）实验安全意识与操作技能。要求学生具备实验安全意识，能够正确使用实验器材和仪器，并严格遵守实验室安全操作规程。学生需要学习实验室的基本安全知识，如化学品的危害性、安全操作规程等，并能够熟练掌握实验操作中的安全技能，如正确佩戴实验室安全用具、避免实验物品的溅泼等。

通过进行实验操作，学生能够更直观地理解化学知识，实现思行合一。因此，在初中化学教学中应重视手脑相长。学生在学习化学知识的同时，积极动手，在"做中学"，进行安全、规范的实验操作，完成化学实验任务。同时，在动手实践的过程中，学生通过运用观察、实验、调查等手段获取化学事实，运用比较、分类、分析、归纳、推理等方法，基于实验事实进行证据推理、建构模型并推测物质及其变化，在解决与化学相关的真实问题这一过程中形成质疑能力、批判能力和创新意识，实现手脑相长，思行合一，提高核心素养。

二、教学观点的形成

（一）学生时代老师对我的影响

上小学时，我是个不爱背诵的学生，这导致我在一至四年级的语文测验成绩总在 70 分左右。五年级时，我非常幸运地遇到了我的新班主任杨老师，杨老师同时是我们班的数学老师，他真诚地关爱着每一个学生。细心的杨老师很快发现了我的问题——数学常常考满分的我，语文成绩总不理想，尤其是作文，词不达意，语句不通。他就利用课间和放学后的时间，亲自抓我背诵，由于我内心是不情愿的，背诵也是为了应付老师，突击背诵完后没几天就忘了，语文成绩仍然进步缓慢。有一天，杨老师送给我一本精致的笔记本，让我每天坚持写日记。因为特别喜欢这本笔记本，我开始笨拙地写起了日记。每天的日记，杨老师都亲自给我批改，教我写作方法，并表扬我写得较好的句子或段落。在一节班会课上，杨老师给全班学生朗读了一篇作文，读完后让大家猜这是班里哪个同学写的，大家把班里语文成绩好的同学猜遍了都没猜到是我。当杨老师告诉大家作文是我写的之后，同学们先是很诧异，接着热烈鼓掌，这一幕，让我终生难忘。其实，那篇作文杨老师给我修改了三次。自此，我背诵的热情和写作的兴趣与日俱增，我徜徉在古诗词和中外名著的海洋里，品读经典，感受书香魅力。我的作文还经常被当作范文进行朗读和展示，初中阶段，我有两篇文章发表在当时的《学语文》杂志上，高考语文我以 131 分获得全县第二名。

当我走向教师岗位时，我就立志像杨老师一样，春风化雨育桃李，润物无声洒春晖。工作以来，为了鼓励每个孩子都学好化学，我一直坚持"以生为本、以学定教"的教育理念。我年年带初三，每接手一个班级，我都坚持做到：三个星期内记住全班学生的名字；踏上讲台要"胸有成竹"；提前 2 分钟进教室了解学生的思想状态，当发现学生状态不好时，我会及时给予关注和帮助，引导学生放下思想包袱，认真上课。对于基础较差、上课喜欢趴桌子的学生，我上课前找他们谈话，了解他们的困难，鼓励他们上课认真参与，课堂上尽可能给他们创造机会，如请他们演示实验或描述实验现象，或让他们回答精心为他们准备的问题，课后我会继续帮助他们。在教学过程中，我会根据学生的身体状态和思想状况灵活地调整自己的教学方式。我积极探索，摸索出了一套以学生为主体、以小组合作为主要形式的化学教学风格。我的课堂气氛和谐轻松，课堂模式灵活，有"小组互助学习模式""实验探究课堂模式""学案式课堂模式""学生小教师执教模式"等。丰富多变的课堂使学生的学习兴趣浓厚，课堂效率高，课后作业少。多年来我所带班级的化学成绩在平行班中名列前茅，中考成绩优异；后进生转化效果显著，很多基础非常差的学生因为喜欢化学，从化学学科获得了学习的动力，提高了学习的兴趣，最后整体成绩都在不断进步，学生的精神面貌也焕然一新，更加积极阳光。我以自己的工作实绩赢得了学生和家长的认可，得到了学校和社会的肯定。24 年来，我的教学满意度调查都是 100%，我还多次被学生评为"最受欢迎的老师"。

（二）教育家思想对我的引领

工作中，我对自己的教育教学经验不断进行总结反思。为了让学生学得轻松、学得有效，我不断地反思。正如于漪老师所说："我不断地反思，我一辈子上的课，有多少是上在黑板上的，有多少是教到学生心中的。"而要把化学课上到学生的心中，动手实践必不可少。正如教育家蒙台梭利所说的："我看到了，我忘记了；我听到了，我记住了；我做过了，我理解了。"这些思想告诉我：教育教学，不只是教会学生书本上的知识，更要让学生通过动手，通过实践，学以致用，解决生活中的实际问题，体会到生活处处皆化学的道理。

工作的第一年，在教学完"水的净化"这部分知识后，我让学生自制净水器，由于缺乏引导和实践，学生只能根据课本上的图片依葫芦画瓢，做出来的净水器千篇一律。第二年，再次教学这部分知识时，我带领学生利用周末去珠海市自来水厂和污水厂参观，真正了解了净水程序和污水处理的不易后，再让学生制作净水器或撰写科学小论文，这次的作品非常丰富，有 2 名学生的自制净水器获得珠海市科技创新大赛一等奖，1 名学生的家庭简易污水处理器获得二等奖，13 名学生写作的节水小论文获奖。这两年的对比，让我深刻认识到只有手脑相长，思行合一，才能培养学生的探索精神和创新精神，才能培养学生日后创造大千世界的本领。

自此以后，我和学校的化学老师一起，开发了《珠海市第一中学化学实验课程》校本教材，我们从课堂演示实验、学生分组实验、课后探究实验、家庭小实验、趣味实验五个方面开展化学实验课程，学生分组实验的开出率超过了150%，通过5类实验，极大地激发了学生的兴趣，培养了学生的创新意识和创造力。我校学生在历届科技创新比赛中取得优异成绩，在天原杯全国初中生化学素质与实验能力竞赛中多人获得省级以上一等奖，我本人在2000—2006年共七次荣获全国初中化学竞赛园丁奖。

三、教学观点的实践与探索

（一）手脑相长，注重化学实验探究

实验教学能够帮助学生更好地理解化学知识，在提升实验能力的同时，激发自身的创造性思维和能力，我主要从以下几方面进行实验教学：

1. 强化实验基础知识

在初中化学学习中，实验基础知识是不可或缺的一部分。实验基础知识主要包括实验室安全规范、化学试剂的正确使用以及实验器材的维护和保养。这些知识是保证实验顺利进行并获得准确结果的前提。课堂上，我让学生积极进行小实验的演示，培养学生严谨规范、实事求是的科学精神。

2. 提高实验操作技能

实验操作技能是化学实验探究的关键。它包括实验前的准备工作、实验过程中的注意事项以及实验完成后的清理工作。这些技能的掌握有助于学生在实验过程中更加得心应手。为了让学生能在理解的基础上顺利完成实验，而不是到了实验室"照方捡药"或一片忙乱，在学生进行实验前我一般会提三个问题：①本次实验的目的是什么；②你认为本次实验要取得成功的关键在哪里；③完成本次实验你可能会面临哪些困难。让学生带着这三个问题提前预习，理清思路，以确保实验时思路清晰，集中注意力观察、记录实验现象，发现异常问题及时反思。为了提高学生的实验操作技能，除了完成课堂演示实验和教材中八个学生分组实验外，我还增加了"自制炭黑""自制酸碱指示剂""溶解与乳化""常见化肥的鉴别""羊毛、棉花和合成纤维的鉴别"等学生实验，这些实验既涉及丰富的化学知识，又与生活实际息息相关。通过这些实验，提高了学生利用所学知识解决实际问题的能力，树立"生活处处皆化学"的学

科思想，极大地提高了学生的兴趣，激发了学生学习化学的热情。在化学实验探究教学中，在保证安全性的前提下，我给予学生充分的自主性，让学生有实验设计以及实验探究的自主创造空间，引导学生将自己的想法和观点融入化学实验设计中，并设置符合自身情况的学习目标。

3. 进行趣味实验探究

课堂上，我经常开展生动、有趣的小实验，以此来吸引学生，帮助学生理解所学知识。例如，在第一节化学课中，我选取"白酒变红酒，红酒变白酒，白酒变雪碧，雪碧变牛奶"四个连锁实验，选用药品有"氢氧化钠溶液 + 酚酞 + 稀盐酸 + 碳酸钠 + 氯化钙溶液"。整个变化过程中涉及变色、放出气体、产生沉淀三个现象，有趣又明显，对后面化学变化的学习也起到了很好的铺垫作用。在学习"分子和原子"时，我选取"白花变蓝花"的实验，利用干态下的碘片和锌粉在常温下不易直接化合的原理，加入少量水作催化剂后，剧烈反应生成碘化锌并放出大量的热，使未反应的碘升华成紫烟，水受热汽化，水蒸气在空中冷凝成白雾，碘和白纸花上的面粉接触显蓝色，于是紫烟造出蓝花。在这种形象、生动的实验中，学生能够感受到化学实验的魅力，从而不断探索神奇现象背后的化学原理，帮助他们理解分子是保持物质化学性质的最小粒子这一概念。学生在思考和实践探究过程中激发了自身的创造性和创新性思维。

4. 学会化学实验数据处理

在化学实验中，数据的收集、记录和分析是至关重要的。通过实验数据的处理，学生可以更准确地理解化学现象，发现规律，提高科学素养。此外，数据处理还可以帮助学生掌握科学的研究方法，为未来的科学研究打下基础。在进行实验时，我引导学生耐心细致地记录每一个实验数据，选择合适的测量工具和仪器进行测量和分析。例如，在化学实验中，通常使用天平、量筒、滴定管等工具来测量物质的质量和体积。在进行数据处理的过程中，使用科学的方法进行规范操作，例如加减法的运用、平均值的计算、误差的分析等。绘制图表是展示实验数据和发现数据规律的重要手段，让学生熟悉并善用各种图表工具，如折线图、柱状图等，可以让实验数据更加直观和易于理解。通过数据处理和分析，我们可以发现实验数据的规律和异常情况。对于规律性的数据，可以进一步总结出实验规律和结论；对于异常数据，需要及时分析，找出原因并进行纠正。这既有助于提高实验的准确性和可靠性，还能培养学生的逻辑思维和科学素养。同时，通过将数据分析与实验设计结合，学生能更好地理解和应用化学知识，为未来的学习和实践打下坚实的基础。

5. 进行实验安全与环保教育

实验安全与环保是化学实验过程中必须关注的问题。学生应了解实验室的安全规定，掌握正确的应急处理方法，确保实验顺利进行。同时，学生还应注意实验后的环境保护，做绿色化学实验，减少对环境的影响。要培养学生的安全意识和合理选用化学品的观念，提高其应对意外伤害事故的意识。我通过组织"家庭和学校节水方案的设计""基于碳中和理念设计低碳行动方案""设计预防火灾方案"等跨学科实践活动，帮助学生初步形成节能低碳、节约资源、保护环境的态度和健康的生活方式；初步认识科学、技术、社会、环境的相互关系，树立人与自然和谐共生的科学自然观和绿色发展观，具有为建设社会主义现代化强国、实现中华民族伟大复兴而学习化学的志向和责任担当。

6. 培养实验设计与创新能力

实验设计与创新能力的培养是化学实验探究的重要目标。通过实验设计，学生可以运用所学的化学知识，自主设计并完成实验。这不仅有助于巩固学生的理论知识，还能培养学生的创新思维和实践能力。此外，实验设计还有助于学生理解科学的研究方法，培养他们的科学素养。2020 年，学生通过网课学习，开展实验操作不方便。在学习初中化学第十一单元课题 1 "生活中常见的盐"这部分知识时，我让学生通过设计家庭实验来探究碳酸钠、碳酸氢钠水溶液的酸碱性以及它们能否与酸发生反应的问题。因为有前面积累的化学实验知识，学生都积极动手，使用家里的物品设计实验并完成了实验。例如：陈同学利用紫甘蓝、苏打、小苏打、食品干燥剂、肥皂水和白醋完美地完成了实验，并录制了实验视频。溶液酸碱性探究的实验过程如下：①撕下几片紫甘蓝叶片，捣碎，用纱布过滤，取紫色汁液备用（因为前面做过自制酸碱指示剂的实验，学生知道紫甘蓝可作指示剂）。②从家里的零食（海苔或饼干）中取出一部分干燥剂（生石灰），放入碗里加水溶解，静置，取上层清液备用（石灰水）。③在两个一次性纸杯中各倒入少量紫甘蓝汁，向一个纸杯中加入石灰水，发现紫甘蓝汁变为绿色，记录下来；向另一个纸杯中倒少量白醋，发现紫甘蓝汁变为红色。④各取一小勺厨房里的苏打粉（碳酸钠）和小苏打（碳酸氢钠）加水溶解，向其中分别加入紫甘蓝汁，发现无色溶液都变成了绿色。⑤根据以上现象进行对比，得出碳酸钠和碳酸氢钠的水溶液都呈碱性的结论。

碳酸钠、碳酸氢钠能否与酸反应的问题探究过程如下：①巧妙地利用矿泉水瓶、吸管、浇花的喷壶组装出一套可以控制反应发生与停止的简易装置。②检查装置的气密性。③向矿泉水瓶中加入 1 勺苏打粉末或小苏打粉末，塞紧壶嘴；准备好石灰水，用喷壶盖向矿泉水瓶中加入白醋，发现瓶中产生大量气泡，粉末逐渐溶解。④将生成的气体导入石灰水中，石灰水变浑浊。⑤得出碳酸钠、碳酸氢钠能与酸反应生成二氧化碳的结论。

以上两个家庭实验，我将生活素材融入教学工作中，引导学生将化学学习与生活实践有机结合在一起，学生通过挖掘生活中的素材，灵活应用对比的学习方法，学会思考，积极创新，动手实验，取得了良好的学习效果。这两个实验充分调动了学生的探究兴趣，培养了学生的创新精神。

总之，初中化学实验探究对于学生的知识掌握、实践能力以及科学素养的培养都具有重要意义。通过化学反应原理探究、化学实验数据处理等方面的实践，学生可以更好地理解化学现象、掌握化学知识、提高科学素养，为未来的学习和工作打下坚实的基础。

（二）思行合一，注重提升学生的思考能力

初中化学作为一门实践性较强的学科，不仅需要学生掌握基础理论知识，还要求学生具备思行合一的能力，即在实践中不断提升自身的思考能力。我主要从以下几方面提升学生的思考能力：

1. 问题的提出与解决

在化学学习中，学生首先要具备发现问题、提出问题的能力。问题可以从课本知识中寻找，也可以在实验过程中发现。提出问题后，学生需要运用所学知识，通过思考和实践去解决问题。这个过程不仅有助于学生深入理解知识，还能培养学生的创新思维和解决问题的能力。

2. 推理与判断

在化学学习中，学生需要具备一定的推理和判断能力。推理是根据已知事实或原理，推断出新的结论或假设。判断则是根据推理结果，对事物进行价值判断或因果分析。通过反复的推理和判断练习，让学生更好地理解化学知识的内在联系，提升自身的逻辑思维能力。

3. 假设与实验设计

假设是科学研究中的重要环节，是根据已知事实提出的尚未证实的新观点。实验设计是在假设的基础上，设计出具体的实验方案。学生在提出假设后，需要通过实验进行验证。这个过程不仅有助于培养学生的探究精神，还能提高学生的实验设计能力和操作能力。

4. 观察与记录

观察与记录是实验过程中的基本技能。观察需要学生细致入微地观察实验过程中的各种现象，记录则需要及时、准确地记录观察结果。通过观察与记

录，学生可以获取丰富的实践经验，为后续的实验操作和理论学习提供有力支持。

5. 整理与归纳

整理与归纳是学生对所学知识进行系统化、结构化处理的过程。整理是将所学知识按照一定的逻辑关系进行分类整理，使知识更具条理性和系统性。归纳则是将零散的知识点进行总结，得出具有普遍性的结论。通过整理与归纳，学生可以更好地理解知识的内在联系，形成完整的知识体系。

6. 表达与交流

表达与交流是化学学习中不可或缺的环节。表达是指学生将所学知识通过口头或书面形式表达出来，交流则是学生之间分享学习心得和研究成果的过程。通过表达与交流，学生可以更好地理解知识，提高自身的表达能力，拓宽视野，激发学习热情。

思行合一不仅要求学生掌握基础理论知识，还要求学生具备实践能力、创新精神、批判性思维等多方面的能力。学生在学习过程中，应当积极参与课堂讨论、实验操作等活动，勤于思考、善于实践，不断提高自身的思考能力和综合素质。同时，教师应当注重引导学生在学习过程中发挥主观能动性，培养学生的探究精神和创新能力，为学生的全面发展提供有力支持。

（三）以生为本，注重培养学生的质疑能力

在初中化学教学中，质疑能力和创新思维的培养需要结合班级学生的整体情况，根据学生的学习情况、兴趣偏好、心理需求等情况制定因地制宜、因材施教的培养方式与方法。因此，我在制订培养计划之前会通过细致的观察或者调查班级的整体情况，本着以生为本的原则，站在学生角度考虑问题。在具体的实践方式中，一方面通过调查法，询问全班学生或者部分学生对化学学科的看法以及在学习过程中的感悟和疑问；另一方面结合观察法，观察学生真实环境下化学学习的特点和不足。我主要从以下几方面提升学生的质疑能力：

1. 鼓励学生提问

提问是思考的开始，是获取知识的途径。在教学过程中，我经常鼓励学生大胆提问，发表自己的看法和见解。即使学生提出的问题不太合理，也及时给予适当的肯定和鼓励，以保护学生的积极性和自信心。想办法引导学生逐步完善自己的问题，使其更加合理和有价值。

2. 营造质疑氛围

营造一个有利于质疑的氛围，让学生能够自由地表达自己的观点和质疑。

在教学过程中，我充分尊重学生的个性和差异，营造一个平等、民主、宽松的教学环境。学生可以自由地发表自己的看法，提出自己的问题，与我和同学们进行交流讨论。

3. 培养质疑意识

要培养学生的质疑能力，首先要培养学生的质疑意识。在教学过程中，教师要引导学生认识到质疑的重要性，让学生明白只有通过质疑才能深入了解事物的本质和规律。同时，教师要让学生明白质疑是一种能力，是需要不断培养和锻炼的。

4. 教授质疑方法

要培养学生的质疑能力，教师还需要教授学生质疑的方法。例如，如何判断一个观点是否合理，如何找到问题的关键点，如何进行推理和论证，等等。在教学过程中，我经常结合具体的问题和实例，引导学生养成随时提问、随时质疑的习惯，引导学生掌握质疑的方法和技巧。同时，我还通过布置一些开放性的问题或任务，让学生自主思考和探索，从而逐步培养质疑的习惯。

5. 激励质疑精神

要培养学生的质疑能力，教师还需要激发学生的质疑精神。在教学过程中，我结合实际情况，引导学生认识到质疑的重要性，并给予学生适当的激励和鼓励。例如，我经常表扬那些敢于质疑的学生，设立"勤思好学"奖励机制，等等。

6. 培养批判思维

批判思维是质疑能力的重要组成部分，是学生进行有效质疑的关键。教师要让学生掌握批判性思维方法，如分析、推理、归纳、演绎等，从而使学生能够从多个角度对他人的观点进行评判和分析。此外，教师还可以通过辩论、讨论等方式，让学生在交流中拓展思路，提高批判性思维能力。

总之，培养学生的质疑能力是教学过程中不可或缺的一部分。教师要鼓励学生提问，营造有利于质疑的氛围，培养质疑意识，教授质疑方法，激励质疑精神，引导质疑习惯，并培养学生的批判思维。通过这些措施，可以有效地提高学生的质疑能力，促进学生全面发展。

在知识经济时代，教师仅仅恪守职责、有崇高的事业心已经不够了，时代呼唤具有更多专业特长的专家型的优秀教师。教师职业的专业化是社会进步的必然要求，是教师教育发展的方向。教师需要以合理的知识结构为基础，具有专门的教育教学实践能力，并能有效地、创造性地解决教育教学领域中的问题。教师要读书、要反思、要研究；应具备创新精神；要转变教育观念，营造良好氛围；要改变评价观念，注重课后反思；要用新理念指导教育教学工作；要鼓励学生独立思考，引导学生自主探索、合作交流；要培养学生应用知识和解决问题的能力。

所以，在以后的教学中，我会继续通过手脑相长和思行合一的方式培养学生的核心素养，包括动手能力、逻辑思维能力、问题分析能力、理论运用能力、科学素养等，注重学生的自主发展、合作参与、创新实践，为培养学生具备适应个人终身发展和社会发展所需的必备品格和关键能力而努力探索。

享受教育

黄东梅

（佛山市南海区南海实验中学）

"人要会做梦，优秀的教师要永远伴随着自己的梦想。当生活没有梦时，生命的意义也就完结了，教育就没有了意义。"这是朱永新《新教育之梦》一书中的一段话。人生本来就如梦。当我选择了教师这一职业，就注定了我的人生是"教师人生"。"教师人生"要求我不再把教育仅仅作为一份职业、一个手段、一项工作，或是一件事情来看待、来处理，而是当作自己人生的一部分来对待、来体验、来充实、来完善。教育是发现人、塑造人、成就人的事业，这不仅仅是对学生而言。作为教师，也在平凡而又精彩的教育生活中见天地、见众生、见自己。走上讲台25年，我与学生一起，寻找自己、看见自己、完善自己，逐步形成了自己的教学观点：享受教育。

享受教育，是我追求的教育之境。"教师人生"需要生命的活力，需要生命的激情，需要生命的灵动。"教师人生"需要感动——感动自己，感动学生，感动家长，感动社会，感动中国，感动未来。"教师人生"还需要责任，需要体验教育的快乐，感受教育的幸福。

一、我的成长历程

（一）跌宕起伏中，选择了人生道路

鸡蛋，从外打破是食物，从内打破是生命。人生亦然，从外打破是压力，从内打破是成长。我常常觉得自己是一个幸运儿，从小到大，成长的关键节点，我都能"内外结合，逢凶化吉"。

1976年，我出生在广东茂名化州的一个农村，家庭氛围宽松融洽，从小自由自在，"放养"于河边的田野、山林，颇为顽劣。奶奶是村里有德行、有威信的长者，她教会我怎样为人处世，对我的影响很大。我玩到三四年级才略

略收心，五年级时，遇到了黄文汉老师，他好数学、喜书法、做木工、打乒乓球。受其熏染，我爱上读书，奋发向上，在一些大大小小的竞赛中获奖，荣获"化州市三好学生"等荣誉称号。1988 年我步入初中，青春期的叛逆加上父母外出务工无暇照管我，学习成绩每况愈下，所幸初三时遇到了一位好班主任——黄海山老师，他有着海一样的宽阔胸怀和军人一样认真严格的作风，他使我变得自觉。中考前我奋发图强、力挽狂澜。1991 年，虽然我只考入了化州县（现为化州市）的一所普通高中——化州二中，但是我对学习却有了新的认识，而且学习态度也发生了变化。我喜爱数学，沉迷于做题，数学一枝独秀，几何尤其突出。班主任兼物理老师王民中对我的影响很大，我逐渐又开始喜欢物理，特别是力学。我深深陶醉于实验的魅力，常常在实验室反复做实验，幻想有一天能推翻牛顿第一、第二定律，我的物理水平大增，物理学科常考年级第一。高中阶段，我一路逆袭，创造了当时大家认为的"奇迹"。这一切都是因为物理老师影响了我，物理学科重塑了我，也坚定了我从事物理教育的理想。1995 年高考填报志愿的时候，我全部选择了物理教育专业。但由于我心理素质太差，临近高考时一个月睡不着觉，高考成绩不理想，最后被我用来保底的志愿——佛山大学物理教育专业录取。虽然没有考上理想的华南师范大学，但是专业是我喜欢的专业。独特的成长经历使我坚信物理课程能够培养学生严谨的治学态度、活跃的创新意识、理论联系实际和适应科技发展的综合应用能力，具有其他实践类课程不可替代的作用。与很多被调剂来的同学相比，我更具有主动选择和自觉自为的意愿。通过大学四年的勤奋学习，我以优异的成绩毕业，如愿以偿成为一名物理教师，从事了自己喜欢的工作。

（二）波澜不惊中，完成了三大转变

1998 年大学毕业，我来到广东省佛山市南海区西樵镇西樵中学任教。在南海，于我而言，既有内在需求，又有外力助推，能且行且思、不断前行。回望过往，我似乎不能准确地划分自己成长的节点，但能清晰地感受到自己的成长和转变。在南海这片崇文重教的热土上，我和这所几经改名的学校一起奋斗、成长，在这里，我遇到了指引扶持我的恩师，支持理解我的爱人，志同道合、热爱教育事业的同事，还有一群好学上进的优秀学生。25 年的从教生涯里，幸运一直陪伴着我。

1. 对教育事业，从立足、立功到立场，我敬业、精业、享业

儒家提出了"立德，立功，立言"的人生理想，可谓人生"三不朽"。成为一名物理教师，我对教育事业的态度经历了"立足、立功、立场"和"敬

业、精业、享业"的转变。初上讲台，为了证明自己，为了站稳脚跟，我购买书籍，学习钻研，常常手写教案到深夜，兴奋时就站起来试讲，每天下午利用课余时间给学生辅导并带领学生进行探究实验、创新实验教具，进行课外物理知识拓展。第二年，因为教学成绩优异而任教初三，面对部分家长的质疑，我凭着一股热情和不服输的劲头，早起晚归，研读教学书籍，观摩名师课堂，钻研中考命题，细改学生作业，经常到饭堂、宿舍跟学生聊天，了解学情……在向老教师学习、与学生沟通、与自己对话的过程中，开始探寻学生学习之路、学科教学之道。我把激发学生兴趣摆在首位，摸索出一套物理学科应考方法和技巧：让每一名学生都能找到自主发展的路径，获得自主发展的能力，实现自主发展。"以学生为本位，尊重学生主体地位，关注学生发展，鼓励学生创新"是我的教学理念，以自主合作式概念教学来构建高效和谐的课堂是我的追求方向，以学生为主体，教师为主导，实验和练习为主线，培养学生自我学习、自我管理、自我发展的教学模式，让我的教学卓有成效。我每年都承担初三的物理教学工作，所教班级的物理成绩非常突出，合格率达100%，优秀率为95%以上，每年中考物理成绩在省、市、区内同类学校中名列前茅。

"立足"之后，我希望自己的能力得到更多人的认可。怀着"立功"之心，我担任了初三班主任兼两个班的物理教师。我任班主任的这个班学情特殊，当时可谓困难重重，我"爱"字当头，"勤"字当先，倾注了大量心血，班级建设风生水起，在带班时严格要求且不忘爱心呵护，做到以理服人、以情动人，着重于对学生素质的培养、良好生活学习习惯的养成。在学生思想工作方面，我有一套较为完善的方法：观察—深入家庭了解—深入同学了解—谈话—朋友般关心—亲人般的关爱；给予尖子生朋友般的关心和谈话，给予心理上有障碍的临界生亲人般的关爱，通过谈话帮他们排除心理压力，轻轻松松参加中考。2008—2012年连续四年我所带的班级中考成绩名列第一，尤其是2008年中考我所带的班级考入南海区前600名的有32人，占全镇人数的93%。我培养了南海区中考状元邢同学（新加坡国立大学博士）、西樵镇中考状元张同学（香港大学硕士）、梁同学（北京大学硕士）、罗同学（清华大学硕士）、谢同学（新加坡南洋理工大学博士）等。

班级管理工作使我能更全面地观察和了解学生，也使我认识到对于教育事业，仅仅有一颗虔诚的心是远远不够的，学生的成长不只表现在分数方面，学习物理不应满足于应试的方法、技巧，更应该立足于学生的成长，立足于提升学生的素养、思维和能力。朱熹说："圣贤施教，各因其材，小以小成，大以大成，无弃人也。"对于后进生，一般都是班上的"问题学生"，我从不厌倦，而是因材施教、循循善诱。例如，2015年初三（1）班的林同学经常违反纪律，上课讲话、开小差，课后惹是生非，各科成绩均在50分以下。通过家访，了解到其父亲长期在外打工，过年才回家，林同学从小学二年级开始就缺乏父爱和有力的监管，母亲对其放任自流，家教不到位是该生后进的主要原因。于是，我抓住他喜爱打篮球这一特点，经常组织班际篮球赛和其他体育活动，大胆起用他为主力，尽其所能，并及时表扬其优秀的表现，还指派一名优秀生与他"结对帮扶"，使他逐步改掉了旧毛病，奋发向上，中考以567分考入南海重点中学。多年来，我所带的班级每年都被评为学校先进班级或标兵班级，中考时考上重点高中的达100%，年年都有20多人获得区前600名的奖励。我多次在学校大会上作班主任经验分享，多次获得"南海区优秀班主任""佛山市优秀教师""佛山市名教师""佛山市物理学科带头人""广东省南粤优秀教师"等荣誉称号。

随着对教育教学工作的深入思考，我又对其有了不一样的理解。外在的荣誉，家长和同行们的掌声、鲜花、赞美之词不是衡量教育工作成功与否的标准，无论是坚持在班主任的工作岗位，还是承担物理教学，其实都是在坚持自己对教育的一份理解，坚守自己的教育理想，坚持立德树人。特别是2019年3月习近平总书记主持召开学校思想政治理论课教师座谈会后，我感受到党和国家的重托、历史和时代的召唤，认识到了基础教育教师的使命和担当，内心激情澎湃，涌动着责任。青少年阶段是人生的"拔节孕穗期"，最需要精心引导和栽培，我们要做好学生的引路人，帮学生扣好人生的"第一粒扣子"。小胜靠术，中胜靠智，大胜靠德，全胜靠道。当时，我深深陶醉于所取得的成绩、荣誉，现在看来那些不过小胜而已。教育不能功利，今天的我以"重师德、精师道、铸师魂"为教育信条，以做一个自觉而清醒的教育者、过完整而幸福的教育生活为追求，享受着一名物理教师育人的快乐。

2. 对师生关系，从激发、尊重到顺应，我亦师、亦友、亦生

师生关系是教育活动中最基本的关系，师生交往的状况直接决定或影响着教育活动及其最终的成效。老子倡导行"不言之教""无为而治"，适其性，顺其道，应其时，顺势而为，才能各得其所。在这一点上，我感恩我的学生，他们使我对师生关系的认识经历了"激发、尊重、顺应"的转变，使我做到了"亦师、亦友、亦生"。

初为人师，我对自己要求高，对学生要求严，认为能"激发""控制"学生的才是好老师。不知在哪儿看到过这样一段话，可以用来描述当时的自己："以知识掌控者的身份出现在儿童的世界，并以高于学生的姿态进行知识的传

递，引领学生顺利进入世界、适应世界、维护世界。"我投入了全部的时间和精力，也理所当然地认为"师命不可违"。课堂上自己激情四射，要求学生全情投入，不得一丝懈怠，对于学生偶发的违纪行为，我则发挥物理教师扎实的理论功底，严密论证、层层推导，批评到学生不敢说一个"不"字。渐渐地，学生对我敬而远之。有一次，在课堂上一个男生分心走神，我怀疑他在早恋，强行将他藏在抽屉里的一个心形礼品盒夺走，并以胜利者的姿态宣告没收，不料却引发了全班学生的愤怒。这件事让我明白了恩师所讲的"老师不能太把自己当老师""眼里不能没有学生"的道理。教育是爱的事业，没有爱就没有一切。但爱不是高高在上的训诫，不是不近人情的管制，更不是生硬冰冷的围追堵截。我开始思考学生的自然成长，让自己去了解和尊重学生，学会放下，放下老师的面子、架子，放下成绩、考评，走到学生身边，了解他们真实的成长需求。

有一年中考前夕，一个优秀的女生竟然提出休学。我百思不得其解，费尽心思做工作，这个孩子放声大哭，告诉我老师们对她太好，但她不想做一个每天被老师盯着、捧着的好学生，她想选择适合自己的艺术专业，不愿意按父母的安排填报大家公认的名校。那个孩子哭着问："为什么我就不能做我自己？为什么我要为你们活着？"有人说："飞鸟把鱼叼出水面，以为鱼很快乐。"我意识到"眼里只有学生"的老师也是不小心做了飞鸟，以自己所理解的爱去要求学生，这是不对的。激发不如尊重，尊重不如顺应。教育不是强势的引领，不是温柔的束缚，更不是一厢情愿的改造。爱的价值在于让他成为他自己。我开始思考如何引导学生以自己的方式自由成长，开始放下自以为是的标尺，不再以爱的名义绑架学生，而是努力去尊重每一个个体，尊重差异，尊重学生的选择，做到既为成功者鼓掌，也为成长者呐喊。

有了这样的认识，我和学生的关系越来越融洽，学生有什么疑惑都愿意和我交流。一次，一个学生在关键节点遇到棘手的事情，出于信任，他询问我的看法。我并没有像以往那样给出"一二三四"的建议，而是耐心倾听，然后告诉他这件事情我无法代他做决定，包括他的父母也不能，以我自身的能力也不能给出很好的建议，人必须学会对自己负责。后来，这个学生处理好事情后回复我说"多谢老师指导"，我说他才是我的老师。这个学生让我明白了一个道理：教育不仅是把学生放在自己心里，更重要的是要把他放在他自己的心里，只有发自内心的理解、尊重、包容和等待，把责任和自主的接力棒交还给他自己，他才能真正成长、自觉成长。我明白了爱的真谛在于放手，爱他的目的是让他爱自己。从这个意义上来说，学生也可以是老师，老师也不妨做做学生。感谢学生使我明白好的教育不是老师的独行，而是师生同行。我越来越享受以学生为师的幸福和乐趣。

3. 对物理学科教学，从讲实验、演示实验、实验室分组实验到学生自主实验，我敢为、巧为、无为

"杨花榆荚无才思，惟解漫天作雪飞"，回顾刚走上讲台的那些年，凭着对教育事业的满腔热爱，用尽"洪荒之力"执教，我偏执地认为物理是理论性比较强的科目，老师把知识点讲得越细，讲的面越广，学生就会收获越多。那时的我，课堂上不光讲得多，还企图通过大量的练习来巩固，结果是学生成绩不理想，还导致自己很累，每天有改不完的作业、练习和检测；学生更累，每天有做不完的练习、试卷。我该怎样破茧成蝶、改变现状？如何给学生减负，给自己减压，给教育松绑，提高教学成绩，来办好人民满意的教育？这是我苦苦思索的问题。

在方红德、陈进文两位师父的带领下，我结合"教改"的大潮，不断参加各类培训，不断阅读教学专著，向名师取经，结合课堂摸索前进。我首先在课堂教学模式上作出改变，要想让课堂结合生活实际，最初的改变就是把老师演示实验改为学生分组实验。先前在传统教育观念的影响下，思维定式是以应试教育为主，教学模式偏重于知识的传授，为了让学生在课堂上有更多的时间来做题，我总是把学生的分组实验改为演示实验，短时间内学生的学习效果较好，但时间一长问题就显现出来了，由于学生自己没有真正动手做，导致他们对很多实验的细节和形成的原因不明白，如在做有关凸透镜成像实验的题目时，学生搞不明白在凸透镜前面放一块近视眼镜时像为什么会变模糊？移动光屏要如何移动？如果移动蜡烛又向哪移？如果是水透镜，应是注水还是抽水？如果当时让学生动手做了实验，就不会有重复评讲后仍有部分学生搞不明白的情况出现。所以，我主动开放实验室，让学生动手实验。随着实验室的全面开放，学生学习物理的兴趣比以前浓了许多，学习成绩也提高了不少。

我热爱物理这个学科，希望通过自己的努力让学生也能感受到这份热爱，做到真理明于人、道理晓于人、事理达于人。出发点虽好，但在教学中我也走过弯路。总结经验教训，我实现了从"讲实验、演示实验、实验室分组实验到学生自主实验"和"敢为、巧为、无为"的转变。

工作第三年，我上了一节公开课，获得了很多好评，大家认为我物理功底好，教材把握得准，处理得当，演示实验设计有创新，实验现象可视性高，现象明显，演示实验做得好……我的师父方红德老师当时还是我的年级组长，他却提出了批评意见，说我"目中无人""包办代替"，把自己当主角，把课堂

当成"炫技"的舞台，靠"演示实验"把物理原理"演"明白，而不是让学生体验实验的过程。当时我不服气，回家后还打电话与其进行了一番争论。他的批评刺痛了我。但痛过之后我却深有感触：课堂上的演示实验是物理教学的重要组成部分，它不仅是建立物理概念和规律、理解和掌握物理知识不可缺少的环节，还能培养学生的观察能力、思维能力、探索精神以及良好的学习习惯。但在完成演示实验的基础上还是应该引导学生经历科学探究过程，让其学习科学研究方法，养成科学思维习惯，帮助学生从物理学视角认识自然、动手解决相关实际问题，初步形成科学的自然观，而不能"强灌""硬灌"。

从此我开始注重"主导性和主体性相统一""灌输性和启发性相统一"，以课堂教学为中心，以学生为主体，立足于学习内容，引导学生自主实验，在"双减"政策的大背景下，大胆把学生的笔头作业改为动手创作实验，利用生活中的瓶瓶罐罐和生活用品作为实验器材进行自主实验，由表及里，由浅入深，由现象到本质，探寻来龙去脉，把握深度、厚度、新度，培养学生思维，使其掌握原理，提升学力。同时，我注重开发课程资源，创新多元评价机制，激发学生的参与意识，引导学生在比较、对话、碰撞中澄清价值、鉴别真理，做到师生同行，一起"求真"。

二、我的教学主张

（一）要把创新还给学生

教育可以为创新提供发展的契机，也可以成为发展的动力，但也有可能阻碍学生的发展，甚至阻碍创新发展的步伐和创新发展的潜力。在当前我国深入实施科教兴国战略、人才强国战略、创新驱动发展战略的背景下，物理教学更应成为创新的源头活水，而质疑是创新的起点。如今，质疑是物理实验课堂的重中之重，质疑能力是学生最宝贵的能力之一，也是创新物理实验课堂的重要表现。通过对创新实验课堂的探索和实践，学生在课堂上敢于质疑和提出问题，学生的创新意识不断得到强化，创新思维能力得以不断提高。教师给予学生真诚的鼓励，学生就敢于质疑；教师给予学生科学的指导，学生就善于质疑；教师努力创设民主、宽松和自由的教学氛围，学生就敢于质疑。教师创设开放的问题情境，引导学生进入主动探求知识的过程，使学生围绕某个实验现象进行自主实验，开展实验数据的收集、整理，回答或解决存在的问题。依据以上观点，我采用了小组合作的教学方法，有效地开拓了学生的创新意识，并在课内课外为学生创造实验的条件，激发学生的想象，发展学生的创新思维。如让学生回家进行自主实验，并拍摄实验视频，在课堂上分组讨论其实验的步骤、实验操作是否规范，实验现象是否明显，还有没有更好的方法，等等，让各小组各抒己见，在讨论中充分挖掘学生的创新潜能，这样的教学使学生越来越喜欢物理课。当学生能够主动发现问题、提出问题的时候，我们就知道他们的创新意识已经苏醒，一旦激起他们想象的火花，创新思维的火把就会被点燃，接着就是创新的熊熊大火。教师如果想让每一个学生都舒展双翅在知识的天空自由地飞翔，那只有不懈努力地去挖掘、探索！在新世纪，教育的竞争不仅涉及学生，还涉及教师，因此，在当今的社会，教师必须不断学习以充实自己，还要有开拓和创新的精神，要树立良好的师德。

（二）没有爱就没有教育

如果教师没有对祖国和人民的爱，就无法培养学生的高尚情操；没有对生活和事业的爱，就无法引导学生对生活充满爱；没有对家人、朋友的爱，就不可能塑造学生善良的心；没有对学生的爱，"爱工作"就是一句空话。爱在教学中贯穿始终。真心关心和爱护学生，要在每一件事上关心他们，如在学习和生活上，教师要用同样的眼光看待每一个学生，不管是学习好的还是学习差的，不管是家庭条件好的还是家庭条件差的，不管是做过好事的还是做过坏事的，教师都要平等对待，不搞特殊化，要尊重学生人格，和谐师生关系，增强师生情感交流，让学生有一个愉快的学习场所，这样他们才能认真学习，才会有学习的动力。比如，教师可以在课余时间和学生一块玩；学生向教师打招呼时，教师要亲切回应，并且时时注意每个学生的健康状况、精神状态；提醒学生注意交通安全和食品安全，等等。这些虽然是小事，但在学生的心中会留下深刻的记忆。学生会以涌泉报点滴之恩，这就是收获。在和学生们欢笑嬉戏时、学生跑到宿舍问我需不需要帮助时，我总有一种幸福的感觉充盈心头。对待学生，要像对待自己的孩子一样，我们所做的一切要向他们负责。相信每个学生都很棒，才会正确对待每一个学生的发展潜能；相信人人能成才，才能找到适合学生发展的好方法、好途径。用赞赏的眼光去看学生，有助于学生学习成功；用埋怨的眼光去看学生，可能会导致学生学习失败。因此，我要求自己平时做个有心人，勤于观察、记录，把大多数学生平日学习时存在的普遍问题记录下来，近几年我电脑上记录了1 000多个学习物理有困难的学生薄弱的知识点，平时我也引导学生自己总结和归纳自己的短板，用手机拍下相应的题型再打印剪贴在错题本上，平时做练习也要有针对性的训练，复习时重点问题重点讲。

三、我的教学风格

"乱花渐欲迷人眼，浅草才能没马蹄"，新课标理念下的课堂教学目标已由"关注知识"转向"关注学生"，教学设计已由"给出知识"转向"引起活动"，教学目的已由"完成教学任务"转向"促进学生发展"。所有这些最终带来的最大变化将是学生的充分发展，以生为本，熟练地实施"三为主、五环节"高效课堂，引导每个学生从事有意义的学习实践活动并从中获得成功的体验，使其在保持并增进学习兴趣的同时谋求充分、自由、全面的自我发展，最终实现"和谐课堂"，体现了教育要以人为本，尊重、唤醒、服务学生的理念。

经过无数次反复尝试，我终于让自己的课堂成为学生自主学习、合作学习的地方；成为师生情感与信息交流的地方；成为师生共同质疑、释义的地方；成为学生个体表现，体现成功、自信、快乐的地方；成为师生共同感悟做人道理的地方。

综合以上反思和实践，我梳理和凝练了自己的教学风格：大气、激情、唯美。

"大气"指教师在课堂上运筹帷幄，轻而易举地调控课堂，收放自如。大气指要能使学生如沐春风，如饮甘泉，能全身心地进入角色学习，获得良好的学习效果。我一直努力做一名充满激情的老师，那是源于对教育事业的热爱、对学生的喜欢。我教学中的"唯美"就是突出重点，去除繁枝，在精简中蕴含深意、富含哲理。整个课堂有条不紊，结构完整，讲、学、练水到渠成，一切尽在唯美中。

我的教学风格的凝成，是我积极转变观念，在实践中学习、在反思中进步的结果。我以饱满的热情和强烈的使命感投入基础教育新课程改革的实践和探索中，在加强理论学习的同时，践行知行合一的教育哲学。在实施新课程的道路上，进行了一些有益的探索和改革，取得了一些收获，以此为学生的一生幸福奠定基础，为健康教育理念提出建议，为培育学生的核心素养做出贡献。

四、结语

马卡连柯曾把他的著作称为"教育诗篇"。朱永新教授提到：教育是一首诗，可以是田园诗，可以是古体诗，也可以是抒情诗，有各种各样情调和内涵。一千名教师，会读出一千种情调。那么，读懂这首诗的前提是什么？是设定目标——我要读懂它。如果没有解读这首诗的愿望和冲动，你永远不会读懂，也写不出精彩诗篇。我认为享受教育的教师应该是个不安于现状、会做梦的老师，优秀教师必须有远大理想，会不断提出新的目标，同时又要有激情，而我更希望自己成为一位胸怀理想、充满激情和诗意的教师，享受着教育带来的快乐，无论遇到什么样的困难和挑战，都不断地提升自己、超越自己，在追求教育梦想的旅途上充满自信，只有自信才能使自己的潜能和才华发挥到极致，只有自信才能使自己得到"巅峰体验"。"己所不欲，勿施于人"，我常常提醒自己要学会换位考虑，学会尊重他人，要乐于奉献，胸怀理想，充满激情，热爱教育事业。

我将一直努力做一位通人性、善研究、学生喜欢的教师。时代在发展，每位教师都应成为时代使命的肩负者、教育公平的践行者。学无止境，教无定法，我将不忘教书育人的初心，牢记立德树人的使命，在为党和国家培养德智体美劳全面发展的社会主义事业接班人的道路上继续前行。

"活慧生物" 教学

李文送

(岭南师范学院附属中学)

经过 20 年的研究与实践探索，尤其是问题导学之思、探究教学之行、生本教学之探和渗透教学之悟，参考"活教育"思想、"生活教育"理论、"情境教学"理论和著名生物学教育家朱正威先生、人民教育出版社副总编辑赵占良、特级教师顾巧英老师等有关"活"学"活"教之论断，基于教育高质量发展、核心素养的培育和学科教育的升级的教育需求，从新课程标准六大新突破、新课程理念的教学意蕴、新课程标准的教学取向和学业质量标准教学导向等课标精神出发，根据课程育人目标的指向、课程实施的教学转向和课程教学的构建思向的课程需求，为追求优质生物学教学、学科的教学境界和人之"活慧"与幸福，我提出和形成了"活慧生物"教学主张。

一、"活""慧"何意

"活慧"是"活慧生物"教学主张的思想、核心和精髓所在。构建与实践"活慧生物"教学主张，都应先弄清楚"活""慧"之源与义。

1. "活"字之源及其义

"活"字是形声兼会意字，本作"湝"。《说文解字》中对"活"的解释为"水流声"①，其篆文𣴠由𣱩（水，溪流）和𣴠（流水声，读作 guō）组成。《诗经·国风·卫风》中的"河水洋洋，北流活活"就是这个意思。这说明，"活"在字源上，从水，昏声。其中"水"表义，指水流；昏，表声，指水流声。

流水哗哗，喻示着生机勃勃。后来，"活"引申为有生机、有生气、生动、

---

① 汤可敬. 说文解字 [M]. 北京：中华书局，2018：2293.

不呆板的，如"活泼""活跃""活力""活动"；并发展为与"死"相对，意为"活的"，表示生存，如"活命""生活""活体""活人"；再引申为生计、工作，如"干活""农活"；以及引申为不固定，可移动的，如"活塞"。

引申后的"活"，由"氵"与"舌"构成，读作"huó"，隶书、楷书、草书的"活"均是这样写法。李学勤主编的《字源》一书认为，"氵"表示水，"舌"指舌头，两者合起来表示喝水是生存之义。①

作为溪水、河水等流动声的"活"为何能引申转化为生命、生存、生活等的表征？我想原因至少有四：其一，水是生命之源，地球上的生命起源于原始海洋。其二，水是生物体内含量最多的化合物，如人体内的水分占体重的60%~70%，水母的水分占比高达95%。其三，地球上的生命虽然经过长期的生物进化，早已演化出陆生生物和空中飞行的生物，但是，这些生物的生活依然离不开水，可以说水是生命的重要保障。为了寻找水源，即使有生命危险，如被天敌捕食，角马等动物也会在所不惜，因为它们清楚，水对它们的生命生存和种族繁衍意味着什么。其四，生命、生活都如水一般，是流动的，是一去不复返的"单程车票"。

2. "慧"之源及其义

"慧"字是形声字，从心，彗声，由"彗"和"心"构成。《说文解字》中对"慧"的解释为"慧，儇（xuān，聪明）也。从心，彗声"②，即心性明悟。其篆文🔣由🔣（彗，持帚扫地）和🔣（心，欲念）组成。要理解"慧"字，就应先知道"彗"字的意思，"彗"是手执扫帚的会意字，本义是"扫帚"，如《左传》中有"彗，所以除旧布新也"之说。由此可见，"慧"的意思就是"为心除去俗尘或杂念，清心净虑，洞察真相，明心见性"。

据考，甲骨文中没有"慧"字，但有"惠"字，"慧"字大约在战国时期才出现。即便是出现了"慧"字之后，两个字还是经常通用，如《后汉书·孔融传》："将不早惠乎？"就是以"惠"为"慧"，属于通假用法③。其实，真正有智慧的人是会顾及各方，乃至惠及他人的。《论语》"三季人"的故事中，孔子当场"认同"那位中年人的观点，而不与之辩论一年究竟有三季还是四季的问题，就可看出孔子不愧是具有大智慧的先生，而其学生子贡当时顶多只能算是聪明人。作家杨绛先生说："我和谁都不争，和谁争我都不屑。"孔子的"不

①　李学勤.字源［M］.天津：天津古籍出版社，沈阳：辽宁人民出版社，2012：976.
②　汤可敬.说文解字［M］.北京：中华书局，2018：2154.
③　李学勤.字源［M］.天津：天津古籍出版社，沈阳：辽宁人民出版社，2012：929.

辩"、杨绛的"不争",在本质上就是"慧"之表现。

经过反复多次观察"慧"字的小篆结构后,2023 年 5 月的一天,我突然发现其小篆上面的两个"丰"字并不是用"丰"的小篆"丰",而是用了"生"字的小篆"生"(见图 1)。刚发现那会儿,我有点小惊讶,甚至有点小惊喜。接着,我就陷入思考与追问中。为什么古代先贤造字者要这样造"慧"字?其良苦用心究竟是什么呢?我想至少有三层意思:第一层是生命有智慧;第二层是生命智慧在于生生不息;第三层是生生不息需要丰富多彩。

图 1 "慧"字的小篆体

为了进一步弄清楚"慧"字篆文造字的奥妙,2023 年 5 月 28 日,我本着求真的精神和学习的态度,通过邮件专程请教了对中国古汉字很有造诣的、出版过《〈说文〉小篆研究》等著作的清华大学历史系赵平安教授,并讲述我的"发现"和思考。非常令人感动的是,6 月 3 日上午,赵教授不仅在百忙中抽空给我回了信,还肯定和鼓励了我的思考。他说:"您关于'慧'字的理解,很有意思,反映了当下对汉字的关注和智慧。我们把这类理解叫做新说文解字(自东周以来就有),是很有意义的。至于'慧'的传统说解,《说文解字》《汉语大字典》《字源》等常见工具书都可以查到,但没有您讲得这么有趣味。"

3. "活慧"之育人启示

清楚了"活""慧"两字的字源和意义之后,我们接着需要从教学育人的立意进一步对两字进行剖析和解读,从而找到"活慧"之育人启示,并为其成为一种教学主张找到生发的"着床"处。

"活慧"一词由"活"和"慧"两字组成,两者相辅相成,密不可分。在人的生命成长中,"活"以至"慧","慧"以至"活"。也就是说,"活"者要以"慧"为人生追求,"慧"者要通过更好地"活"来实现"慧"的意义与表达。本质上,学生学习生物学课程或其他课程,不就是为了将来更好地"活"吗?正因为如此,好的生物学教学要给人以"活慧"之沃壤,使其生命生长出应有之"活慧"。

既然"活慧"于生物学教学如此重要和必要,我们就得继续研读"活"

"慧"两字的意蕴。经过简化后，"活"字是由"氵"和"舌"组成的。"氵"即是"水"，"舌"是心窍之官，传递心火，意指阳光。水之德性在于涵养万物，给生命带来稳定的保障；而火之德性在于发光发热，给生命带来温暖和光明。两者组合在一起，意为在生理机能的调节下，水火相济，则呈现"天地交会，万物众生"的征兆。在自然界中，有为人们所熟知的"水火不相容"现象，但在生命世界里可以实现"水火相济而利众生"之景象。这就是生命的神奇与智慧。《礼记·中庸》中有云："万物并育而不相害，道并行而不相悖。"其中的奥妙在于"中庸"之道，即对"度"的把握与调适。

"慧"字是以一颗"心"在下面为底，上面"生长"着两个"丰"字，中间是帚字的头部"彐"。这可有三点理解：一是"慧"从"心"生，"慧"为内生；二是慧的生发过程离不开自我心灵的净化和静化；三是慧的形成与提升需要生命不断成长和修炼，乃至摇曳他人生命向上、向善而长。

从中，我形成了以下四点育人启示：

第一，内生之"慧"需要自我的内省和内化。这就意味着，所有教育要真正产生育人功效，都要通过自我教育的转化和内化，没有这一过程，不论是学校教育还是家庭教育，或者社会教育，都是徒劳的，生物学教育亦然。

第二，"活慧"教育要关注和培育学生心灵的健康成长，帮助他们建立自我净化的机制。教师要教会学生在学会与人和睦相处的同时，也要学会与己和谐独处，乃至学会与不友好之人或其他生命共存，保持应有的度与距离。自身优秀，固然最好；自身不优秀，能敝帚自珍，也是一种人生智慧。

第三，"活慧"教育要引导学生认识到人之成长不可能一帆风顺，每一段经历都是一次生命成长。病原体虽然能使人类患病，但是也能帮助人类建立和完善免疫系统，特别是特异性免疫。学生的学习是途径或手段，不是目的，成长才是。

第四，成长是解决问题的最好钥匙，但钥匙的配制需要相应的材料和时间。成长的意义是承担，有担当的生命最具价值，而活慧成长，能容纳百川，融通天下。

总之，"活"凸显"动"的律，"慧"讲究"静"的态，两者的共生体"活慧"则主张动静融合、劳逸结合、阴阳协和，致力于学生的"活慧"成长。因此，教师在落实立德树人教育根本任务的具体过程中，就得有"活"的法子、"慧"的点子，让古今中外的优秀文化，特别是中华优秀传统文化和各门肩负党和国家对未来人才的无限期盼的课程之"成长营养"能顺利被学生消化和吸收，并转化为其自身的核心素养，从而使他们在未来的人生赛道上既能崇尚火的精神，保持勃勃生机，向上而长，又能拥有水的情怀，以利他之心，为未来社会的健康发展贡献自己应有的光和热，从而"活"出生命应有的担当、智慧和意义。

二、何谓"活慧生物"

所谓"活慧生物"，是指通过生命之"活慧"，育人环境、路径、方法和策略等的优化，为学生的"活慧"成长而教的一种指向学科教学育人的生物学教学主张。该教学主张主要是基于教育高质量发展、核心素养的培育和学科教育的升级等教育需求，课程育人目标的指向、课程实施的教学转向和课程教学的构建思向等课程需要，以及对好的生物学教学、学科的教学境界和人之"活慧"与幸福的教学追求而提出的；其理论依据主要包括活教育的思想、生活教育理论、情境教学理论，以及生物学教育前辈和同行先前的研究与探索，尤其是朱正威先生的教育思想和顾巧英老师的"教活学活"教学思想。下面重点介绍"活慧生物"教学的理论内涵、概述"活慧生物"课堂表征、"活慧"之教和"活慧"之学。

1. "活慧生物"教学的理论内涵

"活慧生物"教学，可简称为"活慧教学"，以"活慧"为生物学课堂教学的灵魂和主线，以"活以至慧，慧以至活"为核心理念，以促进学生的活慧成长为根本目的，以"根植生活，活思生慧；活体察究，发现智慧；活动成长，启智增慧；活学活用，实践至慧"为教学思路，其课堂操作是"以生活创设情境，以情境引发问题，以问题串联活动，以活动活跃思维，以思维涵育智慧"。

为什么"活慧生物"教学提倡"活体察究"？用顾巧英老师的话来说，就是"每当学生在观察、实验中捕捉到一瞬间的活的生命现象就会由衷地高兴，体会到生命的奇妙。由此可见，活的、感性的认识，对形成概念、理解知识确能起到'转化'的作用——化繁为简、化难为易、化死为活。这样从感知入手，把抽象概念具体化，化为一个个活的、真实存在的生命现象片段，逐渐积累贮存在记忆中，就能为学好、学活打下扎实的基础，提高教学质量"①。

为了便于理解和弄清楚"活慧生物"教学的理论内涵，我根据其内在逻辑和特点设计了图2。

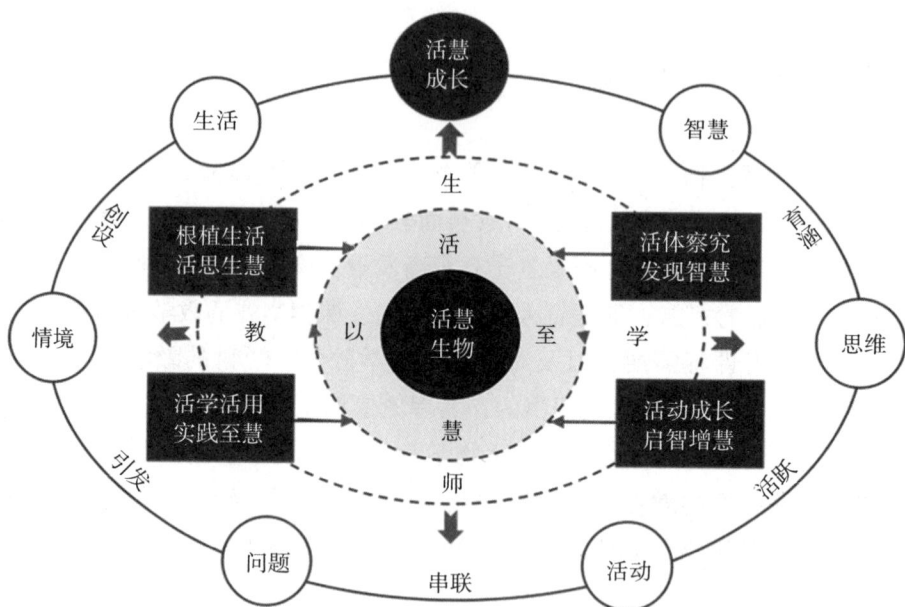

图2　"活慧生物"教学的理论内涵

通过图2可看出，"活慧生物"教学就是指在"活以至慧，慧以至活"核心理念的引领下，教师围绕立德树人的教育根本目的，根植真实生活，通过创设能引发学生进行活思生慧的问题情境，使其在活体察究等学习任务中发现生命智慧，并在学习活动中启智增慧，特别是在学科实践（包括跨学科实践）中做到活学活用，从而收获"活慧"成长的生物学教学。

那么，"活慧生物"中"活"和"慧"有什么含义？或者说，生物学教学如何做到"活慧"？

有关生物课怎样体现"活"字，赵占良先生说过一段非常精辟且颇有指导性的论述。他总结为六点：第一，知识要学活；第二，思维要活跃；第三，思维要灵活；第四，要有有效的学生活动；第五，要联系现实生活；第六，启

---

① 顾巧英．生物教改贵在"活"［C］//中国著名特级教师教学思想录：中学生物卷．南京：江苏教育出版社，1996：439－474.

迪人生，引导学生创造未来生活。他把第六点看作"活"的最高要求，并举例说明生物课能够做到启迪人生。他说："比如我们讲细胞，会讲到细胞凋亡，细胞凋亡是细胞自动结束自己生命的过程，这是为个体做贡献、为整体做贡献，当然也是由基因决定的。我们联系一下每个人在社会里边生活，有时候也需要一些牺牲精神，牺牲个体、牺牲局部是为了整体。再比如，我们讲人体的稳态，说到稳态是机体存活的条件，它让每一个细胞分享，又靠所有细胞共建，这不就是共建共享、合作共赢吗？如果将细胞学讲到这个程度，是不是对人生有启迪呢？"[1]

我非常赞同以上观点，也深有体会，因为之前一直在探索这样的生物学教学。有学生说："李老师，您的风趣体现在每个知识点的内容都能用生活中的例子贴切地比喻，使知识变得通俗易懂。当然，您还会把知识点延伸拓展，激发了我的求知欲，您的最高境界就是，能把知识点的本质运用到人生的感悟中。这让我认识到学习重要，学会做人更重要。"还有学生写道："我挺喜欢生物老师的，在他任课之余，还给我们讲了一些人生大道理，给了我很大的启发。的确，在当今社会，就应该全面发展，无论是考试或不考试的东西都要学，只要感兴趣，只要是知识都应该学。"

此外，我还曾为高中生开设过校本选修课程"生物科学与人生"。选修课的学生A说："没有上生物选修课之前的我，是如此的自卑，如此的没有信心，自从上了'生物科学与人生'后，我明白了什么是人生，什么是健康，什么是生命，也明白了生物场的重要性，从而让我明白自己为什么不自信，也让我从那时起，慢慢变得自信起来。"学生B说："在生物选修课上，我学到了很多。我知道那是一场与生命的谈话，与哲理的交流，而从其中收获的，将渗入我的生活，让我受益终生。"学生C说："不知从何时起，我开始期待每周一节的选修课，我觉得它真的可以给我带来很多很多，特别是那些让我受益匪浅的人生哲理。"此类案例不少，在此就不一一列举了，以免产生"王婆卖瓜"之嫌。

回到正题，赵占良先生把生物课中"启迪人生，引导学生创造未来生活"看作"活"的最高境界。这境界，在我看来，就是"慧"的境界。而"慧"的形成与进阶，又能促进我们更"活"，且更好地生活。所以，"活慧生物"教学确立"活以至慧，慧以至活"为核心理念。

学生如何在生物课中生发"慧"？我认为可从以下六点入手：其一，以教

① 赵占良.基于核心素养的听评课［J］.中学生物教学，2017（7）：4.

师智慧引发学生智慧；其二，以学生智慧碰发学生智慧；其三，以生命智慧触发学生智慧；其四，提升素养激发学生智慧；其五，坚持反思诱发学生智慧；其六，学会静心迸发学生智慧。

如前所述，"慧"字有一心一彗加双丰，智慧的生发与升级都在"心"上。通过参加丰富多彩的生物学等课程活动，学生能够变得博学多识，学会思辨，乐于交流，勤于反思，善于总结，不断涵养自己的悟性和修为。同时，也要如人体血液经过泌尿系统以尿液和汗液等形式不断排除代谢废物一样，学会净化心灵，做一名身心健康和全面发展的时代新人。经过夜以继日的求真问道，尤其是活学活用的历练，当有了开悟、顿悟和觉悟的加持，学生自会迎来自身的丰筋多力和丰神异彩，心慧，眼慧，人自慧。

总之，"活慧生物"教学中的"活"主要指生活、活动、活跃、灵活、活力等意思，而"慧"主要指智慧。

2. "活慧生物"课堂表征的结构

从图 3 可知，"活慧生物"教学以学习为课堂教学中心，以师生为教学"双主体"，强调生物学课堂教学应能发挥"心花怒放""心有芳香"和"心向远方"三种育人功效，呈现发挥与发现、有味与有料、生动与生长、立德与立志四种生命气象，具有生命性、生活性、生动性、生成性、生长性五大特征。

图 3 "活慧生物"教学的课堂表征

"活慧生物"课堂重视"境",关注"境",并以"境"育"境"。希望通过追求环境、情境和心境合一的"活慧生物"课堂建设,为落实"教—学—评"合一的课堂教学提供一套可行的方案。正如朱正威先生所说:"只有把生物置于一定的环境之中,在生物和环境的相互关系中来加以研究,那么无论是生物形态结构的知识、生理生化的知识,生长发育的知识、分类学的知识,还是遗传进化的知识才能讲活了、学活了。"[①]

3. "活慧"之教和"活慧"之学

教与学是教学活动两个最基本、最核心、最重要的要素。同理,"活慧"之教和"活慧"之学就是组成"活慧生物"教学两个最基本、最核心、最重要的要素。那么,什么是"活慧"之教?什么是"活慧"之学?两者分别有什么特点?

(1)"活慧"之教。

在"活慧生物"教学语境中,"活慧"之教中的"教"包括教学、教师、教法、教材、教具等要素。就教师的"教"而言,在具体的教学思路或策略上遵循"五因"原则,即因人而异、因地制宜、因材施教、因势利导和因时而变(见图4)。"活慧"之教的价值与意义要体现在"活慧"之学,即赋能学生的"活慧"学习与"活慧"成长上。

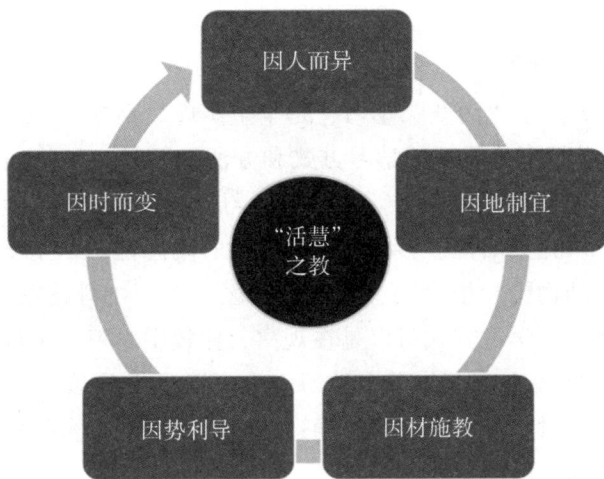

图4 "活慧"之教的"五因"原则

① 人民教育出版社生物室. 朱正威教育文集 [M]. 北京:人民教育出版社,2020:70.

诚然，教学现场中的学生，是有情感、有情绪且复杂的活生生的人，是具体的而不是抽象的人，是成长中的、完整而综合的人。教师要指导好和教育好他们，需要的显然不仅仅是学科专业知识和学科教学知识，而且更关键的是现场组织调控能力，尤其是应对突发教学情况的教学机智。

课能不能上"活"，能不能迸发"慧"的光芒，关键在教师。顾巧英老师在一次访谈中说："我认为，教师是教改的根本，教师起着主导作用。关于生物学教学，我一直认为，应很好地把握一个字——'活'。要教'活'学'活'，我认为关键还是教师。因为教材无论新旧，都是'死'的，是'定数'，而教师却是'活'的，是'变数'，'死'教材是要靠人来教'活'的。"① 所以，教师要胜任"活慧"之教学，就要加快自身专业成长，乃至整个生命的成长，自觉做成长型的"活慧"教师。只有当教师不断提升和修炼自己的"活慧"素养，才能更容易、更好地培育学生之"活慧"，乃至发现更多生命世界中的"活慧"。

在教学中，单凭教师的力量是远远不够的，教师要学会借力、借智，尤其是要懂得发挥学生自身的"活慧"之力。陶行知先生等就常常采用"生教生"的教学方式。这不仅是非常"活"的做法，还是非常有智慧的做法。"活慧"之教也提倡这种做法。

总之，"活慧"之教追求"教而不教、以学为教、教学合一、教学相长"的育人效果和境界。

（2）"活慧"之学。

"活慧"之学，即"活慧"学习，是学生实现"活慧"成长的重要途径和手段。"活慧"学习不是具体的学习方式和方法，而是一种指向课程要培养的核心素养，以实现"活慧"成长为目的的学习理念。"活慧"学习无固定的学习方式和方法，讲究灵活性、多样性、综合性、动态性。学生学习的场所可以是校园、公园、动物园、植物园、家庭、社区、工厂、科技馆、生物博物馆、自然博物馆等地方。学习方式可以是在观察、比较中学习，可以是在实验、实践中学习，可以是在比赛、分享中学习，也可以是在阅读、写作、反思中学习。学生可以打破时空学习生物学，通过信息化技术和平台等资源进行深度学习，以及开展生物主题项目式学习。

"活慧"学习注重独立学习与合作学习相结合、情理结合、学做结合，在效能上，追求学以激趣、学以励学、学以致用、学以增信和学以明慧（见图5）。

---

① 徐宜兰.顾巧英"教活学活"思想与教学实践研究［D］.济南：山东师范大学，2003.

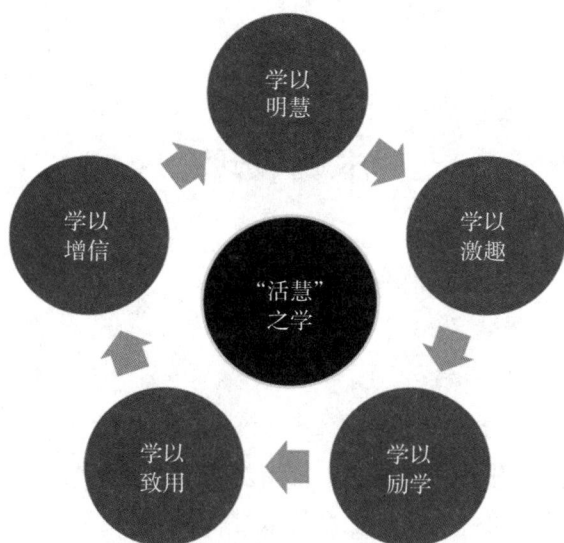

图5 "活慧"之学的五大效能

　　总之，学习生物学课程的学生，要形成应有的生命情怀和生态思维（整体思维或系统思维），掌握一定的生活技能，认识人与自然、人与社会、人与生命的关系，建立符合时代和社会主流价值的人生坐标系，自觉参与到人与自然生命共同体、人类命运共同体等的建设中去，贡献自己应有的力量和智慧。

本真物理

尤小蓉

（湛江市港城中学）

　　《论语·学而》有言："君子务本，本立而道生。"二十年的教学生涯，看着一届又一届的孩子升入理想的高中，面对一张张朝气蓬勃的脸、一双双清澈明媚的眼，我时常自问：当孩子们离开我，奔赴下一站时，他们从我的课堂，从和我的师生交往中获得了什么？我是否促进了孩子们终身发展之"本"？我是否遵从了教育的本真，践行了物理学科育人的本真？

一、本真物理的内涵

　　什么是本真？《词源》对本真的解释是：本源、真相、本来面貌。在新名词、新模式不断涌现的背景下，如何去繁就简，回归教育的本真，是对生命的尊重，也是我教学生涯的追求。我觉得，本真物理的核心就是：以生为本，求真创美。

　　教育是以真情感动真情，以智慧培育智慧，以心灵润泽心灵；教育的目标是人健康的成长，是人生命的丰盈。因此，教育的起点和落脚点都只能是学生。"以生为本"的"生"指生活、学生、生命。它要求我们选择的学习素材来源于学生生活，体现"从生活走向物理，从物理走向社会"的理念。学习的起点是学生的前概念，学习活动的设计要遵从学生的认知规律。学习结果致力于生命的丰盈。

　　陶行知说过：千教万教，教人求真；千学万学，学做真人。教什么：教求真。如何教：千教万教。"求真创美"的"真"指真人、真知、真谛，"美"指生活美、科学美、生命美，它要求我们面对真实的学生个体，践行科学精神探索真知，感悟生命的真谛，感受和创造生活美、科学美、生命美。如果能实现"求真创美"，我们的学生、我们的国家、我们的世界将会更加美好。

因此，本真物理追寻的是这样一种教育生态：以学生的终身发展为根本，通过真实的学习活动去育真人、探真相、悟真谛、感受美。

二、本真物理的课堂探索

本真物理遵从物理教育原则，以学生的终身发展为根本，通过真实的学习活动实现师生共同成长。"格物致理，知行合一"是本真物理的教学风格。"格物致理"出自《礼记·大学》"致知在格物，物格而后知至"。所谓"致知在格物者，言欲致吾之知，在即物而穷其理也"，"格"指"推究"，"致"意在"求得"，意思是"探究事物原理，从而获得知识"。"知行合一"源于陶行知的辩证唯物主义观——行以求知，以知更行。即致理是目标，格物是路径。通过见物寻理、见物思理、见物明理三个阶段的行动探索，致力于激发学生对生活生产中的物理现象进行探索的兴趣，培养学生终身学习的能力、解决实际问题的能力，提升学生的思维水平，培养学生的科学精神，最终实现学科核心素养培养的目标。

（一）见物寻理，在合作探究中获得物理知识

初中物理学习的内容主要包括声、光、热、力、电等基础知识，这些基础知识与学生的日常生活密切相关。学生有丰富的前概念，有强烈的探究欲望和充沛的精力，思维水平正处于由具象思维向抽象思维过渡的阶段。因此，教学过程中我积极运用家庭小实验或劳动体验活动，将身边的物理现象移入物理课堂，以此情境为认知起点，通过螺旋递升的问题链促进学生探究思考，从而培养学生见物寻理的意识和能力。如在学习蒸发现象前，我安排了学生周末在家手洗夏季短袖和秋季运动外套，不脱水将其晾干，每隔 2 个小时观察一下衣服是否干了，哪些位置先干，回到学校再一起汇报交流。在汇报中，学生发现了厚薄不同的衣服晾干的时间不同，同一件衣服不同部位晾干的时间也不同等一系列现象。我趁机引导，为什么会这样？是否能用生活经验解释一下？解释后追问，晾干衣服可以抽象成什么物理问题呢？你对这个问题的解释是什么？如何设计实验并获取证据来佐证自己的解释？

从"洗衣服、晾衣服"这样一件简单的家务工作着手，学生开启了对物理知识的探索。学生想到，晾衣服其实就是让水变成水蒸气，干得快慢就是水

汽化快慢的问题，实质就是在研究"蒸发快慢"的问题。蒸发的快慢与很多因素有关，究竟该如何研究呢？哪个是相关因素？关系如何？所以学生会主动把生物课中学到的"单一变量法"用来研究物理问题。控制蒸发的水量是相同的、放在同一个位置、只让水的表面积不相同等，记录相同时间内剩余多少水或者是全部蒸发各自需要多长时间等。选择什么样的器材适合探究呢？孩子们经过讨论，觉得用厨房的碗和盘子等这类简单易得的物品去探究蒸发的快慢最好。通过探究，他们得到了影响蒸发快慢的因素有液体表面积的大小、液体表面的温度、液体表面空气流动的快慢。紧接着，我提供一些生活情境，如需要把刚采摘的花生或稻谷晾干储存，问学生有什么好的方法，这种方法含有什么物理规律、原理？学生根据影响蒸发快慢的因素想到了应将稻谷薄薄地铺在阳光充足的通风处，还需要翻晒等措施。然后运用逆向思维，想一想买回来的蔬菜有什么方法能使其保存时间更长……

从生活实践中你可以发现什么？你的解释是什么？你的证据是什么？证据如何验证你的解释？在收集证据的过程中你发现了什么规律？这些规律是否可以用来指导我们的日常生活？这样基于生活经验、学科知识经验以及科学概念的学习，可以增加物理科学的现实性和亲切感，学生会自觉将生活和书本中的物理知识相整合，看见自然、生产、生活现象就自然萌发寻理的意识。学生会在对真实问题的提取、抽象、探究中完成对物理观点的建构并实现探究能力的提升。

（二）见物思理，在问题解决中提升思维水平

学生的思维习惯是学生的基本素质，对学生的终身发展有重要影响。教师平时在课堂教学中的做法影响着学生的思维习惯，如何通过教学活动的设计培养学生的思维能力、解决真实问题的能力，是我们教学的根本。

初中物理知识较简单，且多是经典物理范畴的内容，在新授课中通过对物理史的学习来了解物理学家是如何思考、解决问题的，能对学生起到范式训练的作用。如在"阿基米德原理"教学中，我们一起阅读了阿基米德"鉴别王冠"的故事。

据说两千多年前，古希腊学者阿基米德为了鉴别王冠是不是用纯金制成的，要测量王冠的体积，冥思苦想了很久都没有结果。一天，当他跨进盛满水的浴缸洗澡时，看到浴缸里的水往外溢，突然想到：物体浸在液体中的体积，

不就是物体排开液体的体积吗？随后，他设计了实验，解决了王冠的鉴别问题。

在这个故事的基础上启发学生思考，若要你鉴别王冠，你会怎样做？2 000多年前的阿基米德是如何鉴别的？为什么是在洗澡的时候找到方法？怎么在解决王冠鉴别的问题时又发现了阿基米德原理？通过对这些问题的思考、辨析、交流，学生体会了物理学家的思维历程。2 000 多年前还没有密度的概念，阿基米德想到了等质量的同种物质的体积应该是相同的，若体积相同则说明就是纯金，体积不同就不是。所以把物质的鉴别转化成了体积的比较。因此不规则物体体积的测量就变成了要突破的难题。因为盛水的浴缸空间狭小，当人进入浴缸就会排开等体积的水，浸入水中的部分越多，排开的水就越多，从而越发感到自己变轻了。所以在特定场景中解决了测量体积的问题，就完成了鉴别王冠的任务。同时他还把溢出水与感觉自己变轻了两个现象整合分析，寻找两者之间的联系。变轻意味着水对他的支持力即浮力变大了，浮力跟排开的水有什么关系呢？根据同种物理量才能进行数量上的大小比较的原则，他继而思考，进行大量实验，在实验的基础上就发现了阿基米德原理。通过对物理史的学习，学生不仅了解了科学家的研究历程，还学习到了科学家思考问题的方法，更学到了物理知识。

习题教学是运用物理规律解决实际问题的课堂实践，也是培养学生思维能力的重要路径。但学生面对真实问题情境时总缺乏提取核心信息、建构物理模型的能力，不能将有效信息转化为解决物理问题的条件，故导致学生学了很多知识，但解决实际问题的能力仍不足。因此，在习题教学中，我着力培养学生提取信息、构建物理模型、流程化解决物理问题的能力。

浮力是力学中较综合的知识，对学生学习能力要求较高，不少学生看到浮力问题就感到头痛，就想放弃。究其原因不仅是有畏难情绪，而且是因为思维能力不足。因此，习题课我着力培养学生解决问题的思维能力。如在一道浮力综合题中，我是这样做的。问题如下：

如下图所示，重为10N的木块漂浮在水面上，有2/3的体积露出水面，现在在木块上放一重物，使用到的木块刚好完全浸没水中，则重物的重量是_____N。

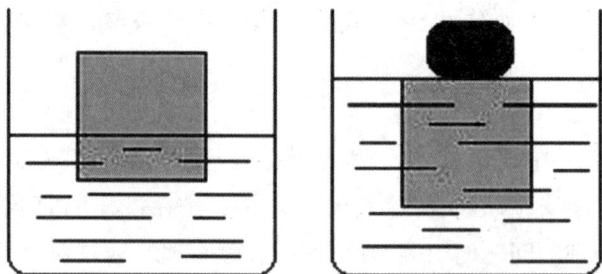

在教学中，我引导学生挖掘有用信息，进行条件转化，并把转化后清晰的条件呈现出来，问题就迎刃而解了。

表述 $\Longrightarrow$ 物理条件 $\Longrightarrow$ 数学条件

木块漂浮在水面上　二力平衡　浮力等于重力

有 2/3 露出水面　排水体积为总体积 1/3　$V_{排} = 1/3 V_{木}$

木块上放重物　三力平衡　浮力 = 木重 + 物重

木块全浸没水中　排水体积与木块相等　$V_{排} = V_{木}$

通过以上方式寻找关键信息，将核心信息转化为物理条件，再将物理条件转化成数学条件，这样就实现了"真实问题—物理问题—数学问题—问题解决"的思维训练，经过多次的重复训练，学生解决问题的能力明显提升。

(三) 见物明理，在知识构建中感悟人生智慧

教育的目的是解放人、发展人，教育就是要为学生留下终身受益的东西，为学生一生的幸福奠基。物理教育是让学生从中获得对生活、对人生实践的分析和感应能力。因此，物理课程的教学既要注重教给学生知识和获取知识的方法技巧，又要注重学生精神人格的塑造。给学生"打好终身学习的底子与终生精神发展的底子，以保证每一个人的'一生可持续发展'"。

学到"压强"这部分内容时，恰好网络上出现了一则关于湛江市乐平村出现部分楼房倾斜的新闻。于是，我们针对事件原因进行了分析讨论，有学生认为因为那片区域是填海造出来的，所以地质松软引起倾斜；有学生认为是楼层较高对地面的压力较大导致的。然后我们对可能的原因进行分析讨论，结果发现相邻的楼盘32层高的楼房未发生倾斜，由此推翻了地质和压力的猜想。从倾斜的本质再次思考，学生想到了压强，大楼盘在打地基的时候对宽度和深

度都有明确的要求，不达标不可以施工，但倾斜的这几栋都是自建民房，为了成本最低、效益最大化，极大的可能性是地基与楼房的压力不匹配，从而导致倾斜。进而展开讨论；针对这则新闻，你想到了什么？有学生认为用扎实的学识指导生活很重要，有学生说做什么事都要打牢根基，有学生说千万不要因为贪图利益而偷工减料……

（四）知行合一，在跨学科实践中提升核心素养

知行合一，知是行之始，行是知之成，可见实践的重要性。因此，上一轮的课程改革中，设立了一门新的课程"综合实践"，旨在提高学生的实践能力，但实施效果不尽如人意。具体体现在：大多数学校没有开设这门课程，即使开设了该课程，也是由没有经过任何培训的教师兼任授课教师，且没有任何的评价与考核。如何有效落实课程的实践性？《义务教育物理课程标准（2022年版）》明确指出：不少于10%的课时进行跨学科主题学习。在总学时不变的情况下，用不少于10%的课时进行跨学科主题学习，跨学科主题学习有三个方面：物理学与日常生活、物理学与工程实践、物理学与社会发展。宏观层面不断有新的要求，如"双减"作业、核心素养、跨学科主题学习……课堂教学的实施者——教师感觉无所适从，很容易陷入迷茫状态。然而，教学并不是做加法，而应该整合、做减法。如何将三者有效结合，达到最佳效果呢？"双减"政策下，要求减少低效重复性作业量、增加实践性作业量、提高教学质量；核心素养立足学生必备品格和关键能力；跨学科主题学习指向知识及能力的实践性。在教学时间一定的前提下，用减法的思维，选择合适的学习及作业素材，开展有效的学习活动，以达到整合增效的作用。

在"电与磁"的教学中，以教学单元为单位，梳理出可以进行跨学科实践活动的课题。①物理史资料收集整理类：奥斯特生平、法拉第生平、电动机发展历程、发电机发展历程；②小制作类：制作指南针、简易电动机、简易发电机；③家庭简易器材小实验：磁极间的作用规律、通电导体在磁场中受力、感应电流产生的条件；④发明创作类：自动控制小发明。这些课题的使用时间节点不同，有些可以用于课前预习，有些可以用于课中学习，有些可以用于课后提升；在学习中的作用、学生感觉到的难度也不尽相同。这些学习通常会以自主选择课题、小组合作、多主体评价的形式完成，从而体现分层和主体性原则。课前预习的内容以小组为单位选择课题作为单元作业，用视频或实验展示的方式呈现作业，作业贯穿整个单元学习活动。在学习"电生磁"这一课时时，由课前选择奥斯特生平资料收集整理作业的小组，用PPT讲解奥斯特的生平及贡献，重点介绍他是如何发现电流周围存在磁场的。然后播放学生家庭实验中的"翻车"实验视频，感受从实验中获得知识的艰辛，渗透科学精神。最后以小组为单位做"奥斯特实验"，感受"短路"产生强电流在实验中的作用，通过实验现象"发现"电流的磁效应。在学习了电流磁效应后进一步探究通电螺线管产生的磁场的特点，课后作业中安排用铁钉和铜丝制作电磁铁的操作性作业。制作的作品又可以用于下节课对电磁铁的学习。

利用整合的方式做减法，调整学习素材和作业类型，增加实践性作业比重，通过分层自主选择的方式让不同层次的学生感受学习的快乐，通过小组合作的方式培养学生合作交流的能力，通过实践活动培养学生动手能力，通过问题的解决提高学生解决问题的能力。在整体学习时间不变的前提下，减轻学生学习负担，实现学习效果的提升。

本真物理追寻教育之本真、物理教学之本真。利用"物"来寻理、思理、明理，来完成学生核心素养的培育目标。既要注重通过实践让学生获得知识和掌握获取知识的方法和能力，又要注重对学生精神人格的塑造。给学生"打好终身学习的底子与终身精神发展的底子，以保证每一个人的'一生可持续发展'"。

追求"情意数学"教学

黎康丽

（江门市蓬江区教师发展中心）

　　"情意"源于本人21年来对初中数学教学的实践探索。2018年、2020年和2021年我先后参加了广东省名教师工作室省级学员跟岗培训、江门市第五批名教师培养项目、广东省中小学"百千万人才培养工程"省级培养项目，培训中对自身的教学实践进行了反观、省思。我将培训的理念和指引外化为行动，向教育教学的专家虚心求教，与同事们和同伴们共同研讨学习，确立了"情意数学"教育教学思想。在具体实施中，与我区名师工作室学员围绕"情意数学"核心理念和方法，组建学习共同体，集体研讨和学习，探索出从"情意数学教学"到"情意数学教育"的有效实践路径。

　　"情意"，《现代汉语词典》中的解释为"对人的感情"。"情意数学"中的"情"就是情感、情境和情绪；"意"就是意境、意蕴和意义。"情意数学"课堂教学，立足学生核心素养的发展，基于数学眼光、数学思维和数学语言三个维度，探索真实情境、问题导向的互动式、启发式、探究式、体验式课堂教学方式。逐步养成从数学角度观察现实世界的意识与习惯，发展好奇心、想象力和创新意识；形成重论据、有条理、合乎逻辑的思维品质，培养科学态度与理性思维；形成数学的表达与交流能力，发展应用意识与实践能力。凸显学生主体地位，关注学生个性化、多样化的学习和发展需求，以学科核心素养发展为指向，助推课堂从"浅层学习"走向"深度学习"。

　　"情意数学"的内涵聚焦"深究细研，思维灵动"，以"情"为根，以"意"为源，立足于"情"与"意"的彼此融合、相助、促进。激发学生学习兴趣，引发学生积极思考，鼓励学生质疑问难，引导学生在真实情境中发现问题和提出问题，利用观察、猜测、实验、计算、推理、验证、数据分析、直观想象等方法分析问题和解决问题；培养学生主动学习、独立思考、动手实践、自主探索、合作交流，促进学生理解和掌握数学的基础知识和基本技能，体会和运用数学的思想与方法，获得数学的基本活动经验；培养学生良好的学习习惯，形成积极的情感、态度和价值观，逐步形成核心素养。聚焦于更"有情意地教与学"，追求"有情意的数学教育"。

"情意数学"是以支架式教学为理论基础，开展初中数学课堂深度学习的实践研究。具体包括以下四个方面：①以单元教学为主题统领深度学习，关注学生学习能力与合作能力的表现（三动：互动、主动、灵动）；②支架下以数学问题链设计指向深度学习，关注学生认知能力与创新能力的表现（七会：会提问、会自学、会展示、会评价、会质疑、会讨论、会总结）；③支架下以单元教学为主题统领深度学习，关注教师教学能力的表现（三能力：问题转化能力、问题处理能力、及时评价能力）；④支架下以数学问题链设计指向深度学习，关注课堂文化的表现（一生成一发展：课堂生成自然，思维个性发展）。运用以上四个方面评价指标体系，对全区初中数学课堂教学现状进行分析。

一、我的教学风格——以情触教，以艺深雕

具有自己独特的教学风格是名师的标识，从教 21 年，我逐步凝练出"以情触教，以艺深雕"的教学风格。

（一）以情触教，善导勤诱

"动人心者，莫先乎情。情不深，则无以惊心动魄。"以情触教，将情感贯穿于教学的各个环节，以情激发学生的创造性、发散性思维，并以此去感染学生，拨动学生心弦，这对提高课堂教学质量是极其重要的。我相信，真教育是师生相互呼应的活动，唯独从教师内心出发，才能打到学生心灵深处。教师其身不凌驾于学生之上，而融于学生之中；其心不孤高自傲，而走进学生心灵之中与学生心心相通；其所施，不欲独霸课堂，而把学生推上主人的地位，犹如春雨般渗入学生心田，润物细无声，给人心旷神怡的感受。

在课堂中，每一节课我都会以打磨艺术品的心态去对待，努力挖掘艺术情感型教材中的情感因素、形象因素，设置与教材相应的情境，教学语言富有形象性、鼓动性和感染力；对学生热情、真挚；性格开朗、情感奔放、风度潇洒。在反思、总结、提炼中形成自己的教学风格，推动自己成长为具有领军地位和发挥示范作用的专家型教师。

在教学中，我善导勤诱，举一反三，点拨开窍，灵活处理教材，从学生实

际出发，适时地提出富有启发性的问题，巧妙点拨学生的"悱""愤"之处；循循善诱，启迪思维；尊重学生的意见，鼓励学生发奋学习，使学生有疑而入，无疑而出；教学语言精练、谐趣；画龙点睛，一语中的，使学生明规律、得方法；教学风度挥洒自如，宽容和谐。

我营造轻松、民主、互通的课堂氛围，注重学生的独立性和参与性，给予每一名学生充分的机会选择可发展的空间，善于发现学生的闪光点，多给予表扬和鼓励，促使其形成良好、稳定的学习习惯。走进学生的情感世界，倾听他们的心声，理解他们的想法，真诚地多给予关注和关心，发现问题及时解决，学生能自己解决的，鼓励和指导学生自己解决；学生解决不了的，教师及时帮忙解决。

（二）以艺深雕，激趣引思

教学不仅仅是简单的"传道、授业、解惑"，而且是一门复杂、高超、具有特殊性的艺术——培养人才的艺术，即"教学艺术"。以艺深雕，用工匠之心雕刻艺术之美，教学本身是一种艺术，艺术最本质的东西是以情动人，我以打磨艺术品的心态上好每一节课，情绪饱满，讲到动情之处，慷慨激昂，撼人心灵，使学生产生强烈的情感共鸣，共同营造出渴求知识、探索真理的热烈气氛，学生在获取学科知识的同时，也得到了人格和情感上的陶冶。

在教学设计中，我注重深入浅出，条理清楚，层层剖析，环环相扣，搭建结构严谨的框架，注重用思维的逻辑力量吸引学生的注意力，用理智控制课堂教学进程，用激情培养学生对数学的热情。重视创造性思维的培养，讲究教学思路的推陈出新、教学设计富有创意。在教学方法上，常常是新意迭现，体现了对教材的独到见解、对规律的正确把握、对突发问题的灵活处理等。

在导学中，我追求自然流畅，讲究顺势而为，因势利导。注重激趣引思，随着学生的思维活动组织教学；营造和谐氛围，倡导有效参与，使学生的学与教师的教暗合共鸣，形成学习合力。课堂教学追求真情境、真情、真实，力图在抽象的数学内容中还原直观的意义。从教学习惯来讲，我较多地采用对话式教学，重视讲清讲透，强调追问中自然形成真理性认识，体现原生态的数学味。

在讲授中，我对各种教学方法、技巧信手拈来，运用自如，恰到好处，丝毫不带有雕琢的痕迹。整个课堂教学的结构就像一种设计好的程序，过渡自然，组织严密，搭配合理，有条不紊，体现出对各种教学方法的合理运用和对知识重点、难点的准确把握。这是一种高效率的教学风格，是教师课堂教学所实施和追求的一种境界。

二、我的教学主张——支架式教学下"深究细研，思维灵动"的深度课堂

作为蓬江区初中数学教研员，要引领全区的"教练员"，我深知：要想提高全区的教学质量，务必先提升教师队伍的业务素养。结合本区教学实际，"三线"联动，打造名师团队，联合省级课题组成员、片区教研组组长、区名师工作室成员，提出了"深究细研，思维灵动"的教学主张，助力全区师生数学素养提升，提高数学教育对教师发展价值的实现。

（一）深究细研，构建支架式教学

深究细研是指深入研究，仔细钻研，有严谨的科学态度，孜孜不倦地研究探索。采用"支架式"的课堂结构，以"五步五环"教学法为载体，立足于学生最近发展区，利用思维导图构建引领知识体系，通过搭建支架，夯实基础能力，引导学生顺利解读情境信息，增强数学建模、数学抽象以及逻辑推理的能力。借助展开支架激活学生思维，合作交流引导学生思考，使学生对知识特别是隐性知识有一定的体悟与理解，对知识的全面理解能力逐步提升。活用支架部分，基于新课标要求，达成深度学习的效果，引导学生多观察、多变式、多归纳，最终形成高阶思维，发展数学学科核心素养。最后撤销支架，让学生感悟数学思想，把书本知识纳入自己的认知系统中。

"深究细研"构建支架教学育人新模式，使数学走出常规，走进生活，走向应用，走大众数学之路，实现人人学有价值的数学的新路径。立足数学基础，更新教学观念，聚焦发展学生核心素养，研出精彩、研出创新、研出水平、研出新高度！利用数学解决实际问题，挖掘数学教材内容，进行拓展探索。构建支架式教学新视角，凸显应用；从生活到数学，从数学到生活，对课本知识进行拓展与延伸，弘扬传统文化，研究社会热点，结合课堂，落实"双减"，丰富"双减"下的数学课堂形式。

（二）思维灵动，达到深度学习效果

思维灵动是指善于迅速地发现和解决问题的思维特征，不呆板，富于变化，表现在观念的流畅性、表达的流畅性和联想的流畅性等方面。通过教师提供学习支架或师生共同构建支架，以单元为主题进行递进式学习、以数学问题链为基本指向、以数学思想为基本线索，达到课堂深度学习效果。让学生在认

识数学知识的同时形成科学数学观，改变学生认为数学刻板、冰冷、枯燥等消极看法；使学生理解数学，提高数学思维能力；让学生的数学学习自然、顺利，提升学生的学习兴趣，让学生感受数学的趣味性、领悟数学的美、获得一种情感上的熏陶和共鸣。课堂设计灵活，思维方法灵活多样，学生学习活跃；技能生成多，正确率提升，课堂容量大且成效快。

让思维作为数学课堂的主线，用灵动的教学语言、教学手段、教学方法构建课堂立体桥梁，点燃学生对数学学科的热爱，让学生逐步会用数学的眼光观察现实世界、会用数学的思维思考现实世界、会用数学的语言表达现实世界。主要表现为抽象能力、运算能力、几何直观、空间观念、推理能力、数据观念、模型观念、应用意识、创新意识九个方面素养的提升。引导教师积极探索基于情境、问题导向、深度思维、高度参与的教学模式，推动教育教学改革，提高学生综合素质，促进学生全面健康成长。

同时，结合省级课题"支架式教学""深度学习"两个关键词，课堂教学做到问题有价值、支架有梯度、目标有评价、思维有深度，教学过程中不满足于题目本身的解决，要开展对题目的改编、整合、延伸的变式教学，以题为载体，依次推进数学内容的反思建构、数学思维的探索表达、解题模式的认知形成。以支架式教学为框架层层递进，达成培养学生数学核心素养的目标，让"教、学、评一致"的过程性评价落实到位，并结合科学评价落实学生深度学习。

三、我的成长——结缘蓬江，领航蓬江，筑梦远航

诚如杜威所言："选择了一种职业，也就选择了一种生活方式。"回想起18岁填报高考志愿那年，我正在犹豫选择什么专业的时候，妈妈的一番话令我至今难以忘怀："女儿，还记得你小时候吗？放学一回家你就把书包一放，拿起小木棒当教鞭，对着家里的小黑板，学着老师的模样，口中念念有词，神情学得特别像，选择师范专业吧，我们家族没有一个当老师的，希望你能成为第一人，妈妈相信你将来会成为一名好老师。"就这样，我填报了师范专业，也顺利地考取了师范院校。

（一）启航——结缘蓬江，梦想启航
1. 初登讲台，春暖花开
2001年7月，我从师范专业毕业后，怀揣教育梦想，来到蓬江区荷塘镇

一所初中任教，担任七年级数学教师和班主任。现在回想起来，当年我的运气真的很好，所教班级的学生特别懂事、乖巧，期末调研检查语文、数学、英语、政治等学科都在镇上排名第一，教学成效凸显，学生学科素养高。同时，我得到了领导与同事的认可，我对未来充满了无限遐想，从此便与蓬江教育结下了"浪漫情缘"。

2. 第一次挑战，首战告捷

当年，镇里的教研气氛相当浓厚，为了使我们这批新教师迅速成长，尽快站稳讲台，每一学年都会进行新教师课堂教学基本功"大比武"。2001 年 11 月，仅有 3 个月教龄的我参加第一次全镇基本功大赛，心里难免有点慌张，但我认真揣摩教学内容、大胆尝试新教法、反复多次试教，凭借着个人的刻苦与努力，以及在全体数学科组智囊团的鼓励下，最终以最高分的成绩取得了全镇第一名。

我第一次尝到了教学工作的甜头，心里越发有动力，接下来连续三年都获得全镇第一名的好成绩。不但取得了小小的成绩，我的课也逐渐受到了学生的喜爱、同行的认可。与此同时，我还受到了荷塘镇中心学校李勤家主任的赏识与关注，每次蓬江区教育局有领导到镇里调研听课，他总会叮嘱我："黎老师，你是个好苗子，有潜力，驾驭课堂的能力很强，希望你把握好每一次对外上公开示范课的机会，这不仅仅代表你个人，更代表我们镇初中数学课堂教学的水平。"李主任的话激发了我的雄心壮志，使我信心倍增，我暗下决心：只许成功，不许失败，要牢牢抓住每一次成长的机会。

于是，我勇于开展公开课、示范课，围绕"教得巧妙、教得有效、教出美感、教出个性"开展课堂教学研磨，欢迎同行走进课堂多听自己的课，乐于听取别人对自己的建议，从中找出自身的不足与差距，并与同行同台竞技、磨课、研课、赛课、经验分享。公开课是实现教师专业发展及展示自己很好的方法与途径。

2004 年 9 月，我第一次获得了广东省初中数学教师优秀课评比二等奖、江门市中学数学青年教师说课评比一等奖。首战告捷，这为我继续勇攀教学的高峰打下了强心针，为我继续前行扬起了自信的风帆，领导、专家对我课堂的肯定与赞赏，深深地激励着我。

3. 第二次挑战，一盆冷水

心有多大，舞台就有多大；目标有多远，你就能走多远。转眼间到了2008 年 9 月，广东省初中数学教师优秀课评比拉开帷幕，我暗下决心，一定要冲出江门，再次站到广东省初中数学教师优秀课评比的舞台上。那段时间，我几乎每天都是凌晨 2 点才睡，因为要等小孩入睡，才能开始用心备课。我反复地试教、琢磨，以问题驱动为引领进行课堂教学设计，贴近学生的生活实际，留给学生广阔的思维空间，拓展学生深层次的活动空间，提高学生学习能力的综合性；明确教学目标，把握有效的时机，有层次、有步骤地向学生提问，让课堂达到较好的效果，让学生在课堂上沉静思考、合作交流、有序展示，使学生能质疑、能点评、能总结、能创新，创造富有生机、灵动的数学课堂。

可是，2008 年 12 月，那天宣布比赛结果时，我只获得江门市初中数学优秀课评比二等奖，无缘于省赛。没有得到预期的结果，令我深受打击，委屈与失落刺痛了我的心。一段时间后，我对这节课进行深入的反思，切中肯綮，找出不足和与别人的差距，发现自己的课件制作过于花哨，使人看得眼花缭乱，教师教学技能精湛的体现并不是在课件的技巧方面，而是落实在数学知识生成的深度、高度与广度上。

4. 第三次挑战，渐入佳境

2012 年 2 月，学校收到了广东省初中数学教师优秀课评比的通知，需要派一名八年级的数学教师参加蓬江区初赛，学校教导处潘蔚主任第一时间找到了我说："黎老师，你的教学功底不错，你代表学校参加比赛吧！"听到这个消息，回想起四年前失败离场的情景，心里面酸溜溜的，我委婉地拒绝道："潘主任，优秀课评比我已经参加两次了，而且上次只拿到江门市二等奖，我担心会让大家失望，你还是找其他老师！"

潘主任拍拍我的肩膀关切地说："年轻人应该有永不言败的闯劲，要从失败中寻找目标与方向，有哪位名师一路过来都是一帆风顺、风平浪静的？只要你能翻越心中那道坎，失败就能成为你成长的动力，机会总是留给永不服输、不断努力付出的人，你一定要好好把握机遇，武装好头脑，重新出发！"

正当我低头沉思的时候，潘主任继续鼓励我说："你是个有灵气、有天分的老师，真正优秀的名师，从来都不是因一时的顺遂铸就的，都是经历过百般的磨炼，拥有迎难而上的勇气，才会变得越来越优秀，走得越来越远，用开放的心态和改变自我的意愿去参加这次评比吧，我相信你会表现得更好！"

潘主任这番暖心的话，激励着我重新出发继续前行。这次参赛的课堂教学设计紧贴新课程标准提出的要求，既基于教材，又超越教材。课堂脉络清晰，融会贯通，让学生经历猜想、探索、研讨、证明的过程，最后教师进行画龙点睛般的点拨、提炼、归纳、总结，过渡自然，一气呵成。课堂中充分运用了"导""展""评"小组合作模式，以"一题一课，串联一体"的形式，再结合相关的信息技术，大大提升了课堂的效率。我在课堂上以良好的专业素养、出色的表现给大家留下了深刻的印象，效果显著，受到了学生及听课教师的高度认可。

我在课堂上，渗透"以情触教，以艺深雕"的教学风格，让课堂如秋叶般静美，又如春花般多彩绚烂，逐渐绽放。我重视课堂教学生命的流动与情感的沟通，重视对话式的教学互动，逐步形成自己极具亲和力的教学风格。我认为，学生的经验是课堂教学的起点，教学敏感是课堂活力的基点，数学语言的感受和运用是课堂学习的支点。在课堂上教出简单之内的丰富、平淡之中的高妙、普通之外的深刻，让枯燥的课堂上得"有滋"，令学生学起来觉得"有味"。

在教学中，体现直观性、化虚为实、化静为动，让学生尝到学习的快乐，讲究数学学习的规律性和科学性，重视学生学习习惯的养成和学习兴趣的激发，遵循学生的学习规律和身心发展规律，重视学生的自身体验和感悟，坚持学生学习的主体地位，重视学生思维方式和思维能力的培养，倡导"过程重于结果"的数学教育理念。2012 年 5 月，我获得了广东省初中数学教师优秀课评比一等奖、江门市初中数学优秀课评比一等奖的好成绩。

（二）领航——领航蓬江，带动团队

2012 年 5 月，当我还沉浸于广东省初中数学教师优秀课评比一等奖的喜悦中时，一通电话拨过来："喂，你好，是黎康丽老师吧，我是蓬江区教研室韦思扬，今天你有空过来区教研室一趟吗？有些事要和你商量一下。"我的心里有些小激动地回答："好的，谢谢韦主任！"

见面的那刻，韦主任对我说："黎老师，首先祝贺你获得省优秀课评比一等奖，区教研室需要一名中学数学教研员，希望你加入我们的团队，致力于蓬江教研。"我诚恳地回答："感谢韦主任对我工作的支持与信任，我会尽最大的努力把工作做好。"就这样，我的人生翻开了教研工作的新篇章。我深深地感谢蓬江区教研室韦思扬主任，是他引领我从一名教书匠逐步向研究型教师转变，给予我参与研究的机会、平台与空间。

1. 教而不研则浅，研而不写则空

做一名研究型教师，既要"教"，又要"研"，还要"写"。且"教"是"研"的前提和基础，"研"是"教"的总结和提高，而"写"则是"教"和"研"的概括、升华。教而不研则浅，研而不写则空，要潜心研究教学、改革课堂教学，教师只有以研究者的心态置身于教育情境，以研究者的目光审视自

己的教育理论和现实，以研究者的精神不断发现问题和解决问题，才能成为自觉的实践者。

为了寻找写作素材需要不断地观察、反思和尝试，为了寻找写作理论需要不断地学习、记录和运用，我开始详读专业书籍以及《初中数学教与学》《中学数学教学参考》《数学通报》《数学教育学报》《中学数学》《数学教学通讯》《中学数学研究》等教学杂志，从最初的手足无措，到在别人的实践和智慧中寻找灵感，再到自己果断地分析、判断。回想起那段时间过得特别艰难，仿佛世界变得静止和单一起来，沉下心来，渐渐地我的思路豁然开朗，有了写作的思路与空间。

勤于思考，笔耕不辍。思考可以改变人的生活状态，让人不断进取并具有丰富的经验。而写教育教学文章无疑既可以促进教师思考，也可以培育一线教师的问题意识和创新精神。为了使自己能够成为教育创新与改革的"弄潮儿"，做到推陈出新、与时俱进，我勇探索、善反思、勤笔耕。撰写论文是教师成长的必修课，在这个过程中所经历的反复修改的煎熬、种种思维火花的碰撞，恰恰是一个提升自身专业素养的好机会。

2. 以课题为船，以学习为帆

脚踏实地，以科研助教研。把课题问题化，把工作科研化，教育科研才能亲近教学，才能走进课堂，借助科研的力量、群体的智慧，以研促教，使自己的职业生涯焕发出别样的光彩。是否积极投身教育科研，对一个教师的成长与进步具有至关重要的影响。教育科研是教师成长与进步的杠杆，也是教师加速成长与进步的必由之路。以课题为船，以学习为帆，努力走出一条"学习—实践—反思—总结"之路。

2008年5月，我开始思考第一个区级课题，上网查阅资料、阅读相关书籍，从没有头绪到渐入佳境。每一轮课题研究从计划、探索、反思、总结，再到调整，每个阶段都历时2~3年，课题研究推动我一步一步向前发展。以科研为动力，不断超越自己，着重提升课题研究能力，探索科研兴教之路，积极参与课题研究。凡是优秀的教师，没有不搞科研的；凡是研究有成的教师，无一不是优秀的。不搞科研的教师犹如一个在黑暗中摸索的教书匠，有无科研意识是研究型教师和教书匠的分水岭。

2011年5月，我的第一个区级课题顺利结题了，紧接着我充满信心和干劲地带领我区骨干教师团队，积极申报市级普教科研课题、省级教育科学规划课题、省级教育研究院课题。在各级各类课题研究中，我的科研之路逐步走向明朗化、清晰化，越来越得心应手。并且我多次在省、市、区课改展示活动中执教示范课、开展专题讲座、进行经验介绍，同时受到江门市教育研究院、五邑大学数学与计算科学学院、江门市中小学教师继续教育指导中心、中国教师研修网等单位的邀请，分别在深圳、中山、新会、恩平、江门等地作专题讲座。选择课题时要多关注自己的教学实践，从实践中来，在实践中做，在思考中超越自我，每研究一个课题，都对自己提出更高的要求，要有超前的意识、独到的见解、创新的思路，要服务于教学实际，在科研中思索，在科研中提升。

3. 带动团队，助力青年教师成长

作为一名教研员，我汲取教育专家的智慧精华，不断提升自身的教研、科研水平，充分发挥自身辐射、示范作用，带动团队，引领别人，为青年教师的快速成长作贡献。"独行速，众行远。"这几年，我培养了200多位教师，他们分别在国家级、省级、市级各类优质课、精品课、说课、说播课、数学讲授核心片段等评比活动中获奖。

回首往事，发现自己已走过了那条充满艰辛又蕴藏无数惊喜的创造之路。为了打造精品课堂，记不清在多少个挑灯奋战的夜晚，我设计了多少个方案、多少种思路、多少个课件、多少种模式，再结合选题提炼思考、梳理主线、挖掘教材细节、雕琢语言，经过反复的研读与探讨，才积累了走进教材的底气，经过不断的完善与凝练，才拥有了超越教材的底气。

从2017年至今，我区先后共有59个数学科组及备课组分别被江门市教育局授予示范教研科组、优秀备课组等荣誉称号。2017年2月，蓬江区教学研究室举办了我区第一期初中数学青年骨干教师培训班，通过开展数学教育教学研究活动，丰富了共同体成员的理论知识，促进了共同体成员的专业发展；培养了名教师、骨干教师，使他们成为市、区学科带头人、名教师的后备梯队，营造了蓬江区初中数学良好的教学氛围。

4. 名师工作室成立，扬帆鼓劲明方向

2021年12月，蓬江区黎康丽名师工作室成立。本工作室按照"围绕名师、搭建平台、全程参与、培育骨干"的建设思路，建立了由十位来自全区九所初中数学的骨干教师、一位工作室助理和两位市、区教研部门专家顾问组成的工作室团队。本工作室的主要工作如下：第一是提供教育科研舞台。采取"三重"（即重培训、重研究、重实践）成长模式，构建名师成长立体舞台。推行"走出去，请进来"的策略，前往市、区名校学习交流，邀请名师来校送课讲学，使成员增长见识，提高专业水平；在多层面多形式的历练下，成员实现了从教书匠向科研型教师的转变。第二是构建数学课堂教学模式。工作室以实际课堂教学为载体，围绕省级课题"支架式教学下促进初中数学课堂深度学习的实践研究"为研修主题，形成课堂的范式。第三是构建一种名师成长模式。工作室力推名师成长公式＝读书＋研修＋反思＋写作。注重成员反思、总结和提升。第四是形成独特的教学风格。工作室以先进理念为指引，以课题研究为载体，以课堂教学为主阵地，以教学研讨为主要内容，打造"以情触教，以艺深雕"的课堂教学风格。

（三）远航——潜心研究，筑梦远航

人生没有最高峰，只有永不止步的追求。从2017年开始，我便开始了一波又一波的培训：广东省商庆平名师工作室学员跟岗培训、广东省中小学"百千万人才培养工程"初中理科名教师培养项目、广东省强师工程提升教师能力计划、江门市第五批名教师培养项目、江门市首期青年教师培养项目……这些培训不仅搭建了与名家名师交流对话的平台，也搭建了破茧而出的支架，筑梦远航。

1. 省名师工作室培训，不断追求新高

2018年9月，我加入了充满活力、充满教育情怀的广东省商庆平名师工作室团队。省名师工作室的启动，为我们搭建了良好的交流平台、解决教学困惑的平台、切磋与研讨的平台、成长与发展的平台，让我深深地感到各级领导对数学教学工作、数学教学研究、数学教师专业发展的重视和殷切希望，这三年的跟岗培训收获颇丰，我也在2021年4月获得"广东省名师工作室优秀学员"的称号。

还记得陕西西安研修之旅前，商校长一通电话拨过来，百般关爱地对我说："康丽老师，这次我们到陕西西安跟岗学习，我安排了两位老师执教公开示范课，你是其中的一位，愿意承担这个任务吗？这是展示你个人教学风格非常好的机会，要好好把握哦！"听了这番话，我心中充满了惊喜，但也有担心和焦虑，毕竟离开讲台七年了，万一没把课上好，会影响到商校长省级工作室的声誉。商校长仿佛看穿了我的心思，继续为我加油打气："不用过于担心，我们会与你共同深入备课、并肩作战的。"有了商校长的支持与鼓励、小伙伴的协作与帮助，我在短时间内出色地完成了"分式的综合运算"示范课的任务。接着，我还分别到鹤山市、恩平市等地执教公开示范课，以良好的专业素养、出色的表现给大家留下了深刻的印象，我上的课受到学生及听课教师的高度认可。

这几次数学示范课，我巧妙设计教学，独具匠心，发挥信息技术辅助教学的作用，注重学生深度思维训练，利用一题多解、一题多变、多题归一的方式把一个个散乱的数学知识点串成一条线，将重点和难点于无声无息中巧妙化解，犹如赋予枯燥无趣的数学以灵魂，再结合生活实际设置一些学生喜闻乐见的情境，甚至配以诗歌朗诵和歌曲演唱的方式，让数学变得有血有肉、有声有色、灵动有趣。同时，课堂教学设计遵循小步子教学策略，把教学内容进行分解，前一步的学习为后一步的学习作铺垫，后一步的学习是对前一步的学习的深入。由于前后步之间的难度相差很小，学生学习起来很容易，并建立起自信，体现"低起点、小步子、多活动、快反馈"的课堂教学模式。

课堂上，我始终以学生为本，把学情作为教学的生长点，组织课堂活动的创新点，趣味无穷，深受学生喜欢，师生互动情真意切。我能抓住学生细微的闪光点并给予最大限度的鼓励和表扬，用风趣幽默的话语适时调节课堂气氛，将数学知识潜移默化地尽数传授给了学生，让学生既学有所得，又学得开心、信心倍增。渗透支架式深度学习让教学触及学生心灵，并重视培养学生数学思维的灵活性、敏感性和深刻性。我的教学设计层层递进，渗透数学思想，潜移默化落实数学核心素养，切实减轻学生负担，在教学活动中让学生感受到学习数学的成就感。

2. 省百千万人才、江门市名师培养，驶入专业发展快车道

2020 年 11 月与 2021 年 6 月，经过层层选拔，我成为江门市第五批名教师培养对象、广东省中小学"百千万人才培养工程"初中理科名教师培养对象，此前的我正处于无法进一步突破自我的瓶颈阶段，很幸运获得了这次培训机会，让我驶入了专业发展的快车道。

（1）实现个人发展目标。

这次培训使我实现了个人发展的目标，具体包括五个方面：

①专家讲座，拓展教育理论水平。此次培训使我领略了专家的睿智、教授的博学、学者的情怀、导师的前瞻，从而能够把握住现代教学的理念，丰富任教学科课程的基础理论和专业知识，了解国内外本学科教育教学改革与发展的最新动态，吸收最新教育教学研究成果并应用于教育教学实践。

②课题研究，升华教师职业灵气。研究要为教育教学服务，在研究中发现问题，在问题中研究，在研究中成长，遵循分析教育教学问题—寻找解决方法—总结解决问题的方法—把总结出来的方法运用到教育教学实践中。教育科研需要智慧，也彰显智慧，教育科研为教师创建了研修乐园与展示舞台。

③读书分享，阅读催生教育智慧。从书本中吸纳知识，以此来丰富自己，让自己变得丰盈和饱满，拥有深度和广度。阅读对学科知识的系统整合、灵活

调度，提升自我的教学魅力和精神境界有很大帮助，从而催生职业智慧。

④聚心练笔，写作积淀专业睿智。撰写教学反思、教育叙事，关注教育的每一个细节，可以充实自己，开阔视野，提升自我，也是实现教师专业发展的必由之路。

⑤深入课堂，优课历练思维体操。看课——学习、移植、组装；听课——聆听、过滤、吸收；上课——实践、反思、提升。课堂是教师专业发展的基础，课堂激发生命活力，打造扎实、充实、丰实、平实、真实的课堂，教师可以实现专业发展，获得振翅冲天的快感和超越。

（2）凝练教育思想、风格、主张，定位发展。

通过广东省中小学"百千万人才培养工程"的培训，我全面提升了自己的教学实践能力及科研能力，凝练出自己的教学风格、教学主张，逐渐形成自己独特而系统的教育思想，并有较高水准的研究成果发表。下一步我将努力成为有教学智慧、教育艺术精湛的教师，在全市乃至全省有一定的知名度和影响力，发挥示范引领作用。具体从以下三方面来进行：

①汲取教育专家学者的智慧精华，深刻反思总结从教以来的教学实践探索，突破专业发展瓶颈，逐步凝练教育主张，构建教学风格，探索教学模式，积累自己独特而系统的教学思想。争取省级课题立项，形成研修专题，在课题研究中不断提升自身的教研水平。主动参与送教下乡、巡回讲学、专题报告等活动，每年至少两次开展分享、交流、展示、示范教育教学活动。

②不断完善自我，塑造、凝练、展示独特的教学风格，聚焦课堂，展示最能代表自己风格的教学课例。以课题为抓手，坚持不懈地开展有计划又扎实的课题研究。紧扣自己研修的问题，通过开设研讨课等活动，对学科教学产生积极影响；反思自己的教学实践，进行课题研究，通过撰写优秀案例和发表高水平教学论文来提升自己的科研能力，力争三年内有两篇论文在核心期刊发表。

③完成广东省"百千万人才培养工程"项目省级课题研究，争取省级课题立项并顺利结题，努力形成可视化、可复制、可推广的教育教学成果。成立市、区、校多层次立体型的教研网络，构建对本地区乃至全省有影响的具有特色的创新型学科教学模式。通过"传、帮、带"方式帮助提高本地区中青年教师的教学水平，加快青年教师迅速成长，促进本地区初中数学教育改革。

（3）示范引领、云端送教，教育帮扶促提升。

2023年3月，在广东省中小学"百千万人才培养工程"初中理科名教师培养项目赴北京教育学院"成果展示与交流"环节中，我作了题为"情意数学"的主题分享。在本次分享中，北京教育学院刘春艳教授对我的教学思想、教学风格、教学主张表示充分的肯定，给予高度评价。

2023年6月，在广东省中小学"百千万人才培养工程"初中理科名教师培养项目第二组研修活动暨华南师范大学附属中学周洁珍名师工作室集中研修活动中，我主讲了"支架式导向下初中数学课堂'五步五环'教学"主题讲座，效果良好。

2023年6月，在广东省中小学"百千万人才培养工程"初中理科名教师培养项目第二组研修活动暨东莞市黄若明名师工作室、麻涌镇黄长青名师工作室集中研修活动中，我执教"五步五环"教学导向下"一次函数复习课"示范课，示范引领效果良好。

2023年5月，我参加了广东省教育厅主办、广东第二师范学院承办的2023年中小学"百千万人才培养工程"省级培养学员走进乡村教育活动（第一批），在阳江市江城区进行示范带学活动，包括公开课"与圆有关的计算"、讲座"'五步五环'教学导向下初中数学课堂教学设计"。本次示范带学活动切实有效，极大地鼓舞了在场所有教师的教研热情，收获颇丰。

2022年8月，我参加了由广东省教育厅主办、广东第二师范学院教师研修学院承办的"2022年广东省粤东粤西粤北地区中小学教师全员轮训——阳春市初中数学骨干教师培训班"，作了题为"深研课标，素养导向——2022义务教育数学课程标准解读"的专题讲座。本次专题讲座，有助于当地骨干教师深入了解2022义务教育数学课程标准，准确了解学科特点，立足学生核心素养发展，把握教学的准则、尺度与方向。

2021年11月，在"百千万人才培养工程"省级培养对象走进乡村教育活动中，我赴阳江市海陵中学作了题为"基于支架式教学下初中数学课堂教学的实践研究"的专题讲座，充分发挥"百千万人才培养工程"培养对象的示范引领和辐射带动作用，完善城乡教育互相联动和促进机制，提升乡村学校教师的教育教学能力和教育管理水平，促进城乡教师交流，打造"教育联合体"。

2022年5月，在"百千万人才培养工程"省级培养对象走进乡村教育活动暨"云送教"活动中，我通过腾讯会议平台与茂名市滨海新区初中数学教师现场互动、交流研讨，作了题为"支架式教学下促进初中数学课堂深度学习的实践研究"的专题讲座及"求阴影部分面积"课例分享。通过本次活动，拓展了茂名市滨海新区初中数学教师的课堂构建视野，更新了他们的教育教学理念，也进一步提升了科组的教研能力以及教师的专业能力，加快推动了粤西地区基础教育高质量发展。

2022 年 8 月，我参与了由江门市教育研究院主办的"2022 年江门市中小学教师专业能力提升线上与线下相结合的培训活动"，并主讲专题"深研课标，素养导向"，本次专题讲座基于新课标、新教材、新评价的颁布使用，新高考、新中考、新国测的推进实施，聚焦"提升中小学教师专业能力"的目标，有利于增强教师对新课标、新教材、新评价的理解和把握，进一步提升教学基本功和专业素养，引导教师不断学习，与时俱进。

2021 年 12 月，我参与了江门市教育局、江门市教育学会联合开展的"学党史，办实事——融入式帮扶农村义务教育学校"（台山站）主题实践活动，并到台山市斗山镇任远中学进行现场示范教学，执教示范课"反比例函数"。本课的教学设计，融入了省级课题"基于支架式教学下初中数学课堂教学的实践研究"，全方位把脉农村义务教育学校的课堂教学，为农村义务教育学校数学学科教师提供可视化、可借鉴的学习课例。

四、《深度学习下支架式教学的探究——以"五步五环"法求阴影部分面积教学为例》教学实录

（一）教学背景

"支架式教学"最初产生于探索父母如何帮助孩子表达自己的研究中。支架式教学具有广泛的适用性，其作用是促进孩子"最近发展区"的发展。支架式教学的实施基于学生的"最近发展区"，教师是课堂启导、扶导、开导的设计者与组织者，为学生搭建合适的"脚手架"，引发他们思考，从而跨越"最近发展区"，把难度较大的学习任务进行分解，便于学生的理解逐步深入，课堂必须转向学生的立场，不断提高能力水平。下面我结合省级课题，以"五步五环"教学法为载体，以"求阴影部分面积"教学为例，借助支架式教学框架层层递进，激活学生深层学习动机，深入探究、深度思考，走向深度学习。

（二）教学设计

1. 任务驱动，构建知识

课堂立足于学生最近发展区，让其围绕真实"任务"进入学习情境，以任务为主线、教师为主导、学生为主体，引导学生主动构建探究、实践、思考、学习的知识体系。任务作为学习的中枢纽带与桥梁，内驱力推动学生自我提高与发展，把零散的、碎片化的知识系统化、结构化。

如图 1，正方形 $ABCD$ 的边长为 4，分别以 C、D 为圆心，以正方形的边长为半径的圆相交于点 P，那么图中阴影部分的面积为 _____。

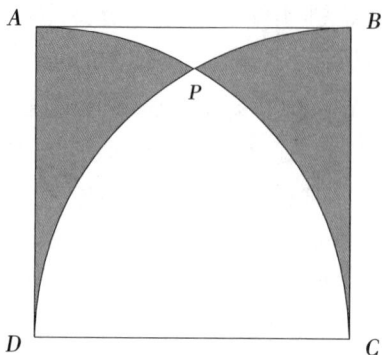

图 1

原题阴影部分的图形是一个不规则图形，设计巧妙且具有综合性，要想直接求出它的面积，学生普遍感到比较困难。为了帮助学生更好地解决这种类型的题，教师要先引导学生观察这个不规则图形，由于学生只学过求三角形、圆、平行四边形、扇形等规则图形的面积，所以将不规则图形转化为规则图形是解决问题的关键。进而让学生懂得添加辅助线转化图形，把问题转化为求扇形与等边三角形有关的面积的问题。本环节提出问题，让学生产生困惑，制造认知冲突，激发学生的求知欲望。

2. 搭建支架，夯实基础

教师需要基于学情找到学生学习的生长点、需求点，搭建有效的学习支架，对知识点进行初步探究，夯实学生基础，筑牢发展根基，从教学路径的"发展点"来拓展学生学习的"实效面"。

思考：（1）如图 2，在扇形 DCP 中，以 C 为圆心，DC 长为 r，$\angle PCD = n$，写出扇形 DCP 的面积：_____。

（2）如图 3，在三角形 DCP 中，DC 长为 a，DC 边上的高为 h，写出三角形 DCP 的面积：_____。

（3）如图 4，写出 $S_{弓形}$、$S_{扇形DCP}$、$S_{\triangle DCP}$ 之间的关系：_____。

（4）如图 5，写出 $S_{弓形}$、$S_{扇形ADP}$、$S_{一个阴影}$ 之间的关系：_____。

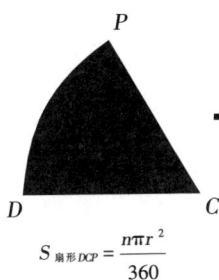

$$S_{\text{扇形}DCP} = \frac{n\pi r^2}{360}$$

图 2

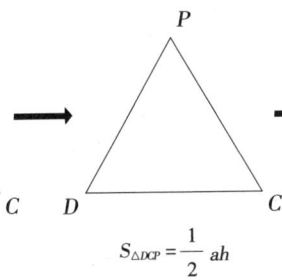

$$S_{\triangle DCP} = \frac{1}{2}ah$$

图 3

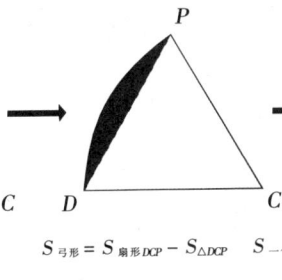

$$S_{\text{弓形}} = S_{\text{扇形}DCP} - S_{\triangle DCP}$$

图 4

$$S_{\text{一个阴影}} = S_{\text{扇形}ADP} - S_{\text{弓形}}$$

图 5

为了帮助学生搭建支架，我通过层层递进的设计，唤醒学生对原有知识的认知。先从最简单的规则图形入手，如图2的扇形、图3的三角形，直接运用"公式法"，让学生对基础图形面积进行求解。紧接着，将图2和图3的图形进行复合，得到图4，引导学生得出阴影部分弓形的面积，由于前面知识的构建，学生容易得出弓形的面积就是扇形与三角形的面积差的结论。最后，图5就是再将弓形与扇形的图形进行复合，回归到原题的阴影模型，进而突破了解决问题的关键一步，将阴影部分不规则图形转化为 $S_{\text{扇形}} - S_{\text{弓形}}$，而弓形的面积又可以转化为 $S_{\text{扇形}} - S_{\triangle}$。整个搭建支架过程以学生的思考回答为主体，将碎片化的知识整合起来，不断唤醒其原有知识结构中的相关知识、经验及表象，促进知识与经验的迁移，达到夯实基础的目的，为接下来的展开支架做好铺垫。

3. 展开支架，合作探究

支架教学为学生建构知识提供帮助，把有一定深度的学习任务加以分解，便于将学生的理解引向深入，展开支架的学习方式，对学生独立自主学习起到潜移默化的作用。通过合作探究，把学生从被动、封闭、沉闷的课堂中解脱出来，使其会展示、会质疑、会评价、会讨论、会总结，运用集体智慧挖掘集体合作力量。

原题再呈现：如图6，正方形 ABCD 的边长为4，分别以 C、D 为圆心，以正方形的边长为半径的圆相交于点 P，那么图中阴影部分的面积为_____。

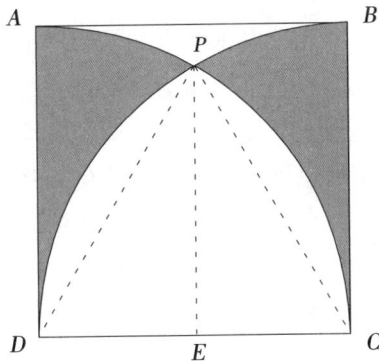

图 6

解：如图6，连接 PC、PD，作 $PE \perp CD$，垂足为 E

因为 $PC = PD = CD$，

所以 $\triangle PCD$ 为等边三角形

所以 $\angle PCD = 60°$，$\angle PDA = 30°$

所以 $CE = \dfrac{1}{2}CD = 2$，$PE = \sqrt{PC^2 - CE^2} = 2\sqrt{3}$

$$S_{阴影} = 2 \times \left[S_{扇形ADP} - (S_{扇形DCP} - S_{\triangle DCP}) \right]$$

$$= 2 \times \left[\frac{30 \cdot \pi \cdot 4^2}{360} - \left(\frac{60 \cdot \pi \cdot 4^2}{360} - \frac{1}{2} \times 4 \times 2\sqrt{3} \right) \right] = 8\sqrt{3} - \frac{8}{3}\pi$$

当阴影部分是由几个基本图形重叠而成，常用的方法是：几个基本图形的面积之和 – 重叠图形的面积 = 组合图形的面积，我们将其称为容斥原理。基于前面知识的构建，我把学生分成几个小组，以学生小组讨论的形式解决问题，重点关注学生自主探究的方法，并给予适当指导。学生通过观察阴影部分，发现阴影部分分别由以正方形顶点 D、C 为圆心，以正方形边长为半径做出的两个四分之一的圆重叠而成。因此连接 PC、PD，阴影部分的面积就是 $S_{扇形ADP} - S_{弓形}$，而一个弓形的面积是 $\dfrac{1}{2} \times (S_{扇形DCP} - S_{\triangle DCP})$。所以只要求出 $\triangle DCP$ 的面积，就可以解决问题。作 $PE \perp CD$，垂足为 E，根据等边三角形的性质得到 $\angle PCD = 60°$，解直角三角形求出 CE、PE，根据扇形面积公式、三角形面积公式计算，即可得到答案。紧接着小组成员合作整理解题过程，整理完成后小组代表展示汇报。在展开支架这一过程中，以基本的数学问题切入构建教学新视角，通过生生之间的合作探究，在问题的不断推理演绎、深化变换中，形成问题网络及问题背后的知识网络和方法网络，优化学生的认知结构，发展数学学科核心素养。

4. 活用支架，深度学习

充分发挥学生的学习潜能，使学生超越最近发展区，跨越到更新、更高的认知水平。教师活用支架，提炼解题方法与技巧，由易到难直逼学生眼球，助推课堂从浅层学习走向深度学习，使学生打开视野的广度、积累知识的厚度、拓展思维的深度、提升创新的高度。

变式训练1：已知条件相同，但所求阴影面积不同，分别进行解题。

如图7、图8，正方形 $ABCD$ 的边长为4，分别以 C、D 为圆心，以正方形

的边长为半径画弧，两弧相交于点 P，分别求图中阴影部分的面积：_____

_____。

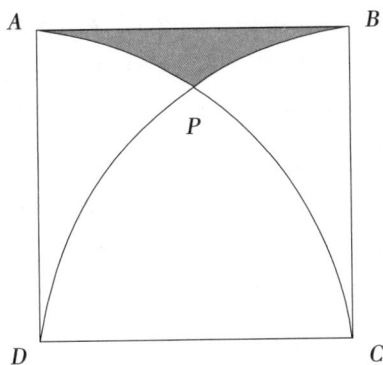

图7

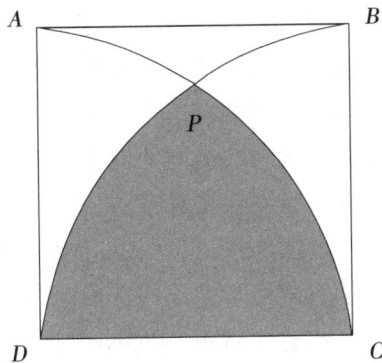

图8

变式训练 2：如图 9，正方形 $ABCD$ 的边长为 4，以 A 为圆心、3 为半径作圆弧。以 B 为圆心、4 为半径作圆弧。若图中阴影部分的面积分别为 S_1、S_2，则 $S_1 - S_2$ 的值为_____。

变式训练 3：如图 10，在 $\triangle ABC$ 中，$AB = AC = 4$，$\angle BAC = 120°$，以点 A 为圆心、1 为半径作圆弧，分别交 AB、AC 于点 D、E，以点 B 为圆心、4 为半径作圆弧，分别交 AB、BC 于点 A、F。若图中阴影部分的面积分别为 S_1、S_2，则 $S_1 - S_2$ 的值为_____。

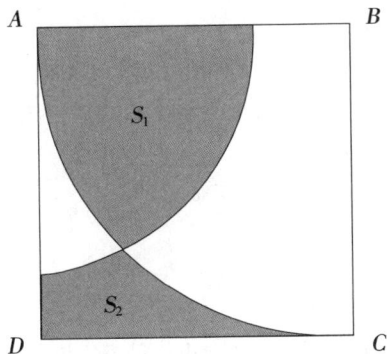

图9

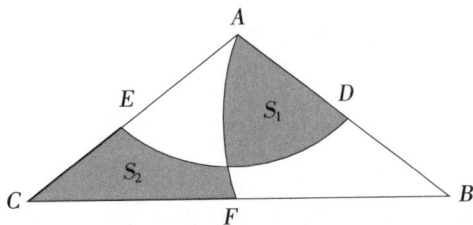

图10

首先，变式训练1中的条件与原题已知条件相同，改变了所求阴影部分的面积（如图7、图8），引发学生多角度思考问题，深化对原题的理解和知识的强化；其次，变式训练2再将正方形的顶点、所作圆弧的半径加以改变（如图9），进一步深化将不规则图形转化为规则图形的知识点，运用容斥原理解决问题；最后，为了让学生感受图形的多变性，将变式训练2中的正方形变为三角形，形成变式训练3，学生感知虽然图形不断在改变，但是解题思路不变，从而培养学生融会贯通的能力。活用支架这一环节，通过一题多变，师生合作深入探究，引发深度思考，形成数学思维方式。让学生在知识生成的过程中，注重提炼方法与技巧，引发对数学知识本质的理解，并将教材知识纳入个人认知体系中。激活学生深层学习动机，理解问题变化的本质，使问题得以转化、拓展，形成通性通法，并建立起问题之间的深层联系。

5. 撤销支架，反思内化

学生在教师建立的支架下，感悟知识，全面理解，逐步提升能力。辅助支架要张弛有度，逐渐撤去，教师退出"扶"的引导角色，放手让学生攀爬。学生在脱离支架后，独立探索，反思内化，从综合应用转化为知识迁移，从低阶思维迈向高阶思维。

如图11，在△ABC中，∠ACB = 90°，AC = BC = 3，以点A为圆心、AC的长为半径作弧CE交AB于点E，以点B为圆心、BC的长为半径作弧CD交AB于点D，则阴影部分的面积为_____。

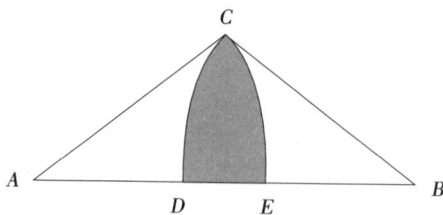

图 11

如图12，在等腰直角三角形ABC中，∠ACB = 90°，AC = 4，以BC边的中点D为圆心、CD的长为半径作弧交AB于点E，以点A为圆心、AC的长为半径作弧交AB于点F，则图中阴影部分的面积为_____。

如图13，在矩形ABCD中，AB = 4，AD = 2√3，以点A为圆心、AB为半径作弧交 CD 于点 E；再以点 D 为圆心、AD 为半径作弧交 CD 于点 F，交前弧于点 P。则图中两个阴影部分的面积之差的绝对值是_____。

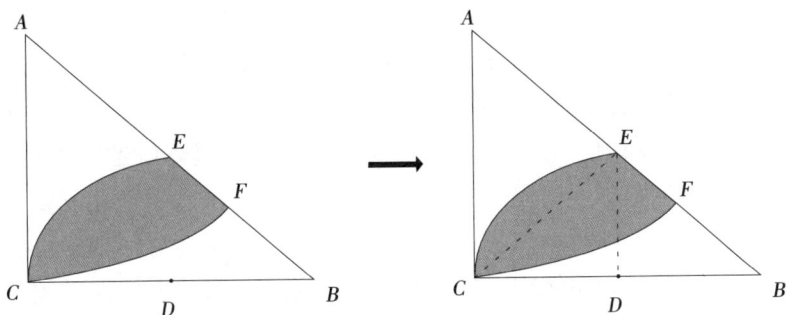

图 12

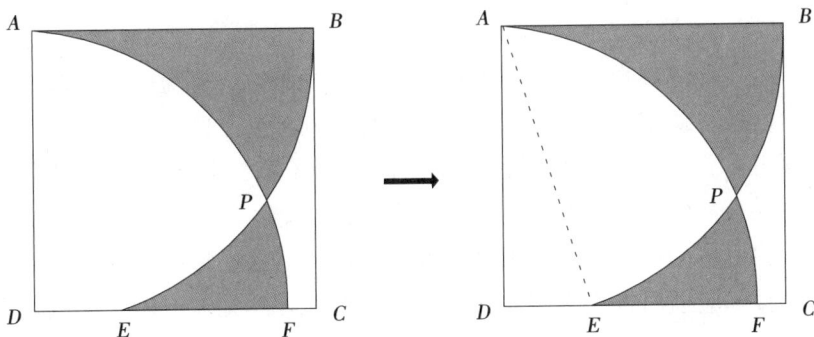

图 13

　　本环节属撤去支架后的独立探索环节，若无法直接计算所求面积，可通过添加辅助线创造条件来求解。题目虽然综合性强，但是设计由简到难，立足学生最近发展区。图 11 设计具有对称性的阴影部分面积，学生通过思考添加辅助线，可以转化为规则图形的和差关系。图 12 将图 11 变形为不对称的阴影部分面积，此时学生发现若只添加一条辅助线还不能转化为规则图形，则需要再次添加辅助线构造新图形。最后，图 13 再次回归到求正方形中的阴影部分面积，不仅与原题首尾呼应，而且高度融合本节课所学知识，让学生落实知识的迁移，达到本节课的巅峰。通过反思内化，促进知识点迁移到新的情境中，帮助学生更好地联系已有知识储备，使旧知识与新知识产生联系，提高知识迁移发生的能力。在学习经历的基础上，激活有效反思，让学生的思维由表层走向深层，迈向深度学习，实现知识迁移。

（三）教学思考

1. 支架式教学构建"五步五环"模式

采用支架式课堂结构，以"五步五环"教学法为载体，立足学生最近发展区，减小学习的坡度，从而使学生顺利跨越到更高的学习水平。通过任务驱动引领构建知识体系，为学生搭建合适的支架，引导学生思考，从基础知识着手，带动学生回顾知识，夯实能力。借助展开支架，提炼解题的方法与技巧，由易到难直逼学生眼球。活用支架部分，基于课标要求和学情达成度，精心研判、规划、设计、反馈教学内容。最后撤销支架，让学生感悟数学思想，把教材知识纳入自己的认知系统中，提高知识迁移能力。最终，使课堂教学做到问题有价值、支架有梯度、目标有评价、思维有深度。教学过程中不能只满足于题目本身的解决，而是要开展对题目改编、整合、延伸的变式教学，推进数学内容的反思建构、数学思维的探索表达、解题认知模式的改变。

2. 支架式教学体验"扶放有度"

为了改变传统教学中过于强调预设和控制的弊端，避免陷入思维定式，支架式教学框架将认知负荷从以教师为中心转移到师生之间，最后学生能够独立运用新知识进行实践，教师通过提出问题、给予适当的提示、提供合理的线索、辅导综合性的思考等途径，帮助学生掌握技能，实现教学从以教师为主体到以学生为主体的成功蜕变。教师在课堂中应适时扶、适时放，进行扶放有度的教学：教师应适时提供支架，使学生能更好地理解知识，做到学以致用；教师应适时给予支持，让学生参与到认知与元认知的学习任务中，给予师生、生生更多的交流机会；教师应适时放手，撤销支架，以便了解学生的真实学习水平。如何扶？如何放？当学生在解题过程中遇到困难，无从下手或偏离了正轨时，教师不要简单地告知答案，而是回放慢镜头及时扶正，让学生回到正轨重新出发，从而更深入地学习、创造性思考，灵活地调度综合性问题，真正实现知识的内化。

3. 支架式教学指向"为深度而教"

深度学习是真实性的学习。寻求有意义的学习，为深度而教，为素养而教，为理解而教，为真实而学，支架式教学为其搭建了牢固的桥梁，由情境中的问题驱动，让生生之间、师生之间、师生与教材之间发生对话，将"多而浅"的学习转向"少而深"的学习，从教给学生专家结论转向培养学生的富有创新性的专家思维，让学生能够在真实情境中创造性地解决问题，使所学知识从横向扩展转向纵深发展，从单线的层级结构转向灵活的网状结构，实现高通路、反思性、深思熟虑的迁移，形成具体与抽象、抽象与抽象交错的认知结构，从而顺畅解决现实问题。打造基于支架式教学的初中数学深度课堂，数学的"眼光要有高度"，提出的问题要有价值，使学生感悟数学的本质；数学的"思维要有深度"，确保知识结构的严谨性、延伸性、拓展性，培养学生的形象思维与逻辑思维以及知识的迁移能力；数学的"语言要有力度"，用简洁精准的数学语言培养学生表达与交流的能力。

生态数学

何军健

（茂名市东湾学校）

数学，是一门研究数量、结构、变化、空间以及信息等概念的重要基础学科。处处都有数学，一个人从学习知识开始就与数学联系上了，如从幼儿园的数数到大学的高等数学，数学都从不会缺席，可以说它贯穿了我们的人生。

数学，是一门比较侧重思维培养的学科，学习数学需要一定的思维能力。有人说智力低的人想学好数学是天方夜谭，这种说法有点偏颇。确实智力高的人学习数学比较容易，因为智力高的人理解力比较强，接受新知识比较快，可是真正的超智力者或者说天才比较少，正常智力水平的人占大多数，数学不是天才的数学，数学是大众的数学。

数学，是一门有趣的学科。说它有趣，是因为它是数字和图形的游戏，既有抽象美，也有对称美，生活中很多品牌产品商标设计、建筑设计、装饰品设计等都用到了数学的对称知识。

可就是这样一个常伴我们日常生活和工作的学科，并不是所有人都喜欢，大家都知道数学很有用，也知道必须学习，可是问起在所有学科中最怕或者最不喜欢的是哪个学科，很多人的回答都是数学。数学真的这么可怕吗？数学知识确实是有一定深度和难度的，特别是高中和大学阶段的数学，可是在义务教育阶段的数学并不是很难。

有人会说很多人怕数学或者不喜欢数学，那是因为很多学生数学成绩不理想或者学习数学知识有困难，在考试中数学总是拖后腿的科目，因而造成对数学有一种恐惧感或者不喜欢，这是一个理由。可是，真的只是因为成绩不理想而对数学恐惧或者不喜欢吗？我认为不是。

苏霍姆林斯基在《给教师的建议》一书中提到："争取学生热爱你的学科。"亲其师，信其道，很多学生爱学习除了本身的主动性之外，多是因为喜欢一个老师，从而爱上这门学科。因此，要让学生喜欢数学，先要让学生喜欢

"你这个老师"，再让学生喜欢"你的课"，最后学生才会喜欢"你教的这门学科"。所以，作为一名老师首先要让学生喜欢自己，学生一旦喜欢你，就会在你的课上认真听讲，认真地去完成你所布置的作业，从而也会喜欢你的学科。

2001 年我从华南师范大学数学系毕业至今，一直任教在初中数学一线，常连续任教初三毕业班的数学。一直以来，我秉承"做一个让学生喜欢的数学老师"的理念开展教育教学工作，因此我教的学生都非常喜欢我及我的课堂，而且我教的学生到高中乃至大学阶段学习数学仍然得心应手，可以说他们具备持续发展的能力。

一、我的教学反思

1. 要做一名让学生喜欢的教师

要做一名让学生喜欢的教师，关键是教师要有魅力，有人说青春貌美的教师有魅力，没错，爱美之心人人皆有，可是仅仅有美貌不算是魅力教师，我们所说的魅力教师指的是教师在教学实践活动中对学生有强烈而持久的人际吸引力、精神感召力和智慧启迪力。简单来说：今天教学生，学生喜欢你的课；明天教学生，学生盼望你的课；一学期以后，学生还喜欢你的课；一学年以后，学生不仅喜欢你的课，还喜欢你所教的科目，那你就是有魅力的教师。

对于魅力教师，学生最看重什么？有人说，在对待学生的态度上，那就是爱。有人说，教师的魅力体现在教师的"本事"上，如一手漂亮的板书，抑扬顿挫、声情并茂的朗读，深厚的文学素养，机智的课堂应变等。实际上，完善的人格是教师教学魅力的基础；广博的知识是教师教学魅力的根本；生动灵活的教学艺术是教师教学魅力的翅膀。

2. 要做一名善于反思的教师

华东师范大学叶澜教授曾说过："一个教师写一辈子教案不一定能成为名师，写三年教学反思则可能成为名师。"叶澜教授的这句话充分说明了"反思"在教师专业成长过程中的重要性和特殊作用，这句话也是很多教师自我鞭策的座右铭。反思可以总结分析已经实施的行为，既可以记录亮点优点，又可以记录不足的地方并且分析成因及提出改进方法，这样的方式不仅可以提升教师个人的教学行为水平及教育教学质量，还可以积累实践经验素材，为提炼教育教学理论提供有力的支撑。我平常喜欢进行课后反思，所写反思不要求像写论文那样规范，可以对一个片段进行记录和反思。以下是我的一次课后反思：

题目：由学生动手操作引发的教学思考

地点：崇文学校初一（7）班

时间：2021 年 11 月 12 日

昨天我去参加数字教材培训时，刚好听了一位年轻老师讲授七年级数学"比较线段的长短"的公开课，整堂课规规矩矩，气氛不太活跃，其中有一个知识环节是讲授作一条线段等于已知线段，老师在课堂上很清楚地向学生演示了如何作图，学生也回答明白，但是当让学生做练习时，发现学生正确率不高（因为是智慧课堂，学生作图自主拍照上传）。我就想：这个作图并不难，为什么学生不会作呢？

刚好今天我的课程也教授到这一节，在讲授作一条线段等于已知线段时，我计划不提前讲如何作图，而是尝试让学生自己作图（不管学生是否预习），作图后我再点评。没想到这样放手让学生亲自动手操作，结果我的课堂增添了不少精彩的非预设情景。

在这节课中，我在解释完尺规作图的概念后，提出问题：已知一条线段 AB，用尺规作一条线段等于已知线段 AB。接着我问学生如何作图。很快班里一个男生举手说他会（这个学生平时学习成绩不错），于是我让他上来演示（我心想：这个孩子应该课前预习了，上来作图作正确的话就由他来讲讲作图思路）。

为了方便作图，我把已知线段画短些，方便学生可以用自己的圆规上去画，只见学生先拿圆规张口（讲概念时我已经告诉学生圆规在作图中的功能）确定线段长度，接着他就一手拿圆规，一手拿三角板和笔，只见他先把圆规定在黑板上，接着又把三角板贴着圆规的两个脚尖，很艰难地用左手把圆规和三角板稳住了，右手拿笔画出线段，突然一不小心碰了一下右手，圆规和三角板又挪动了，又要重新摆放，下面的学生一阵"不怀好意"的大笑，经过一阵摆弄，该男生终于把图画好了，信心满满地下去，同学们也投来赞赏的目光。我看到这个情景，感觉太妙了，这是难得出现的非预设情景。

我问学生，图符合要求了吗？学生异口同声说符合，作得非常好，这时我露出诡异的笑容，这图是用尺规作出来了，但是作图的过程感觉好辛苦，尺规作图是不是一定要这么难地摆弄圆规和三角板呢？于是我开始演示作图过程，首先我拿三角板在黑板上轻松地画出一条射线，接着把三角板放下来，再拿圆规定好张口，然后把它移到射线处轻松截出和已知相等的线段，这时学生看得目瞪口呆："老师怎么这么轻松就画出来了？"掌声立即响起，学生一脸惊讶和佩服。我看到这情景，已经知道学生对用尺规作一条线段等于已知线段有了深刻印象。（后面的作图练习学生正确率非常高，证明放手让学生自主参与课堂的方法确实有明显效果。）

这时突然有一个学生说"老师的作图还没有把多出的线擦除"，听到学生的这句话我太高兴了，因为尺规作图有规范的作图要求的，我正计划强调，没想到这些需要注意的问题学生都看出来了（如尺规作图的要求是要保留作图痕迹），我顺势点拨，效果明显比我直接说出来更好，我把尺规作图的规范要求跟学生强调了一遍，学生听得津津有味，课堂气氛很活跃。

从这节课我感受到，把主动权交给学生，通过让学生在实践中尝试解决遇到的问题，师生互动交流，加深学生对知识的理解及掌握，教学效果明显比教师直接讲授、展示更好。

通过做反思记录，可以为以后的教育教学提供参考，这些记录保存下来就是宝贵的资源，因此作为一名教师要善于做好课堂反思记录。

3. 要做一名有思想的教师

从踏入教师队伍至今已经有20多年了，回顾成长历程，我从一名普通的新教师逐步成长为学校骨干教师、区骨干教师、市骨干教师、市名师，到现在的广东省"百千万人才培养工程"名师培养对象，这些荣誉是自己任教以来以优秀带班管理和突出教学成绩得到学校和上级的认可而获得的，也可以说是学生的成长造就了我的职业荣誉，我也成为学校、家长和学生喜欢的一名教师。在没有参加广东省"百千万人才培养工程"培训以前，我自认为是一名优秀的教师，可是参加培训之后才发现自己只能算是一名经验丰富的教师，与"名师"这个称号还有很大的距离，现在跟岗培训要求提炼自己的教学思想，我在苦苦思考教学思想是什么。

《教学主张与名师成长》一书中提到：名师应当是思想者，是"反思性实践家"。思想者、反思性实践家存在的价值之一就在于思想，而教学主张正是对教育教学深刻思考后所形成的一种见解、一种思想，不仅表达了对事业、对学生的热爱这一情感上的自愿，也表达了理智上的自觉。这种自愿与自觉，正是对理想教育的追求，表现为教育自觉和自由。具有教育自觉的教师才会有追求，也才会有行动。可以说，教学主张是从教育自觉的根上长出来的鲜亮的绿叶。一个缺乏教育自觉的教师，很难成长为优秀教师。

《教学主张与名师成长》一书中还指出，一名优秀教师可能经验丰富、教学有方；可能论文不少、著作等身；可能挂上了"高级教师""特级教师"的头衔，获得了各种荣誉。但是，如果缺乏自己的教学主张，从专业上讲，他依然是一个无"家"可归的"流浪汉""门外汉"，没有专业精神和学术追求的归宿，他很难产生专业和学术上的影响力。对于名师个人而言，提炼自己的教学主张实际上就是"给自己树立一面旗帜""自己定义自己的教育"。

所以说，要成为真正的名师必须有自己的思想，因为名师仅是业务出色还不够，更重要的是要提炼出自己的思想，而且把自己的思想推广出去，在教育界产生影响力，进而促进教育的科学发展，这样才算是真正的名师。

二、我的教学主张

1. 生态数学教学主张的提出

法国教育家卢梭说：教育的艺术是使学生喜欢你所教的东西。因此教育目标和理念就是不仅让学生爱上你所教的学科，还要让学生学到知识并会运用知识解决实际问题，提高学生的核心素养。我在想，我们作为传授数学知识的教育者究竟可以给学生带来什么、应该给学生带来什么？

我认为带给学生的不仅仅是数学知识，更应该培养学生具备适应未来社会的能力，于是我提出了"生态数学"的教学主张。

我们在日常生活中，经常听到生态文明、生态环境、生态系统、原生态等词语，我在想"生态"这个词语是高频词，它究竟是什么意思呢？于是我查找了资料，发现"生态"包含以下几种意义：

（1）它指生物在一定的自然环境下生存和发展的状态，也指生物的生理特性和生活习性。

（2）生物圈内的生物，不论是同种或异种，彼此间都会相互影响；生物和他所生活的环境间，也会发生相互作用，这就叫作生态，也就是生存环境、发展规律及成长条件等。

从以上资料我们可以理解"生态"原指生物发展的要求，符合发展规律的状态，这也是生物可以长久生存的法宝。

在生活中，我们都深有体会：原生态生长出来的植物不仅经得住风雨雷电，而且果实很香甜；自然成熟的果实比催熟的香甜；用农家肥种出来的菜要比用化学肥种出来的菜好吃，而且健康，可见原生态的都是好东西。

细想我们教育的本质和本源不也是追求促进科学发展吗？因此我引用"生态"术语提出"生态数学"。我提出的"生态数学"指的是一种符合科学发展规律的数学教育理念和策略，要求用生态的理念、思维和眼光开展数学教育，培养学生的核心素养，培养在数学"自然条件下"成长的学生，这样培养出来的学生更具备适应社会发展和创新的能力。因此，用符合生态的数学教育培养学生才是我们培养的目标。

2. 生态数学教学主张的内涵

生态数学指的是遵循科学的发展规律（数学学科特性：科学、准确、规范），追求数学本源，研究数学教育，以知识和学生为本开展的数学教育。生态数学的内涵比较丰富，包含知识和人两方面，既包含知识生态（含知识展现生态、知识应用生态及学科知识融合生态），又包含师生成长生态（含学生学习生态、教师学习生态、教学技能生态及教研生态等）。

生态数学提倡的教学模式是由传统灌输式转化为利用启发式、互动式、探究式、项目式、大单元设计等方式开展符合教育发展规律的知识传授，模拟探索知识本质的过程，让学生享受数学快乐，培养学生探究、发现、创造的能力。

3. 生态数学教学主张的观点和内容

生态数学是一种符合科学发展规律的数学教育理念和策略，要求用生态的理念、思维和眼光开展数学教育，培养学生的核心素养。生态是这个主张的思想引领，生态理念贯穿整个数学教育过程，围绕着生态的理念开展教育教学活动，教育领域就像一个园地，教师是园丁，学生是树苗。我所提出的生态数学实际上就是营造一个数学学习与数学教育的生态环境，给学生一个学习数学的生态环境，让学生快乐健康地成长，最终成为参天大树。

4. 生态数学教学主张的价值

（1）在认识论上，确立了数学教学新的核心价值观。

对于学生核心素养的培养，《义务教育数学课程标准（2022年版）》要求，会用数学的眼光观察现实世界，会用数学的思维思考现实世界，会用数学的语言表达现实世界。"生态数学"的价值观符合新课程标准要求的"三会"。

生态数学的教学主张：一是明确定位学生是学习的主体，教师担任的是学习的组织者、引导者与合作者的角色。有效的数学活动不是教师在台上自说自演，而应是激发学生兴趣，调动学生积极性，引发学生的数学思考，鼓励学生的创造性思维，更注重培养学生良好的数学学习习惯，使学生掌握恰当的数学学习方法。注重启发式和因材施教，处理好教师讲授与学生自主学习的关系，发挥引导作用，引导学生学习数学知识，使学生的数学知识与技能得到更有效的发展。二是让学生成为学习的主人。学生是学习的主人，不是被动装填知识的"容器"。学生是一个个活生生、有个性的个体，教师要尊重学生的差异。

学生正在成长的过程中，可塑性极强，教师应注重开发学生的潜能，使学生真正成为学习的主人。

生态数学的主要体现：教学中要为学生提供积极思考、主动探索与合作交流的空间，使学生多一些自由的体验；允许学生从不同的角度认识问题，采用不同的方式表达自己的想法，用不同的知识与方法解决问题，鼓励多样化途径解决问题，使不同的学生在数学上得到不同的发展；让学生拥有一双数学的眼睛，让他们主动地从数学的角度去观察世界、体验生活。

（2）在方法论上，构建了数学课堂新的教学方式。

生态数学在教学实践中要求注重真实情境的创设，加强知识学习与学生经验、现实生活、社会实践之间的联系，提高学生认识真实世界、解决真实问题的能力；大力推进启发式、探究式、参与式、合作式等教学方式，重视情境教学，开展研究型、项目化、合作式学习等，充分发挥每个教学活动多方面的育人价值；积极探索基于主题的单元整体教学，体现数学知识之间的内在逻辑关联，改变传统教学碎片化、浅表化的现象；积极开展以主题式学习和项目式学习为主的跨学科学习，引导学生综合运用数学学科和跨学科的知识与方法解决真实情境中的问题，促进数学课程育人方式和学习方式的变革。

5. 生态数学教学主张的实践

（1）生态数学教学主张的理念本质引领。

要把主张落实到教育教学中去，首先必须统一思想，即师生都要有这个生态理念，必须明确什么是生态数学。因此，我将自己的实践经历与理论相结合，积极开展对主张理念的解读，借助工作室平台，通过理论学习、开设讲座及示范课让师生明白生态数学教学主张的理念本质。

（2）生态数学教学主张的生活化研究。

实践表明数学源于生活，生活中充满数学，让数学从生活中走出来，有目的地将数学问题提炼出来，再将数学知识回归生活，既能让学生感受到生活化的数学、用数学的眼光看待周围的生活、增强生活中的数学意识，又有利于发掘每个学生自主学习的潜能，这无疑是提高学生学习数学的积极性的活力源泉。

首先生活中充满数学。平时让学生把身边的实例融入数学课堂，让教与学跳出课本，走到现实生活中，使数学课堂大起来。超市的价格标签、银行的利率、校园面积的估计及食堂菜谱的调查统计表等，都可以成为学习数学的素材，这样的学习无疑极大地激发了学生的求知欲，使所要学习的数学问题具体化、形象化、生活化。

其次数学问题要回归生活。数学来源于生活，又服务于生活，对小学生而言，在生活中形成的常识、经验是他们学习数学的基础。因此我们要创设运用数学知识的条件，使学生在实践活动中加深对新知识的理解。比如教学完"相遇问题"例题后，教师问："现实生活中只有例题这一种情况吗？"在教师的引导启发下，学生列举出现实生活中一些合情合理的实际情况后，教师可让学生将提出的问题重新编成应用题，学生再探究解决；又如"元、角、分"的教学中，开展模拟购物活动，给你 10 元钱最多可以买几种文具？只有真正运用数学知识解决生活实际问题，让学生既对数学内容有所拓宽，又激发了学习热情，才能达到学习数学的最终目的。

（3）生态数学教学主张的知识生成研究。

史宁中教授说我们现在课堂教学中的普遍现象是，只注重结果，轻视知识的生成过程，这是舍本逐末。事实上由于长时间的积累，教师对定理、定义、公式的生成及应用都很熟练了，但学生是初学者，对定理、定义、公式的生成还是不太熟悉，所以运用起来就模棱两可，而对教师的讲法也很难认同。因此，作为一名教师会做题固然重要，但会讲课、研究知识的生成过程更重要。生态数学的主张是要求在课堂的实施中展现知识从哪里来（本源）、知识是什么（本质）、知识往哪里去（应用）。如我在东莞市海德双语学校上的一节公开课的设计思路就体现了这个主张。这节课的导学案如下：

课题：8.2.2　二元一次方程组的解法——加减消元法（1）

学习目标	1. 用数学眼光观察分析二元一次方程组的结构特征，并能进行归纳分类，选择合适的消元法解二元一次方程组，培养抽象能力。 2. 用数学思维思考二元一次方程组求解的方法，理解求解思路实际是"消元"，熟练掌握用加减消元法解二元一次方程组的过程，体会消元思想，培养运算能力和推理能力，发展应用意识。
重、难点	学习重点：用加减消元法解二元一次方程组。 学习难点：灵活运用加减消元法的技巧，把二元转化为一元。
学习过程	**第一环节　探索思考** 任务 1：观察下列所给的二元一次方程组，请选择一个你喜欢的方程组用代入法求解，比一比谁又快又准。 (1) $\begin{cases} 2a + b = 3 \\ 3a + b = 4 \end{cases}$　(2) $\begin{cases} 3x + 10y = 2 \\ 15x - 10y = 8 \end{cases}$　(3) $\begin{cases} y - x = 3 \\ x + y = 9 \end{cases}$

（续上表）

| 学习过程 | 思考：
（1）用代入法解二元一次方程组的基本思路是什么？
（2）用代入法解二元一次方程组的主要步骤是什么？
（3）解决问题的数学思想是什么？
任务 2：任务 1 中所给的二元一次方程组都可以用代入法求解，还有其他简便的方法求解吗？若有，请选择一个分享你的解法。

（1）$\begin{cases} 2a+b=3 \\ 3a+b=4 \end{cases}$　（2）$\begin{cases} 3x+10y=2 \\ 15x-10y=8 \end{cases}$　（3）$\begin{cases} y-x=3 \\ x+y=9 \end{cases}$

思考：
（1）以上求解二元一次方程组的基本思路是什么？
（2）什么结构特征的二元一次方程组可以直接选择以上方法求解？
（3）写出以上解题步骤。
（4）写出解决问题的数学思想方法。
第二环节　学习新知
新知识：加减消元法
当二元一次方程组中同一未知数的＿＿＿＿＿＿＿时，把这两个方程的两边分别＿＿＿＿＿＿或＿＿＿＿＿＿，就能消去这个未知数，得到一元一次方程，这种方法叫做加减消元法，简称加减法。
【小试牛刀】
任务 3：用加减法解方程组。

（1）$\begin{cases} 2x+3y=7 \\ 2x-3y=5 \end{cases}$　（2）$\begin{cases} 3x+4y=16 \\ 5x-6y=33 \end{cases}$

变式 1：$\begin{cases} x+2y=6① \\ 0.5x-y=3② \end{cases}$　变式 2：$\begin{cases} \frac{1}{3}x+\frac{1}{2}y=6① \\ 2x-y=4② \end{cases}$

思考：
（1）所有的二元一次方程组都可以用代入法求解，是否所有的二元一次方程组也都可以用加减法求解？ |

（续上表）

学习过程	（2）若方程组中两个方程中没有同一个未知数的系数相反或相等，那么如何利用加减法求解呢？ **第三环节　归纳小结** 思考： （1）用加减法解二元一次方程组的基本思路是什么？ （2）用加减法解二元一次方程组的主要步骤是什么？ 特别注意：方程组中两个方程同一个未知数的系数＿＿＿＿＿＿时，利用等式的性质，使得未知数的系数＿＿＿＿＿＿。 （3）解决问题的数学思想是什么？ **第四环节　应用新知** 2 台大收割机和 5 台小收割机同时工作 2 小时共收割小麦 3.6 hm^2，3 台大收割机和 2 台小收割机均工作 5 小时共收割小麦 8 hm^2。1 台大收割机和 1 台小收割机每小时各收割小麦多少公顷？ **第五环节　作业布置** 必做题：课本第 96 页的练习 1、2、3。

（4）生态数学教学主张的学习化研究。

教师要走进新课程，实现课程目标，其自身必须有先进的、与新课程相适应的教育理念。为达成这一目标，教师首先要把自己定位成一个"学习者"。教师要在掌握扎实的专业知识基础上，学习自然科学、社会科学。研究前沿的最新成果、最新知识，掌握现代教育技术手段以及教育研究等方面的知识，构建多元化的知识结构，使自己不仅会教，而且有自己的教育追求与风格。数学课程标准提倡让学生在做中学。生态数学的主张就是要求教师努力领悟教材的编写意图，把握教材的知识体系，充分利用学具，让学生多动手操作，手脑并用，培养技能、技巧，发挥学生的创造性。通过摸一摸、摆一摆、拼一拼、画一画、做一做等活动，使学生在感性的基础上自主获得数学知识，在操作中激起智慧的火花，进行发现和创造。

（5）生态数学教学主张的教学化研究。

数学核心素养是指具有数学基本特征的、适应个人终身发展和社会发展需要的人的思维品质与关键能力。在数学课堂上，教师应注意启思导学，教方法、思想、思考模式，让学生亲身经历、体验和感悟数学思维，这是培养学生数学核心素养的根基所在。如何落实呢？应遵循学生的认知规律、尊重教育教学规律，创建和谐、灵动、生命化、以人的发展为本的生态课堂。即要尊重生命，唤醒思维，激励创新；转变思想，更新观念，又不迷信和盲从，而是批判地继承，辩证地分析；注重整体化单元设计和思想的渗透；以问题为导向，在解决问题中落实核心素养；给学生思考的时间和表达的机会；关注预设与生成的平衡，促进可持续发展。

（6）生态数学教学主张的思维能力培养研究。

以问题为导向，在解决问题中落实核心素养。古人云：学起于思，思源于疑。教师要善于激发学生质疑问难，促进学、思、问、悟的结合。问题是数学的心脏，没有问题就没有数学活动，也就谈不上活动的过程。创设有序、有效的问题情境，能引起学生的认知冲突，造成学生心理上的悬念，激发学生求知的欲望。问题过易，有损学生思维的积极性；问题过难，会抑制学生的思维、热情和信心。通过问题情境，激活学生的思维，经过"审题—联想—尝试—反思"使问题得到解决，并在解决问题中进行"一题多解，一题多变"，掌握解题程序和数学问题本质，从而获得知识、方法、思想，提高课堂的生命力。以下是我撰写的论文《破解中考几何压轴题技巧的探究》中总结的方法：

3.1 以问为导，寻找线索

对于中考压轴题，很多学生听到"压轴"二字就害怕，以为自己一点都不会做，其实压轴题并不是竞赛题，只是综合性及创新性强些。一般地，中考数学压轴题通常有三小问，其中第一问比较简单，中等水平的学生能够比较轻易地解出来；第二问通常有些难度，要利用第一问的条件和结论来解。所以解决这一问可以用"以问为导，寻找线索"的方法去解决。

我们知道所有题目设计的条件中有明显的和隐含的，而所有的条件都是为问题而设计的，所以我们要快速判断出所给条件为谁服务，找到服务对象。因此笔者认为破解压轴题也一样，特别是解决压轴题第一问，可以先了解问题，然后带着问题看题目，寻找解题的线索，这样可以达到事半功倍的效果。如：

（2015·陕西中考）如图，在一个四边形 $ABCD$ 中，均有 $AD \parallel BC$，$CD \perp BC$，$\angle ABC = 60°$，$AD = 8$，$BC = 12$。

（1）如图①所示，点 M 是四边形 $ABCD$ 边 AD 上的一点，则 $\triangle BMC$ 的面积为_____；

（2）如图②所示，点 N 是四边形 $ABCD$ 边 AD 上的任意一点，请你求出 $\triangle BNC$ 周长的最小值；

（3）如图③所示，在四边形 $ABCD$ 的边 AD 上，是否存在一点 P，使得 $\cos\angle BPC$ 的值最小？若存在，求出此时 $\cos\angle BPC$ 的值；若不存在，请说明理由。

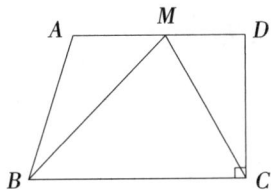
图①

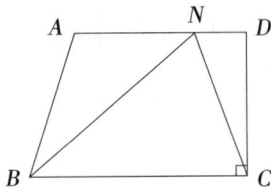
图②

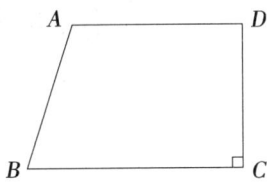
图③

分析：此题属于四边形综合题，涉及的知识有：勾股定理，矩形的判定与性质，对称的性质，圆的切线的判定与性质，以及锐角三角函数定义，考查知识点比较多。如何快速解答这道题呢？若直接读题目，题目文字不多，有好几个明显条件，但是所给条件与什么问题匹配？我们一下子是判断不出来的，然而若先看问题再回头看题目就基本可以判断条件有什么用了。例如第一问，问题是求 $\triangle BMC$ 的面积，那么按照求三角形面积公式：$\frac{1}{2}$ 底边 $\times$ 高，要解决这个问题只要找到对应的底边和高就行了。所以回头看题目就知道底边 BC 已经给出了，高没有给出，需要的是求高。又比如第二问，要求 $\triangle BNC$ 周长的最小值，要解决这个问题则需要知道各边长，所以看题目就要留意看与此三角形有关的线段长度是否给出了。通过这样分析，解题的方向就很明确了。

以上例子我们可以看出，我们可以用"以问为导，寻找线索"的方法去解决几何压轴题。既节省了时间，避免重复花时间阅读题目，同时可以帮助学生快速找到问题所需要的条件和突破口，大大增加了得分概率。我认为教会学生这种解题思路，可以提高学生解几何综合题的能力，特别是对于很多学习水平中下的学生来说是提高解综合题第一问的能力的一个好方法。

（7）生态数学教学主张的跨学科融合化研究。

近年来，数学跨学科融合教学越来越受到重视，该教学模式已被视为未来教育发展的趋势之一。在这种教学模式下，数学不再被孤立地教授，而是和其他学科进行深度融合，帮助学生更好地理解数学概念和应用。生态数学教学主张的跨学科融合化就是提倡积极开展跨学科主题学习，立足于数学课程学习中核心知识和关键能力的应用，要贴近学生的现实生活，聚焦真实问题的解决，通过领域间、学科间的横跨等整合方式，打破学科界限，实现数学与其他学科以及社会生活的有机融合。

以生为本　问题引领　协同发展

谭　海

（茂名市东湾学校）

　　我于 2007 年 7 月从华南师范大学数学科学学院本科毕业，同年 8 月起，我到茂名市龙岭学校担任初中数学教师，这是一所新成立的学校。2019 年 8 月，我到新成立的茂名市东湾学校工作。

　　工作十余年，我经历了两所新学校的成立与成长，从中收获良多。我先后担任班主任、科组长、级组长、教研室干事、副主任和主任等职务，与学校共同成长，锻炼了自我。同时，我一直奋斗在初中数学教学的第一线，坚持承担两个班的数学教学工作，时刻要求自己做一名学生喜爱、家长认可、同事信任、领导放心的好老师。回首来时路，自己始终坚守初心，坚持耕耘课堂，坚持教研结合，坚持思考、学习与提升，教学让我和学生都成长了。

一、我的教学体会

（一）坚守初心，深耕课堂，反思从课堂中来

　　我始终认为，教师最主要的舞台是课堂，最主要的任务是研究教学、深耕课堂。只有关注课堂、扎根课堂、耕耘课堂、研究课堂，才能实现理论与实践的统一，才能在实践中形成自己的特色，形成自己的教育教学主张，从而实现教师的价值。

　　回望任教初期，我当时的想法是简单而朴素的，即努力备好课，在课堂上尽可能地按照预设的教案授课，完成教学任务。这一时期的我，通过借鉴、模仿优秀教师的教案、课堂开展教学，一开始只是生硬的照本宣科，上课机械无趣，教不好学生。后来，我琢磨了一下，改变了部分流程，先观摩老教师上课，并做好笔记，然后在空教室模拟试讲，最后应用于真正的课堂，课后再反思，接着到另一个班上课。渐渐地，课堂教学就从生硬变得熟练，从无趣转变

为精彩了，我总算是站稳了讲台。更重要的是，我所任教的班级数学成绩也有了很大的提升，经常名列前茅。

回顾这个时期，我通过模仿、借鉴站稳了讲台，但教学中还是存在一些问题。记得一次市教研员来学校视导听课，课后就指出我在课堂上讲得过多，给学生表达、表现的机会很少，我才发觉自己总是想着控制课堂，在课堂上大包大揽，恨不得把所有知识、要点一股脑告诉学生。反思备课，发觉自己将重点全部放在教学设计上，关注怎么教，却忽视教什么；重点抠教学设计的亮点，却没有去思考为什么要这样设计。另外，我对教材、学情的研读不够充分，导致在教学中未经取舍、无法确立准确的教学目标，产生了"胡子眉毛一把抓"的情形。

我开始思考教材、学生与教学设计以及课堂实施的问题，并在之后的教学中进一步实践、反思，有了更深的认识。

1. 关于教材的进一步认识

反思教学初期，我始终把教材当作课堂教学最基本的内容，虽然有时会根据教学需要稍微改动一下数字之类的小细节，但总体还是按照教材内容开展，不敢越雷池半步，更不敢大改。

其实，教材应该是教学内容的基本要素，但不是全部，教师应该将自己的思想、见解、主张和思维方法融入教材关于概念的分析、例题的讲解、材料的选择中。教材不过是知识的一种载体、一个样本，不可避免地带有一定的程式化或时间的滞后性。一方面，教师必须根据时代的发展，不断调整或补充知识、方法、活动，丰富其内涵等，使呆板的教学材料鲜活起来，从而激发学生的求知欲、自主探索的热情、互助合作的自觉行动，实现教学效益的最优化。另一方面，教的内容是统一的，但是学生的认知水平和接受能力却存在很大差异，所以教师要根据教学内容、目标以及学生的认知实际和需求，对教材内容作精细的加工和提炼，或增或删，或详或略，力求突出重点、化解难点，使深奥的知识、抽象的思维方法、复杂的解题思路浅显化、具体化、简单化，使学生易于接受，从而实现教学效果的最大化。

教材是教学的根本，但只是课程标准下的一个典型例子，是学生学习的主要材料。学生的学习材料不应该局限于教科书，一切学科课程资源都可以是学习材料，教师要先了解学生的现有水平和能达到的水平，在实践教学中，可以适当调整教材内容，甚至重构，这对学生数学知识的建构和数学思维的形成有很大帮助。

在实际的教学中，教师也可以对学生的教材进行重构，使得教学资源来自教材又高于教材，可以从整个教学单元甚至整本书、整个学科出发，寻找有利于教学的数学学习素材并进行整合，形成数学学习资源，以开展有意义的教学。

教师应该从学生感兴趣的问题出发，搭建起学生思维与教材知识之间的桥梁，拉近课程与学生、理论与实际的距离，让学生在感知生活的同时，获得超越生活本身的理性思考。教学不应拘泥于教材，教师要利用学生喜闻乐见的人物或事件等作为问题情境，巧设悬念，变换角度，链式追问，层层剖析，娓娓道来，把知识教育变为思维教育，使课堂变得有趣、有味、有用。

2. 关于教学主体的进一步认识

我进一步反思自己的课堂：之前大多数是单向传输的，教师作为主导，学生被动接收信息，缺少知识生成过程。课堂教学过程就是学生在教师的引导和启发下一步步地完成预设好的教案的过程。整个课堂以讲授为主，教师有时提问和引导，学生回答教师的提问或根据教师的引导展开讨论，但是这些问题都是教师从教材或者教学参考书中选出的预设的问题，不是学生真正遇到的问题。在课堂教学中更多的是教师问学生，较少让学生自己提出问题，导致学生缺少表达、实践和发展的机会，课堂教学缺乏交流和思维碰撞，从而扼杀了学生的思维。

其实，学习的真正主人是学生，数学学习的过程是一种"数学化"的"再创造"，这个过程必须让学生自己主动去完成，既不是"听"出来的，也不是教师"讲"出来的。课堂是学生学习的"演习场"，不是教师技能的"表演场"，要将教学的重心下移，教师眼里不仅要有教材、教参，更要有学生，学生才是课堂的主人。

课堂的教学行为应聚焦学生，教师解读到位、讲解精彩不算好课，激发学生兴趣，引导学生去品味、理解并主动建构、运用数学知识才算好课。想要上出精彩的好课，就要有良好的师生互动、生生互动，做到深层的交流。其中的关键是学生主动参与课堂，让学生在教师的引导下，生成、建构知识，在交流和讨论中互相启发，内化知识，从而让课堂学习变得有趣、高效。

总的来说，学生应当是学习的主体，一切学习活动都应该围绕学生展开，教师授之以"渔"，引导学生去感受数学本身的魅力，引导学生自主培养数学思维、探索数学世界的精神，从而促进学生数学核心素养的养成。

（二）勤学善思，务实创新，教研促提升

2016 年是我参加工作的第 9 年，我虽然还没有形成自己的教学风格，但已经有了自己朴素的教学理念，特别注重以学生为主体，同时注重信息技术在数学课上的创新应用。2016 年课例"用表格表示的变量间关系"在全省基础教育信息化应用现场会上展示，获得专家和领导好评；2016 年 3 月课例"探索直线平行的条件"在茂名市教育信息化座谈会上展示，受到与会人员的高度评价。

　　同时，我依托课题，参与教育科研和教学改革创新，特别是数学教学与信息技术的融合创新工作，实践翻转课堂，并结合自身教学实际进行反思，及时更新教学观念和教学方法，提高教学效率，并取得一定的教研成果。我主持的市级课题"基于网络环境的初中数学资源建设与应用研究"于 2018 年 7 月结题；主持的校级课题"挖掘数学之美，提高学生数学学习兴趣"于 2015 年 9 月结题；参与的省级课题"九年一贯制学校高效管理探究与实践""中学数学教师专业发展的研究"和主持的子课题"提高初中学生的应用意识和能力的研究"都已经结题。

　　此外，我注意积累材料，积极思考，结合自己的教育教学案例，撰写了多篇论文并发表，如《信息化背景下的创新能力培养教学实践》[《电脑乐园（信息化教学）》2018 年第 5 期]、《开启课堂教学快乐之旅》（《茂名教育》2016 年第 11 期）、《基于翻转课堂的创新能力培养教学实践》[《茂名教育（教研版）》2017 年第 3 期]。2017 年 1 月《基于翻转课堂的初中数学概念教学实践》在全国初等数学研究会第十届学术研讨会论文评比活动中荣获二等奖，在广东省初等数学学会一届三次学术研讨会论文评比活动中荣获二等奖。2017 年 5 月《谈初中数学教学资源的整合与开发》在广东省中学数学教育优秀论文评比中荣获特等奖。2017 年 12 月《基于翻转课堂的创新能力培养教学实践》在广东省中小学教师信息技术应用能力提升工程优秀成果评选中获省级优秀奖。同时，我积极开展校本课程研发，参与撰写的学校校本课程建设方案《"创设多元校本课程，提升学生核心素养"课程建设方案》荣获广东省中小学特色课程建设方案评选二等奖，主编的校本教材《数学之美》荣获广东省中小学特色教材评选一等奖，参与编写的 6 本校本教材获省级以上成果奖励。论文的发表与各类比赛的获奖使我受到了极大的鼓励和鞭策，教学工作也得到了学校领导和同事们的认可，我因此被确定为茂名市青年名师培养对象。

　　这一阶段，我也对数学学科教学与信息技术融合、教研有了新的思考。

1. 对数学学科教学与信息技术融合的思考

当今是数字化时代，信息技术已经广泛应用于各个领域，包括教育领域。在信息化时代，积极拥抱信息技术，促进数学学科教学与信息技术的融合，是教育教学工作者的明智之举。信息技术为数学学科教学提供了更加灵活多样的教学模式和资源，教师可以利用多媒体、网络等信息技术为学生提供丰富的学习资源，将数学的抽象具象化，激发学生的学习兴趣和积极性。同时，学生可以利用信息技术开展自主学习和合作学习，促进个性化教育的发展和深度学习。

具体而言，数学学科教学与信息技术的融合可以从以下几个方面开展：首先，信息技术的运用，可以使数学学科教学更加生动有趣，激发学生学习数学的兴趣。例如，利用多媒体技术制作教学资源，可以通过图像、声音和视频等方式呈现抽象的数学概念，帮助学生更好地理解和记忆知识点。同时，可以利用希沃白板或其他信息化手段引入互动式学习软件和游戏化教学等方法，激发学生的学习兴趣，增强其学习动力，从而提升学习效果。其次，信息技术为学生提供了丰富的实践和探究环境，通过使用相关的数学建模软件、数据分析工具（如电子表格）等，学生可以模拟和解决实际问题，从而培养他们的实践能力和创新思维。此外，信息技术还可以促进学生之间的合作和交流，合作解决问题，培养学生的团队意识和社交技能。最后，在信息化时代，将信息技术融入数学学科教学中，教师可以利用网络资源、在线学习平台和数字化教材等拓宽学生的学习渠道，帮助学生掌握获取、处理信息和表达的能力，培养他们的信息素养，使其更好地适应信息化时代的需求。除了前面提到的利用多媒体、互动式学习软件和数学建模工具等，教师还可以利用网络教学平台实现线上线下教学无缝衔接，提供在线课程和资源，让学生能够随时随地学习。同时，利用计算机辅助教学软件（如"洋葱学园""好分数"和"一起做"等软件），教师可以通过在线测评、电子作业等形式及时获得学生的反馈并评估学生的学习情况，根据学生的不同特点和学习需求提供有针对性的学习内容和反馈，从而实现个性化教学。此外，教师还可以通过网络教学平台和社交媒体等渠道与学生交流，促进师生之间的互动与合作。

数学学科教学与信息技术的融合还要注意一些基本原则。第一是教学目标导向原则：信息技术的应用应该符合教学目标，有助于提高学生的数学学习效果。教师应该清楚地确定数学学科教学的目标，并合理选择和应用信息技术资源，而不是为了应用技术而应用，故意炫技。第二是信息教学匹配原则：信息技术的使用应与教学的内容相匹配，在数学学科教学中发挥实质性的作用。信息技术应该帮助学生理解和掌握数学概念、方法和技巧，而不仅仅是简单地提供娱乐或讨论的平台。第三是差异化教学原则：信息技术可以根据学生的学习需求和能力差异，提供个性化的学习资源和学习路径。教师可以利用信息技术作为教学辅助，给予学生有针对性的指导和支持，促进每个学生的个性化发展。第四是互动与合作原则：鼓励学生之间的交流与合作以及学生与教师之间的互动。通过在线讨论、协作编辑在线文档等方式，学生可以分享和交流自己的思想和观点，促进彼此的学习和成长。第五是安全与隐私保护原则：在应用信息技术进行数学学科教学时，教师和学生要重视信息安全和隐私保护。确保应用的软件、平台和设备能够保护学生的个人信息安全，遵守相关的隐私保护政策和规定。

综上所述，初中数学学科教学与信息技术的融合，能为学生提供更灵活多样的学习环境和教学手段，有助于提高学生的学习兴趣和学习效果，从而培养学生的实践能力和创新思维，提升其数学核心素养与信息素养。同时初中数学学科教学与信息技术的融合要遵循以教学目标为导向，教学内容与信息技术相适配，实施个性化教学，鼓励学生互动与合作，注重信息安全和隐私保护等原则，才能发挥其强大作用。

2. 对教研的思考

起初，我把教研看作一种神秘而艰难的活动。然而，随着我的深入探索，我发现教研和我们日常上课没有太大区别，只是它更加系统和有针对性地研究和思考教学问题，大到一个教学理论的学习，小到一节课中一个小问题的思考都可称为教研。教研不是教学工作的一种装饰，而是我们梳理知识、提升自己能力的最佳途径，是教师成长过程中不可或缺的必修课。与科研工作者关注理论不同，教师的教研更加鲜活和注重实践，因为我们是在一线教学实践中开展研究，所以教研是每一位教师都应该树立的一种意识。我们应该让教研成为一种自觉行为，融入我们的生活中。我们可以观摩其他教师的授课，学习其教学技巧和方法；可以选择一个具体的教学课题，深入研究该课题的教学策略和方法，通过实践和总结，进一步提升自己的教学水平；可以与一群教师组成研究小组，共同讨论教学问题和难点，分享经验和教材资源；也可以尝试引入新的教学方法、教学工具和教学技术，进行实验教学，通过观察和评估，了解其教学效果，并做出调整和改进。

我从创新实验教研的角度，尝试用平板电脑进行教学，一方面，进行"翻转课堂"的尝试，从而使得自己在教学上有了提升与引领示范作用；另一方面，特别是疫情防控期间，由于我在信息技术方面的特长，我在学校线上线下教学中起到了很好的引领作用，最大限度保障了教学质量，我校学生的学习成绩也是整个市直属学校中名列前茅的。

此外，教研也可以对教材进行深入分析，研究其设计理念、知识结构和教学目标，根据教材特点进行教学方法和策略的制定；也可以关注学生的学习情况和问题，了解学生的学习需求和困难，并通过有针对性的教学和辅导帮助学生。总之，可以从不同的角度和层面来提升初中数学学科教学的质量和效果。

我曾经认为教师只需要耕好自己的三分地、上好课就行了，但通过教研实践，我明白了教研的重要性：首先是可以提高教师教学能力。通过教研，教师可以互相交流和借鉴经验，不断提升自己的教学能力和水平。教师可以分享教学方法、策略和资源，共同解决教学中遇到的问题，从而提高教学效果。其次是可以推进教材改革和课程发展。教研可以帮助教师了解和解读最新的教材要求和课程改革方向，通过研讨和实践，为教材改革和课程发展提供反馈和建议。自2019年开始参与研学课程研究，到今天我对研学旅行的认识更深了，撰写的论文《中小学研学旅行课程学习评价体系构建的思考与实践》发表在《中学生报·教研周刊》上。最后是可以提升学生的学习成绩。教师通过教研可以了解和掌握较好的教学方法和策略，将其应用到教学中，提高学生的学习兴趣和参与度，提升学生的学习成绩。

总之，初中数学教研可以提高教师的教学能力，推动教材改革和课程发展，提升学生学习成绩，为优质数学教育提供支持和保障。

（三）立足课堂，互学共进，示范引领提高

从教以来，特别是近几年，我积极参与各种培训，争取更多的学习和展示机会。每学年我主动承担公开课，先后13次在省级、市级会议上上示范课或作教育信息化培训讲座，均获领导、同行和学生的好评，其中有4节课例获得市一等奖，2节分别获得市级、省级和部级优课。

作为学校教研负责人，我积极通过"师徒结对"和课题研究小组的形式，落实科组"帮扶"制度，通过结对子，认真辅导了王星、刘儒浩、戴玉敏等多名青年教师，在教学、班主任管理、个人成长等方面对他们进行指导，现在他们已经成为学校数学学科的骨干教师，他们先后被评为茂名市直属学校优秀教师或优秀班主任，其中王星、刘儒浩老师有一篇论文获茂名市一等奖，戴玉敏老师参加广东省初中青年数学教师优秀课评比获一等奖。

一次次的学习培训，就像一个个台阶，使得我不断提升，一次次的公开课，就像一面面镜子，使得我可以不断审视自己的教育教学工作。这一时期，我对教师培训和教学公开课也有了一些更深的认识。

1. 对教师的培训与学习的进一步反思

教师的培训与学习对于教育事业的发展和教师个人成长具有重要意义。一

方面，教师的培训与学习可以提升教师的专业能力。教师的培训可以帮助教师不断学习更新的教学理念、教学方法和教育技能，提高他们的教学水平和专业素养。通过培训学习，教师可以了解最新的教育政策和课程改革的要求，掌握更科学有效的教学方法，提高教学质量。另一方面，教师的培训与学习还可以增强教师的教育教学研究能力。教师的培训不仅仅是传授知识和技能，还可以培养教师的研究能力和创新精神。培训课程和活动可以引导教师进行教育教学研究，鼓励他们探索教学问题，提出解决方案，并将研究成果转化为实际教学应用。更重要的是，教师的培训与学习可以促进教师的职业发展和成长，培训可以提供专业发展的机会和平台，帮助教师规划职业生涯，提升职业发展素养。培训课程和研修活动可以帮助教师发展自己的教学风格和特长，并为教师提供晋升的机会，是教师个人成长的助推器。

作为学校教研负责人，教师发展是我教研工作的重点。我觉得教师的培训可以通过以下方式开展。第一，设置系统性的培训课程。组织有针对性的培训课程，涵盖教师专业知识、教学方法和教育理论等方面，帮助教师全面提升能力。这一般是由市教育局在新教师入职后一到两年内进行的培训。第二，采用研讨会和工作坊的方式，为教师提供交流和合作的平台，促进互相学习和经验分享。这是职后教师的最好培训方式。第三，利用学习社区和网络资源。利用线上线下的学习社区和网络资源，提供教育学习资讯和教学案例，帮助教师进行自主学习和教学研究。这是大多数学校采用的培训方式，方便快捷省时，但是培训的效果难以把握。第四，安排导师指导。为教师配备导师，提供个别辅导和指导，帮助教师更好地应用所学知识和技能。我们学校为新入职的教师安排了这种方式的指导，但是由于教师的工作繁忙，还需要进一步优化。

总的来说，教师培训的意义在于提升教师的专业能力和教学水平，以应对不断变化的教育需求和挑战。教师培训的目标是激发教师的潜力，提高其教学效果、创新能力和专业素养。要与教育实践紧密结合，根据教师的需求和实际情况，提供多种形式的培训，促进教师个人成长和教育事业发展。

2. 对公开课、示范课的进一步思考

作为一个经常上公开课和示范课的教师，我觉得公开课对教师个人成长作用巨大：首先，公开课使得教师自我进步。教师对于教学目标的把握、教学活动的设计、教学资源的准备、教学管理策略的实施等都要精心思考。在准备过程中，锻炼了相关的能力，同时公开课结束后，接受观摩教师、专家或同事的反馈和建议，可进行自我评估和反思。根据反馈和评价结果，及时进行调整和改进，可以提高自己的教学水平。其次，公开课能促进教师间的交流与合作。

公开课可以为教师间的交流和合作提供平台。其他教师观摩公开课后，可以与主讲教师进行讨论和互动，分享教学心得和经验，交流教学方法和策略。这样的交流和合作有助于教师之间相互学习和成长。我记得有一次上公开课，我让学生站起来回答问题时，学生只是说出了自己的答案，但是我一再鼓励他把自己的想法说出来，要把"怎么想到这个答案"说出来。课后的评课阶段，有好几位教师都说这就是本节课的亮点，这鼓励了我，从此以后我与学生交流、讨论，都会问"你怎么认识这个问题的""你怎么研究的""你的思路是什么"。用现在的话来说，就是要说出你思维的过程。于是我的课堂质量又有了提升，学生学习质量也显著提高。再次，公开课可以促使教师进行教育教学研究和创新。在公开课中，教师可以实践新的教学理念、教学策略和教育技术，尝试新的教学模式和教学资源，推动教学的不断改进和创新。最后，公开课可以激发学生的学习动力。通过教师的精心准备，示范教学，学生可以亲身感受到高质量的教学和学习氛围，提高学习兴趣和动力。这有助于全体学生的积极参与和学习效果的提升。

综上所述，公开课能够促进教师精心准备，自我提升，展示自己的优秀教学实践，促进教师间的交流与合作，使教师接受专业反馈与指导，并能够激发学生的学习动力。这些作用对教师的个人成长、教学质量的提高以及学生的学习效果都具有积极的影响。

（四）反思来时路，再规划，再出发

从教以来，我根据教师职业道德规范的要求，做到敬业爱业，全面严格要求自己，不断追求进步，不断完善自己，不断超越自己，积极参与教研教改，改革课堂教学，关心爱护每一名学生，用自己的良好言行潜移默化地影响学生，努力成为学生成长的引导者。成就学生的同时，也成就了自己，我从一名青涩的毕业生，成长为茂名市名教师。

反思过往，我的成长离不开各级领导的关心和培养，离不开其他教师的帮助和指导，也离不开我自己对教材、学习主体、信息化融合教学、教学公开课、培训学习的反思。因为有了学习的需要，所以才努力去参加各类培训，积极提升自己的能力；因为有了学习的开放态度，所以才努力去准备每一节课，打磨公开课，提升了教学水平；因为有了学习的推动，所以才会参与课题研究，进行教育教学改革，促进自我成长。今后，我觉得还需要在以下方面进一步提升自己。

课堂的教学水平需要再提升。记得有一位老前辈曾说过，"课堂就是老师

最应该研究的"。确实是这样，作为一名老师，最应该去探究与重视的是自己的课堂。从教以来，我上了不计其数的课，但是真正让自己十分满意的课却屈指可数，留有遗憾的课占大多数。追求完美的课堂，追求自我满意的课堂就需要提升自我的课堂教学水平。

更深入地研究课题，凝练个人成果。从教以来，我虽然从事了课题研究，但是研究得不够深入。在以后的教研路上，我需要更加深入地研究课题。此外，我感到自己对于教学成果的凝练不足，不注重个人成果的输出，不注重撰写论文，已完成的论文的质量还有待提高。在以后的教学工作中，我需要多思考，多写，多凝练个人教学成果。

二、我的教学实践

从教以来，"为什么教师辛苦教学，却没有取得好的效果？"这一疑问总是困扰着我。认真思考和阅读相关材料后，我认识到问题的核心在于传统的"先讲后练、先教后学"的教学模式。在这种模式下，教师讲解，学生听；教师提问，学生回答，学生一直处于被动的接受者的状态。基于这一观察，我有一个大胆的设想，即必须从根本上解决这个问题，改变现有的模式。我通过查阅相关资料，提出了一个反其道而行之的思路：将"先讲后练、先教后学"改为"先学后教、先练后讲、以学定教"，即先让学生自主学习、做题，积累疑问，学生交流讨论，然后教师再进行引导、讲解。实质上，这种方法可以被看作对国外"翻转课堂"和国内"尝试教学"的借鉴。此种方法的好处在于，学生先通过自主学习、实际练习来接触问题，思考并尝试解决。这样，他们会更容易理解问题的本质和关键点。然后，当学生在课堂上遇到困难时，教师可以针对他们遇到的具体问题进行讲解和指导、引导，以便让学生更好地理解和掌握数学概念。这种教学方式强调了学生的主动参与和思维能力的培养。

另外，我一直努力地教学，认真批改作业，精心讲课，追求在讲解方式、教学方法和语言运用方面的完美。然而，我发现学生的数学成绩出现了好坏不一的情况，这使我感到困惑。慢慢地，我意识到，学生之所以在学习上没有达到理想状态，并非因为我讲授的内容不够精心，而是因为所讲的内容并不迎合他们的需求。学习成绩优秀的学生在课堂上专心聆听，认真思考，他们已经达到了知识深化的阶段。而学习成绩较差的学生，则可能没有听或者听不懂教师所讲的内容，因此无法继续提高。

　　为了解决这个问题，要把学生视为主动学习者，他们有着独特的思维方式、学习风格和兴趣，也需要对学生的不同需求进行更全面的了解，关注学生的个体差异，根据他们的学业水平和兴趣调整教学内容和方法，并采取相应的措施来满足他们的学习需求。同时，教育不应仅仅注重知识的传授，更应鼓励学生主动参与和自主学习。

　　教师如何鼓励学生主动参与和自主学习呢？首先，教师需要创造一个学习情境，使学生能够在其中积极参与学习。这可以通过提供有趣的学习材料，引发学生的好奇心和思考，以及提供解决问题的机会来实现。教师应该鼓励学生自主探究和寻找解决问题的方法。其次，教师在课堂上要时刻关注学生。如果学生对学习感兴趣，但遇到困难无法跟上教师的步伐，教师应停下来关注他们的需求。教师应提供支持和指导，帮助学生克服困难，恢复信心并继续学习。教师应倾听学生的问题和疑惑，回答他们的疑问，以满足他们的学习需求。最后，为了改善班级授课制的不足，我建议引入小组学习。小组学习不仅可以帮助有困难的学生跟上学习进度，还能提高整个班级的学习效率。在小组中，学习有困难的学生可以得到成绩优秀的学生的帮助，从而跟上学习进度；而成绩优秀的学生在帮助他人的同时，也巩固并加深了自己的知识。在小组学习中，学生可以分享他们对问题的不同理解和思考方式。通过互相交流和讨论，学生可以丰富自己的认识，并避免走弯路。小组学习弥补了班级授课制的不足，提升了学习效果，并促使学生共享他们的学习成果。另外，小组学习还鼓励学生发表意见，学会与他人进行辩论，并吸收他人的成功经验。这种学习方式培养了学生的表达能力、讨论技巧和批判思维能力。

　　除了以上问题，还有两个问题困扰着我，那就是"为什么学生总是跟不上老师的节奏呢？""学生的学习主动性怎么那么低呢？"经过查阅资料和自我思考，我发现可能是因为我们没有正确引导学生去关注核心问题，或者没有让学生思考问题的深度和广度。因此，在教学中，我们应该注重问题导向的教学方法。首先，我们需要提炼核心问题并强调问题的准确性和深度。此外，还应该使用问题链的方法，让学生在问题链中逐步深入思考。我们可以通过适当的提问、追问和反问来引导学生思考，从而让学生的认识不断发展和深化。同时，我们不仅要发挥教师的引导作用，还要提高学生提问题的能力。张齐华老师指出，好问题应该源自学习者自身的内在需求，具有模糊开放性和适宜的思维挑战性，还应该具有不断挖掘和延展的可能性。总之，数学教学要抓住数学的本质，关注顶层问题或核心问题，并通过问题的引导来提高学生的思维能力和认知水平。

教学中的困惑激发我去思考，推动我去进行教学实践，一直以来，我从以下几点去进行教学实践，不断改进教学。

（一）培养学生的学习力

李庾南老师曾经指出，学习力是指学习者借助一定的教育环境、资源和各种学习实践活动，在内在素质和外在行为方面取得的实际效果。学习力既是学习效果和教育质量的真实体现，又是学习者终身学习、持续发展的基础和动力，是衡量一个人综合发展水平的重要依据，其核心是学习者积极进取、自主创新的思维能力和良好人格。

为了有效地培养学生的学习力，我的教学实践目标主要是培养学生的自主学习能力。这种能力的核心思想是回归学生学习的主控权，确保他们有足够的时间和空间进行自主学习，而自主学习的活动形式包括自主阅读、讨论倾听、自主练习、自主构建等。自主学习的关键是学生的积极性和独立思考能力。对于自主学习，我们不能简单地将其视为让学生自己去学习，而是需要有内在的驱动力、明确的目标和有效的指导方法才能真正实现自主学习；也不能让学生只是机械地按照教师的设计和布置，单纯地从教材和作业中获取知识。学习的动力应该来自学生的内在需求，核心是思维，途径和方法应该多样化。否则，学生仍然是被动的，学生的创造性就无法得到发挥和发展，因此无法真正实现自主学习的目标。

每次接手新的班级，我都会利用四个星期的时间去培养学生的自主学习能力。

培养学生自主阅读教材的能力，具体做法有：教师先利用两节课，在课上带领学生阅读，边阅读边讲解阅读要求与方法。接着，在课堂上，学生在教师的问题引导下阅读教材，与同伴交流讨论，分小组汇报交流，教师进行点拨、引导。引导的问题具体如下：①本节课的学习要求是什么？②课本是如何引入相关概念的？③你是怎样理解这个概念的？可以举出具体的例子吗？④你是如何研究课本的例题的？⑤阅读完本节课后，你有什么想法？（包括收获、体会、疑惑或者对课本的补充等）⑥请你总结一下，应该怎样阅读数学课本？最后，就不再给出引导问题，而是让学生自主阅读。在引导学生自主阅读课本时还需要不断提醒学生自主学习的要求与方法：要掌握概念、结论的由来过程；要懂得例题的解法与思路；要独立完成课本练习；要整理总结知识结构。

为了培养学生讨论、倾听的能力，我在教学中都会要求学生在讨论时或教师讲解时，注意倾听，保持专注并做笔记，内化知识。在培养学生自主练习方面，我会在学生初步掌握了概念，并分析研究了例题后，要求学生独立完成书上的练习题（如实在不能独立完成，可以与同学交流），并及时检查答题的正确性。这有助于加深学生对知识的理解和巩固技能。在培养学生自主建构方面，我会在学生学习完一节课或单元的内容后，指导学生根据知识引入、展开等规律，理解本单元的知识结构及相应的研究方法，以强化知识的迁移性和自学能力。

在实践中，我发现学生的自学态度、方法和能力存在差异，这种差异是经常变化的。我会通过观察、交流，了解这些差异，并采取相应的措施来引导学生，特别是那些态度和能力较差的学生。对于自学能力差的学生，可以开展个别辅导或将他们集中在小组中进行有针对性的指导。对于遇到困难的学生，可以给予启发和点拨，引导他们再次阅读和思考。对于学习能力较强的学生，则鼓励他们在扎实掌握教材内容的基础上，广泛阅读参考书籍，拓宽知识面，进一步提高他们的学习能力。

（二）在教学中以问题引导学生学习

"学起于思，思源于疑""发明千千万，起点是疑问"，可见疑问是思维的火种。我在数学教学实践中，非常注重设计问题，同时引导学生提出问题，从而激发学生的学习兴趣和意愿，在激问、设疑、释疑、解疑中引发学生内在的学习动机，促使学生积极思考，启发他们的思维。

数学是一门逻辑性极强的学科，学生的思维和智力活动也是按照一定的逻辑机制进行的。这包括形式逻辑或辩证逻辑的原理、法则、结构等。因此，在教学中应该进行逻辑性的引导，好的问题或问题串就是好的逻辑性引导工具。

例如，我在上"平行四边形的性质与判定"的复习课时，设置了以下问题串，帮助学生梳理知识体系：

问题1：如图，一张被撕破的平行四边形，你能将它复原吗？

追问1：你会怎么复原呢？可以用多少种方法呢？请在学案中画出来（预设多种不同的方法，但是都会指向四种不同的判定方法）。

追问2：请在你所画的平行四边形旁边说明你的依据（平行四边形的四种判定方法）。

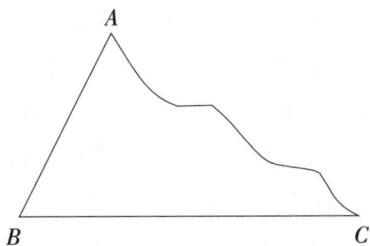

另外，课堂应当是教师和学生共同的舞台，我注重引导学生自主提出问题，具体而言就是问题留白，关注生成。留出更多的空间与时间，让学生在课堂中更加自由地发挥。

例如，我在上"解分式方程"这一课时，调整了教材的顺序，在引出分式方程的概念后，让学生自主探究分式方程 $\frac{1-x}{x-2}=\frac{1}{2-x}-2$，在全班交流并分享学生的解答。过程如下：

解法1：方程两边，同时乘以 $(x-2)$，去分母得：

$1-x=-1-2(x-2)$

解这个方程，得：$x=2$

$\therefore x=2$

$\therefore$ 原方程的解为 $x=2$

解法2：移项，得：$\frac{1-x}{x-2}-\frac{1}{2-x}+2=0$

通分，得：$\frac{1-x+1+2x-4}{x-2}=0$

化简，得：$\frac{x-2}{x-2}=0$

$\therefore \begin{cases} x-2\neq 0 \text{（分式有意义的条件）} \\ x-2=0 \text{（分式的值为零）} \end{cases}$

$\therefore$ 原方程无解

课堂上，我利用希沃白板拍照上传的方式，展示了两种解法，创造了思维情景、认知的冲突。在学生处于"愤""悱"的心理状态时，我保持沉默，因为就算我说话，相信学生的议论声也会将其掩盖的。这时候，我的沉默，反而加重了学生的疑惑：两种解法，两个不同答案？怎么回事？引起学生进行深度的思考与学习。接着，我会让个别学生提出疑问，并让其他学生试着去解答疑问，在听了学生的回答后，我适当引导其总结：两种方法虽然依据不同，但是本质都是"转化"，将分式方程转化为整式方程；第一种方法是欠妥的，根据等式的基本性质2，方程两边必须同时乘以不等于0的同一个数或同一个整式，所得的方程与原方程才是同解方程，第一步乘以 $(x-2)$ 的前提是 $x-2 \neq 0$，但是这里恰好 $x-2=0$ 了，这种使得原分式方程的分母为零的解就叫做增根。这样学生自主建立"增根"概念，理解了"转化"，并且会自觉调整和总结解分式方程的步骤，更加注重验根的步骤。

（三）努力打造润泽课堂

在教学实践中，我逐渐打造了具有自己特色或推广意义的教学模式：润泽课堂。"润泽"取"润物细无声""阳春布德泽"之意，让学生在和谐课堂氛围中，在教师的指导下，实现师生互动、生生互动的深度交流，从而实现自主建构知识体系。

打造润泽课堂主要有以下四个环节：第一环节是自然生长，就是自主学习，学生在教师的指导下，自主阅读教材和其他学习资料，感知学习内容，并积累问题。第二环节是互润互泽，学生在自主学习的基础上，通过问题导向的小组学习，在教师指导下，学生在小组内分享、倾听、讨论、交流、合作和竞争，实现成果的互惠共享，同时促进师生双方的教学相长和共同发展。第三环节是润泽点拨，主要是教师引导学生总结，具体指在教学过程中，教师利用点拨、解惑、释疑等方式，激发学生学习的兴趣和激情，促使他们对知识的思考和认识不断深化和拓展，实现教学与学习的深度融合。引导不仅包括教师对学生的引导，还包括学生之间相互引导和学生对教师的引导。它贯穿于整个课堂教学过程，为学生有效进行自主学习和合作学习提供保证，是提高学习质量的关键所在。最后一个环节是润泽提升，主要是对知识进行结构化的梳理与检验。

三、我的教学理想

我心中理想的数学课堂是一种真正有学习发生的、和谐的、富有生成性的课堂形态。它至少要求下面四种关系是润泽的：教师和学生的关系是润泽的；学生和学生的关系是润泽的；教师和教学内容的关系是润泽的；学生和学习内容的关系是润泽的。这些关系主要从以下几个方面实现：

（1）在课堂上，教师要善于创造一个和谐教学氛围，其中包括师生相互支持、鼓励、肯定、接纳、承认、赞扬和欣赏等积极的成分。教师要理解学生的心理，了解他们的思维方式、需求和感受，关注学生的情绪并及时调节，使他们在自然和谐的氛围中产生自由灵感的火花。同时，师生都是独立的具有自由意志的平等主体，师生、生生是在宽松的环境中、在平等沟通交流的基础上进行真实的对话，进行思想交流、理解和沟通，使交互主体间形成探究真理的伙伴，成为解决问题的合作者。另外，在师生、生生互动中，要避免让课堂完全按照教师的预设来展开，教师要敏锐地发现课堂中自然发生的教学事件、突发事件、生成性资源，创造出问题情境，甚至有意传递缺失性的信息来引发学生对问题的敏感性，让学生去思考和探索，让问题在情境中自然产生、探索和解决。

（2）关于教学内容，教师可以把课程标准作为基准，依靠教科书的支持，参考学生的现有水平和潜力，重新构建教材，即根据教学目标和学生情况，对原教材进行内容的增减，调整或重组教材中知识的顺序、详略、背景、方式、方法和学习策略。在教师的指引下，学生主动去思考、去实践、去探索相关内容，直到解决问题并内化为自己的经验和情感。

（一）教学主张

我的教学主张是"以生为本，问题引领，协同发展"。以培养学生积极进取、自主创新的思维能力和良好人格的发展为目标。

1. 以生为本

以生为本，指的是首先我们应该给予学生学习的主动权，让他们自觉自主地进行学习，培养他们乐于学习的精神和良好的学习态度。其次，我们还要教会学生如何学习，培养他们善于学习的能力，包括培养他们良好的学习品质、学习习惯和学习方法，重点是让他们具备良好的思考能力和创新能力。以生为本就要避免让课堂完全按照教师的预设来展开，而是要敏锐地发现课堂中自然发生的教学事件、突发事件、生成性资源，根据学生的思维走向，从而引发学生情和智的和谐生成。

2. 问题引领

问题引领，指的是教学过程要以"问题串"方式呈现，"问题串"是站在知识整体角度设计，是整节课的教学主线，让发现问题、提出问题、探究问题、解决问题、应用问题、反思问题成为课堂的"主旋律"。

问题引领主张把"数学的课堂提问"看作联系教师、学生和教材的纽带，是师生沟通思想的桥梁，是激发学生学习兴趣的钥匙，是信息输出与反馈的通道，是化"数学冰冷符号文字"为"炽热思考"的催化剂、助燃剂；特别要求"问题"指向数学本质、认知规律，即处于学生认知基础与学科观念的联结点上的问题具有启发性、本原性、统领性，能激发学生的思考与探究，促进知识联系与迁移，引领学生深度思考与学习。

3. 协同发展

协同发展指的是联结各类数学知识，引导学生的知识体系协同发展，也指向教师、学生的协同发展。

知识体系的协同发展就是基于数学知识的内在系统关联，站在知识整体高度，重构教材等教学资源，从而设计教学，帮助学生完善认知体系，会用数学眼光观察世界，会用数学思维思考世界，会用数学语言表达世界，发展理性思维，进而更好地理解数学，轻松地学好数学。

教师、学生的协同发展指的是解放学生、发展学生；不唯师，只唯生；不唯教，只唯学；着力建设"相互尊重、相互认同、相互信赖"的师生关系。教师是学生学习激情的点燃者，是学生学会学习方法的传授者，是学生攀登知识高峰的引导者，是学生破解知识难题和人生困惑的点拨者，是课堂教学资源的整合者。总之，教师是学生学习的服务者。

在课堂教学中，所有成员也包括教师在内，从根本上说是属于"同他者分享"的存在。重视协同精神、同学习伙伴一道进行深层学习，就必然会改进自身与伙伴的学习过程，从而展开主体性、能动式的学习，最终实现师生共同发展。

（二）理论依据

我的教学主张的理论依据来自中国传统数学教育的"教师主导、学生主体"，戴圣的"教学相长"，孔子的"不愤不启，不悱不发，举一隅，不以三隅反，则不复也"和《周髀算经》中的启发式教学方法，同时主要借鉴了西方苏格拉底的"产婆术"、人本主义学习理论、建构主义教学理论和问题解决理论。

人本主义学习理论主张从人的直接经验和内部感受来了解人的心理，强调人的本性、尊严、理想和兴趣，认为人的自我实现和为实现目标进行的创造是人的行为的决定因素。将学习分为无意义学习与有意义学习两大类，有意义学习使个体的行为、态度、个性以及在未来选择行动方针时发生重大变化，是一种与学习者各种经验融合在一起的、使个体全身心投入其中的学习。

建构主义教学理论认为，学生是信息加工的主体，是意义的主动建构者，而不是外部刺激的被动接受者和被灌输的对象。建构主义的知识观认为，真正的理解只能是由学习者自身基于自己的经验背景而建构起来的。建构主义的学习观和学生观都强调以学生为主体，要求教师由传授和灌输知识转变成引导和促进学生去主动建构知识意义。

问题解决理论认为，问题解决是一个复杂的内在思维过程，强调以发现问题、提出问题、分析问题、解决问题、应用问题、反思问题为线索，并贯穿整个教学过程。

(三) 做法示例

3.3.1 "弧长及扇形的面积" 教学片段：

问题1：你怎么看、怎么理解几何图形"弧"？它有什么几何特征？

师生活动：学生思考回答，教师完善总结。预设1：弧是一个曲线型图形，是圆的一部分；预设2：弧是由圆周上的两个端点决定的；预设3：弧是圆上任意两点间的一部分。

追问1：观察，当点 A 为定点，点 B 在圆上运动，请说说你的发现。

师生活动：教师利用几何画板动态展示，学生观察，思考回答。预设1：弧的变化，圆心角也会有变化。预设2：圆心角确定了，弧也确定了，反之亦然。

追问2：现在需要度量这段弧的长度，你有什么办法？

师生活动：学生思考回答。预设1：利用细线，将细线与弧重合，再度量线的长度。预设2：借助圆的周，利用圆心角与圆周角360°的比例，计算弧长。

追问3：当圆的半径为 r，1°的圆心角所对的弧长应该如何计算呢？

师生活动：学生思考回答。预设：圆心角确定了，弧也确定了，1°的弧长应该等于1/360 的周长。

追问4：当弧 AB 所对的圆心角度数为 n 时，弧长是多少呢？

师生活动：学生思考回答。预设：$l = \dfrac{n}{360}2\pi r = \dfrac{n}{180}\pi r$。

通过一个逻辑性的问题和四个追问（问题引领），引导学生去观察、感知"弧"的几何元素、几何特征，总结几何性质（以生为本），在动态演示中，感知"弧"与角度的联系，由"几何特征"自然过渡到"数量关系"，让学生自主建构知识，充分体现了几何图形的学习是有"套路"的、数学学习是自然的，较好地启迪了学生的思维。教师要做到适时引导，促进教学能力的提升（协同发展）。

3.3.2 "一次函数的复习"教学片段：

一、看图说话

这个图形是：_____

不增加条件，编写关于一次函数的问题，请

本组同学回答。

你的问题是：_____

(1) _____

(2) _____

(3) _____

你的解答是：_____

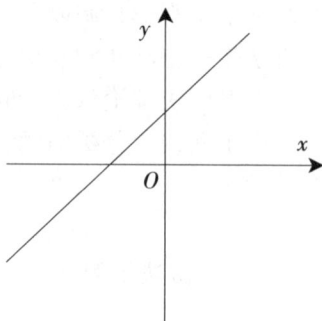

师生活动：学生提出问题，思考回答，教师引导完善、总结和评价。预设：一条直线（一次函数的图像），函数的性质，函数的解析式的特点，函数图像经过什么象限等。

二、画一画，填一填

增加一个条件，编写一个关于一次函数的问题，请本组同学回答。

你增加的条件是：_____

你的问题是：(1) _____

(2) _____

(3) _____

你的解答是：_____

师生活动：学生提出问题，思考回答，教师引导完善、总结和评价。预设：增加适当点的坐标，求函数解析式，求直线与坐标轴所围成的三角形的面积，当 $x>0$ 时，求 y 的取值范围；当 $y>0$ 时，求 x 的取值范围等。

追问：请你再增加一个函数的图像和一个条件，编写新的问题。

通过两个引导性的活动，引导学生（以生为本）提出问题，并解决问题（问题引领），引导学生回忆一次函数、反比例函数和二次函数的相关知识，并运用相关知识解决问题，让学生在提出问题、解决问题的过程中，自主建构函数知识体系，巩固相关知识。教师在引导中，要及时应对教学突发情况，及时生成资源，促进教师的自我成长与提升（协同发展）。

守好责任田，静待花盛开

叶均杰

（惠州市第五中学）

本人出生于一个偏远落后的农村，怀揣做老师的梦想，大学选择了师范院校，所读专业为电子信息科学与技术。2004 年毕业后应聘到惠州市第九中学任教，2017—2018 年到惠州市惠城区横沥镇中小学支教，2022 年 10 月调到惠州市第五中学任教。19 年来本人一直在教学一线，分别从事过小学、初中和高中的信息技术教学工作，坚持开设机器人教育社团，辅导对科学有兴趣的学生参加第二课堂活动，不断创新实践，在实践中成长进步。静下心来教书，潜下心来育人，本人努力成为受学生喜欢、同行认可、家长满意的优秀教师。

一、有理想信念：真做教育

本人于 2004 年 12 月加入中国共产党，成为一名中国共产党员。一直以来，本人热爱教师职业、教育事业，为人师表，学为人师，学习陶行知先生的"捧着一颗心来，不带半根草去"的赤子之心教学，立志成为一名合格的人民教师，始终不忘教书育人的初心，牢记"为党育人，为国育才，以德施教，立德树人"的使命，以理想信念为教育指引，当好学生思想上的领路人。

二、有道德情操：深耕教育

1. 历练丰富，全面发展

学在学校、长在学校，服务于学生、服务于学校。本人有着 2 年班主任、3 年年级级长、5 年德育处副主任、4 年安全办副主任、4 年教务处主任、1 年副校长职务的工作经历，积累了丰富的学生管理、班级管理、教学管理、学校管理经验；持有广东省中小学心理健康教育 A 证，善于跟学生沟通，做学生的表率，走进学生的心灵世界，深受学生喜爱。

2. 创新实践，硕果累累

本人坚持开设机器人教育社团，先后转化了后进生约 150 名。辅导学生参加惠州市青少年机器人竞赛，20 人获一等奖、40 人获二等奖；参加广东省青少年机器人竞赛，5 人获一等奖、12 人获二等奖；参加全国青少年机器人竞赛，2 人获二等奖。本人曾被评为"广东省青少年机器人竞赛优秀教练员"。除了本人收获的这些荣誉，最令人骄傲的是，一批批文化学科薄弱、调皮的学生在机器人教育社团活动中也收获了自信与成长，沟通协助、参与竞赛、团队活动转变了他们，也成就了他们。

3. 培优辅差，精心护苗

毕生心血哺新秀，一代桃李谱华章。教学质量是学校的生命线，为激发学生学习的积极性和主动性，确保学校教育教学质量，本人在担任班主任、年级级长、德育处副主任期间，为学生开设培优辅差主题活动，善于发现学生的闪光点，让学生的潜能充分发挥出来，因材施教，有的放矢。本人也因此被评为"惠城区优秀共产党员"。

三、有扎实学识：做实教育

要成为一名优秀的教师，必须要有扎实的学科知识、过硬的专业技能和综合的学科素养。上好一节课，不仅要依靠先进的教育理念和科学的教育方法，以"教书育人，立德树人"为己任，还要在学习陶行知"教学做合一"的教育思想的基础上践行"学做融合，实践创新"。

陶行知先生的生活教育理论"教学做合一"，既是生活现象之说明，也是教育现象之说明，在生活中，对事来说是做，对己之长进来说是学，对人之影响来说是教，教学做只是生活之三方面，不是三个各不相干的过程。教学做是一件事，不是三件事。我们要在做上教，在做上学，生活即教育。

"学做融合，实践创新"的教育思想首先强调学习与实践的融合。传统的教育往往以纯粹的理论学习为主，而"学做融合"意味着将学习与实际行动相结合，通过实践来加深对知识的理解和应用。学生在学习过程中，通过亲自动手去探索、实践、体验，从而更好地理解所学知识。"学做融合，实践创新"强调实践创新的重要性。教育不仅是传授现有知识，还应该培养学生的创新思维和解决问题的能力。"实践创新"意味着鼓励学生在实际操作中发现问题、解决问题，创造新的解决方案，并将理论知识应用于实际生活中。通过实践创新，能够培养学生批判性思维、创造性思维和适应变化的能力。"实践创新"还注重综合素养的培养，这包括学生的学科知识、社交能力、沟通能力、团队合作等。通过实践中的综合学习，学生能够全面发展，不仅在学科知识上有所积累，还能在实际中锻炼解决问题的能力和协作的能力。将学生与社会联系起来，强调学习的应用性和社会参与。学生不仅仅是在课堂上获取知识，还要将所学知识与实际情境相结合，解决社会问题，为社会做贡献。

义务教育信息科技课程具有基础性、实践性和综合性的特点，旨在培养科学精神和科技伦理，提升自主意识，培育社会主义核心价值观，树立总体国家安全观，提升数字素养与技能。实践与应用并重的课程内容要求从实践应用出发，注重帮助学生理解信息科技的基本概念和基本原理，引导学生认识信息科技对人类社会的贡献与挑战，提升学生的知识迁移能力和学科思维水平，体现"科"与"技"并重。注重创新教学方式，以真实问题或项目驱动，引导学生经历原理运用过程、计算思维过程和数字化工具应用过程，建构知识框架，提升问题解决能力；注重创设真实情境，引入多元化数字资源，提高学生的学习参与度，支持学生在数字化学习环境下进行自我规划、自我管理和自我评价，鼓励"做中学""用中学""创中学"，凸显学生的主体性；注重评价育人，强化素养立意。坚持过程性评价与终结性评价相结合，加强对学习结果的评估和应用。

"学做融合，实践创新"的教育思想与信息科技学科的性质和要求、时代的发展要求一致，坚持以人为本，以学生的需求为出发点，以创新为源泉，以社会为动力，注重理论与实践的结合和创新，以不断促进教育高质量发展，实现人才培养的目标，助力全民整体素质提升目标的达成。具体包括以下四个方面：

（一）实行教—学—做—用—创—评的教学模式

教学应围绕学科核心素养目标来实施，树立正确价值观；形成信息意识，具备解决问题的能力，发展计算思维；提高数字化合作与探究的能力，发扬创新精神；遵守信息社会法律法规，践行信息社会责任（见图1）。

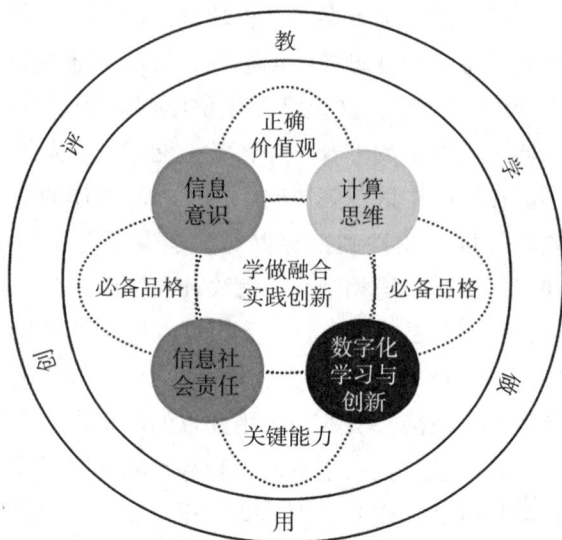

图1　本人的教育思想

信息科技学科聚焦我国学生发展核心素养，培养学生适应未来发展的正确价值观、必备品格和关键能力，引导学生明确人生发展方向，成长为德智体美劳全面发展的社会主义建设者和接班人。

（1）教：教学环节是知识传授的过程。在这个环节，教师通过教授学科知识、概念和理论来帮助学生理解和建立基本的学习框架。这是学习过程的起点。

（2）学：学习环节是学生接收和吸收知识的过程。学生积极参与，理解和吸收教师传授的知识。这是学习过程的核心。

（3）做：做环节是指学生在实践中运用所学知识和技能。可以通过项目式学习、实验操作、STEAM等形式，让学生将理论与实际问题相结合，巩固所学知识。

（4）用：用环节是指学生将所学知识应用到实际场景中，用计算思维、优化算法解决实际问题。这有助于学生发展解决问题的能力和创新的能力，提高学习的实用性。

（5）创：创环节强调培养学生的创新能力。鼓励学生在这个环节中尝试提出新的想法、设计新方案、解决新问题，促进创造性思维的发展。

（6）评：评环节是对学生学习过程和成果的评估。教师通过评价学生的表现，了解他们的学习进度和对知识的掌握情况，并为他们提供进一步的指导和改进意见。

通过这样的教学模式，学生不仅能在理论上掌握知识，还能在实践中运用和发展这些知识。他们有机会尝试解决真实的问题，从而培养解决问题的能力以及创新能力。同时，通过不断地评估学生的学习过程，教师可以发现他们的优势和改进的方向，使教学更加有针对性和有效。这有助于培养学生的综合能力和终身学习的意识，为他们未来的发展打下坚实的基础，也能激发学生的学习热情和兴趣，提高他们在学习中的主动性和积极性。

（二）提倡"五到"教学主张

1. 人到（爱岗敬业，辛勤耕耘）

一支粉笔，两袖微尘，三尺讲台，四季耕耘。本人认为，教育事业是永恒的事业，作为人民教师，学校就像家一样，有学生才有做教师的价值。在这平凡的岗位上，要倾注热血，爱岗敬业，辛勤耕耘。爱因斯坦曾经说过："对于一切来说，只有热爱才是最好的老师，它远远超过责任感。"一个人不论从事什么行业，首先必须热爱自己的职业。只有这样他才会全心全意地投入。而热爱自己职业的动力在于能在工作中得到快乐。

陶行知先生曾对教师职业特征做过这样的分析：教育者应当知道教育是无名无利没有尊荣的事，纯系服务的机会、贡献的机会。现代的教师为适应当前社会的迅速变化，面临着许多挑战，如知识结构的更新，教学技术的改进，新型教学手段的尝试，日益难以应付的杂事……为应对这些变化，教师必须付出努力，而付出的努力往往无法获得可见的收益。正因为如此，教师更倾向于从社会地位上而非经济地位上来获得荣誉，这也是教师与其他许多职业不同的地方，所以教师们就更应该在工作中寻找快乐。

教师爱岗敬业，把学校教育工作的开展、国家教育事业的兴旺和自己的命运紧密联系在一起，兢兢业业，勤于奉献，淡泊名利，默默地耕耘在三尺讲台之上，而且以苦为乐，才能领悟从师的乐趣，才能以从师为荣、以从师为豪。苏联教育家加里宁说："国家和人民把儿童托付给了教师们，要他们来教育这些按年龄上最轻易受影响的人，托付教师来培养，教育和造就这一代青年人，也就是说，把自己的希望和未来都嘱托给了他们。"[①] 国家和人民的这种委托不是无条件的，在将儿童交给教师的同时，规定了教师应履行的责任和义务，这些责任和义务是在综合教育发展规律的基础上提出的。我们应该明确一点：

---

① 加里宁. 论共产主义教育 [M]. 陈昌浩，译. 北京：中国青年出版社，1950：52.

爱岗敬业是教师对各种规范、要求的自觉认同和内化，是自觉承诺履行社会责任和义务的表现。爱岗敬业是教师有所作为的基本前提。任何人都能成为一名教师，但并非任何人都能成为一名合格的教师。

2. 心到（专心教书，潜心育人）

专心教书：教师在课堂教学中应该专注于教授知识。通过充分准备和精心设计教学内容，每一堂课都能够有条理、有重点地传授知识。教师应当激发学生的学习兴趣，引导他们主动学习，确保学生能够理解和消化所学的知识。

潜心育人：教师在教学过程中要关注学生的全面发展。除了传授学科知识，还要关注学生的品德、态度、情感等方面的培养。教师应该成为学生的榜样，引导学生树立正确的价值观和人生观。

教师要学会倾听学生的需求和问题，通过与学生互动和交流，了解他们的学习状况和困惑，及时给予指导和帮助，关心他们的学习进展和成长；要营造积极向上的教学氛围，鼓励学生敢于表达、积极思考，营造开放、宽松的学习环境，让学生在愉悦中学习；要关注每个学生的个性和差异，采用灵活多样的教学方法，满足学生不同的学习需求，帮助他们发挥优势，克服困难；要不断追求自我提升，参加教育培训，学习教育新理念，不断改进教学方法，从而提高自身的教学水平；要关注学生的情感需求，鼓励学生坦诚地表达自己的情感，给予其支持和安慰，帮助他们建立积极的情感态度。通过将心注入教学中，教师与学生建立更深厚的师生关系，激发学生学习的热情，促进学生的全面成长。同时，心到的教师也将成为学生心目中的良师益友，对学生的学习和未来产生积极的影响。

本人从不歧视任何一个学生，并力求公正地善待每一个学生。多年来，本人以真诚、公平、仁爱赢得了学生的信任。教师这个职业是"交心"的职业，"亲其师方能信其道"，本人始终坚信，只有了解每一个学生的思想状况和心理特点，了解每一个人成长的不同经历，了解他们的过去，了解他们的家庭和所处的环境，才能选择和运用恰当的方法、手段来进行教育。一分耕耘，一分收获。

3. 看到（看到教学问题，看出学生问题）

在工作中，本人准确把握教学的重点和难点，坚持认真备课，精心授课，耐心辅导，及时批改作业，具有较强的组织教学能力，尤其注重突破教学重难点，教法灵活，课堂教学气氛活跃，能够调动学生的学习积极性。本人注重学法指导，着重培养学生学习兴趣、改进学习方法，对学生进行基础知识和基本技能的教学；努力改进传统授课方式，让学生由"学会"向"会学"转变；为了更好实施素质教育，本人还针对学生的个性特点，结合学生实际，分层组织教学，分层次布置作业。分类指导很好地贯彻了因人施教、因材施教的教学原则。

看到教学问题：教师要能够及时发现和解决教学中的问题。这包括教学内容的难易程度、教学方法的适用性、学生对知识的理解、学生对科学原理的认识等方面。教师可以通过观察学生的学习表现、听取学生的反馈、分析教学效果等方式，发现教学中可能存在的问题，并及时采取措施进行调整和改进。

看出学生问题：教师要关注学生的学习状态和情感需求。这包括学生的学习进度、学习动力、学习压力等方面。教师可以通过与学生进行交流，了解学生的学习情况，以及观察学生的表现和反应，从而更好地了解学生的问题和需求，及时提供指导和支持。教师要能够敏锐地察觉学生的情感需求，因为学生的情感状态可能会影响他们的学习态度和学习效果。教师可以倾听学生的情感表达，给予理解和关怀，帮助学生建立积极的情感态度，为学习创造有利的氛围。

教师要根据观察到的问题和学生需求，及时调整教学策略。灵活应对教学中出现的情况，采取不同的教学方法和手段，以满足学生的学习需求，促进学习效果。通过"看到"教学问题和学生问题，教师可以更好地适应教学实践的需要，提高教学质量，帮助学生解决学习问题，获得更好的学习成果。同时，对学生的关心和理解也会增进师生之间的信任和亲近感，为学生的学习和成长提供积极的支持。

4. 想到（手中有技，创新实践）

手中有技：教师要具备丰富的专业知识和实践技能。只有熟悉自己所教授的学科知识，并掌握教学技巧，才能更好地将知识传递给学生。教师可以通过继续学习、参加培训和积累实践经验，不断提高自己的教学水平和实践能力。

创新实践：教师应该在教学中积极探索创新，寻找更好的教学方法和手段。可以尝试引入新的教学技术、教学资源和教学工具，适应时代发展的需要。鼓励学生参与到创新实践中，培养他们的创造力和解决问题的能力。为学生提供实践机会，让他们能够将所学知识应用到实际情境中。实践是知识的巩固和运用，通过实际操作，学生可以更深刻地理解和掌握知识。利用信息技术手段，将科技与教学相结合，创造更多互动和更加生动的教学体验。教师可以运用多媒体、在线学习平台等工具，增强教学效果，吸引学生的注意力。教师在教学实践中保持积极的创新思维，不断拓展教学方法和手段，将有助于提高学生的学习兴趣和学习效果，使教育更加生动有趣，更贴近学生的需求。

5. 做到（持之以恒，静待花开，鼓励探索）

持之以恒：教师要坚持不懈地进行教学和教育工作。教育是一项长期而持久的事业，不可能一蹴而就。教师要保持积极的教育精神，持续地投入教学工作，不畏困难，不因挫折而气馁，坚持追求卓越的教学品质。

静待花开：教师应该给予学生足够的时间和空间，让他们在适当的时候绽放光芒。每个学生的成长和发展都有不同的节奏，有些学生可能需要更多的时间来适应学习和成长。教师不能急于求成，要耐心等待，给予学生充分的支持和鼓励。学习是一个渐进的过程，每一次的进步都值得关注和肯定。教师可以在学生的学习日志、考试成绩、课堂表现等方面找到学生的进步之处，并及时给予鼓励和赞扬。

鼓励探索：教师可以鼓励学生在学习中探索和尝试。给予学生一定的自主权，让他们主动探索学科领域，激发他们的学习热情和好奇心。教师要保持对教育工作的激情和耐心，帮助学生逐步进步和发展。

（三）拥有"四备三思"的教学特色

1. 四备：备教材、备学生、备教学过程、备测试或成果应用

备教材：教师要认真备课，熟悉教材内容，确保教学准备工作充分且系统。了解教材的结构和要点，制订有针对性的教学计划，使教学过程更加条理清晰。

备学生：教师要了解学生的学习特点、学习水平、技能水平、资源整合能力、兴趣爱好等，关注每个学生的个性差异。根据学生的实际情况调整教学策略，为学生提供个性化的学习指导和支持。

备教学过程：教师要精心设计教学过程，合理安排教学步骤和教学活动，确保教学过程有足够的互动和参与，提高学生的学习积极性和主动性。

备测试或成果应用：教师要设置合理的测验和评估，以检验学生的学习成果。也可以设计学生项目作品或实践活动，让学生将所学知识应用到实际情境中。

2. 三思：反思教学设计、反思教学过程、反思成功与不足之处

反思教学设计：课后反思教学设计的合理性和有效性。回顾教学目标是否达成，教学内容和教学方法是否合适，有何亮点和可改进之处。

反思教学过程：回顾教学过程中的每一个环节，思考教学是否流畅、有趣、引人入胜。关注学生的反应和参与情况，反思教学过程中可能存在的问题和改进空间。

反思成功与不足之处：认识到教学过程中取得的成功，同时发现教学中的不足之处。在成功的基础上不断提高教学水平，改进不足之处，促进教学的持续发展。

（四）形成"趣、实、细、活、情"的教学风格

新课标在"课程的性质"部分提出，信息科技课程具有"基础性""实践性""综合性"。

根据信息科技学科新课程标准和要求，结合本校的校情、学生的技能和认知能力，本人在教中学，学中做，做中学，逐渐形成"趣、实、细、活、情"的教学风格。

1. 趣：通过创设真实情境，尝试趣味性的教学方法和内容，吸引学生的兴趣

引入实际案例、有趣的故事或趣味性的问题，激发学生的学习兴趣。可以利用多媒体互动教具、在线学习平台等，增加课堂的趣味性和互动性。信息科技本身就是一个充满趣味和创造力的学科，教师可以运用游戏化教学、有趣的案例、趣味视频等，让学生轻松愉快地学习。创设真实情境是新课程标准的要求，是学生生活、学习场景的再现，一方面有利于激发学生的学习兴趣，另一方面有利于数据素养与技能在真实情境中实践、养成。

以"人工智能预测出行"项目为例，真实情境之所以突出"人工智能特征"，是为了引导学生去理解人工智能的原理、实现方式及其局限。首先，人工智能本质是模拟、扩展人类智能的信息系统。无论信息系统多么智能，归根到底是计算问题，显然，无法计算的问题的解决不适合作为学习情境。其次，人工智能并不能解决所有问题，它能解决的问题有一个显著特征——能够建立数学模型。生活中并不是所有问题都可以建立数学模型，教师在设计时，可以利用已学过的数学模型去创设真实的情境，如回归算法模型，更利于学生理解算法原理。最后，从解决问题的难度来看，人工智能擅长解决确定性较低的问题、通过规律规则无法立即确定的问题，如工程问题不适合使用人工智能来解决，分类问题、预测问题则适合创设在真实的情境中用人工智能解决。

2. 实：强调实践操作，让学生亲自动手实践

信息科技是一个实践性很强的学科，教师应该提供实际的项目和案例，让学生亲自动手解决问题，巩固所学知识。如编程实践：在教授编程知识时，教师可以引导学生编写具体的程序代码，让学生通过编程实践来理解编程逻辑和语法。学生可以编写简单的算法、设计小游戏或者解决实际问题，从中学习编

程的应用。如网页设计项目：在学习网页设计时，教师可以组织学生参与网页设计项目，让学生亲自设计并制作网页。学生可以根据自己的兴趣和需求，设计个性化的网页，将 HTML、数据库等技术知识付诸实践。如多媒体制作：学生可以通过多媒体制作软件，制作课程展示、动画、视频等，将所学知识应用到实际项目中。学生可以制作科普动画，演示信息科技的原理和应用。如数据处理与分析：在教学数据处理和分析时，教师可以提供实际的数据样本，让学生通过电子表格软件进行数据处理和分析。学生可以了解数据的采集、整理和分析过程，掌握数据处理技能。

学生通过实践，不仅能够掌握理论知识，还能够培养实际应用能力，为将来的学习和职业发展打下坚实基础。同时，实践教学能够培养学生的创新精神和动手能力，使学生在学习信息科技课程时更加自信和有成就感。

3. 细：注重教学细节，确保教学的全面和深入，让知识颗粒归仓，转化应用

教师应该关注每个学生的学习情况，及时发现和解决问题，帮助学生理解和掌握知识。如详细讲解理论知识：在教授理论知识时，教师要详细讲解，确保学生对概念、原理和流程有清晰的理解，可使用举例、图示等方式帮助学生更好地理解抽象的概念。又如指导实践操作：在学生进行实践操作时，要细致地指导每一个步骤。关注学生的操作过程，及时纠正错误，确保学生能够正确掌握实践技能。如学习资源的提供：为学生提供丰富的学习资源，如参考书籍、在线教程、实例代码等。让学生可以深入学习，查找更多资料，拓展学习深度和广度。又如个性化辅导：针对学生的不同水平和学习需求，进行个性化辅导。对于学习进度较快的学生，为其提供更多挑战性的学习任务；对于学习进度较慢的学生，为其提供更多帮助和支持。

4. 活：活跃课堂氛围，增加学生的参与度

教师可以通过小组讨论、角色扮演、信息技术竞赛等活动，激发学生的学习积极性和主动性。在信息技术教学中强调活跃课堂氛围和多样化的教学活动。例如：小组合作学习：可以将学生分成小组，让他们在小组内合作学习。在小组合作中，学生可以互相讨论、交流观点，一起解决问题，激发学生的学习兴趣和主动性。角色扮演：教师可以设计角色扮演活动，让学生扮演信息技术专家、产品经理等角色，体验在实际应用中的情境。通过角色扮演，学生可以更深入地了解信息技术的应用和意义。竞赛和游戏：组织信息技术竞赛或游戏，如编程竞赛、拼图游戏等，增加学生的竞争和互动。这样的活动不仅可以提高学生的学习动力，还可以巩固所学知识。实践演示：教师可以进行实践演

示，展示信息技术的应用和操作过程。学生通过实践演示，能更加直观地了解信息技术的实际应用场景。

通过实践，教师可以创设积极活跃的课堂氛围，激发学生的学习兴趣和积极性。学生在活动中积极参与，增加了对信息科技学科的体验和感知。教师在教学中加入多样化的教学活动，能够使学生在愉悦的氛围中学习，增强学生的学习体验和参与感。

5. 情：关注学生的情感体验，建立良好的师生情感关系

注重培养学生的情感素质和正确的价值观。学生在良好的教学氛围中能够更好地获得情感上的满足，增强学习的自信心和动力。同时，积极的情感态度和正确的价值观有助于学生在学习中形成良好的心态，培养学生优良的学习习惯和正确的人生观。关心学生的情感需求，倾听他们的心声，并给予理解和支持，使学生在学习中感受到温暖和关怀。例如：建立亲师关系：教师要与学生建立亲近的师生关系，让学生感受到教师的关心和支持。积极与学生交流，关心学生的生活和学习，营造温暖的学习氛围。传递正能量：在教学过程中，教师要传递积极的情感和正能量，激发学生的学习动力和学习兴趣。鼓励学生勇敢面对挑战，相信自己的能力，树立正确的学习态度。培养团队合作精神：在小组合作学习中，教师要鼓励学生之间互相帮助和支持，培养团队合作精神。通过团队合作，学生可以体验到合作的乐趣和团结的力量。引导学生树立正确价值观：在教学中，教师要引导学生树立正确的价值观，鼓励学生尊重他人，关心社会，培养正确的学习态度和人生观。

通过"趣、实、细、活、情"的信息科技教学风格，教师可以提高课堂教学的吸引力和效率。不断提高学生的信息素养，培养学生适应终身发展、社会发展所需的必备品格和关键能力。学生在愉悦的氛围中更容易产生学习兴趣和动力，同时在实际操作中能更深刻地理解和掌握知识。

四、有仁爱之心：爱的教育

子曰："仁者，爱人也。"爱是教育永恒的主题，做好老师，要有仁爱之心。教育家马卡连柯曾经说过："没有爱就没有教育。"爱是理解，爱是尊重，爱是信任，爱是宽容，爱是奉献，爱是为人师的重要前提，是通往成功教育的桥梁，也是教育的基本原则。

教育是一项"仁而爱人"的事业，爱是教育的灵魂，没有爱就没有教育。

老师的爱，既包括爱岗位、爱学生，也包括爱一切美好的事物。让学生亲其师、敬其行、听其言、信其道。做学生锤炼品格的引路人，做学生学习知识的引路人，做学生创新思维的引路人，做学生奉献祖国的引路人。

教育就是一棵树摇动另一棵树，一朵云推动另一朵云，一个灵魂唤醒另一个灵魂。希望自己在平凡的岗位上做一名教育稻田里的合格守望者，精心护苗，静待花开。

真爱与务实同行，激情与幽默共舞

蔡世峰

（连南瑶族自治县教师发展中心）

一、我的教学反思

回想这些年的点点滴滴，心中感慨万分，总结了一下，自己的成长主要分为以下几个阶段：

（一）初上讲台（2007 年 8 月—2008 年 8 月）

记得我当时是以初中地理教师的身份应聘到连南的，谁知道，刚到学校，校长就把我们这些新教师召集在一起，问我们除了自己的专业，还能教什么学科。由于我大学所学的专业是综合理科教育，所以就老老实实回答还能教生物和化学，谁知道就这个回答，竟让我跟化学结了缘，从此没有再上过一节地理课，反而先后考取了化学函授本科、申请了初中化学教师资格证、高中化学教师资格证，评上了初中化学高级教师，在化学教学的路上越走越远、越走越宽。

我任教的学校，是一所农村中学，学生基础不好，他们的家长没有固定工作，家境比较差，很多都是留守儿童，家里有点钱、成绩好点的学生都会想方设法转到县城读书。七年级入学的时候，平均分及格的学生屈指可数；学校的师资也有很大问题，由于当地生活条件艰苦，每年都有很多教师打报告申请调到县城任教，留下来的教师很多也是抱着得过且过的心态教书。学生基础差、厌学问题严重、同事没激情是摆在我面前的难题。

记得刚走上讲台的时候，学校安排我上九年级一个班的化学和七年级四个班的生物。那时候的我，根本不知道什么叫教学风格，更别说教学主张了，加上那时候网络不发达，自己年轻好面子，不好意思向学校的优秀教师学习，没有去研究教材，也不知道怎么去驾驭课堂、引导学生，只知道照着教材教书，给学生布置大量的练习，以为学生多做题就能提高成绩。谁知道，一个月后，学校组织的单元测验成绩一出来，狠狠地打了我一记响亮的耳光，我所教的班的化学平均分远远低于另一个班。看到学生的成绩后，我的心情一下子陷入了低谷，我甚至怀疑自己不是教书的料，选择教书到底是对还是错，那段时间，我上课没激情，心情很低落，话也少了很多。

好在跟我一起教化学的雷俊青老师是一位非常优秀且乐于助人的老师，他发现了我的异样，在一天下午放学后，他约我一起散步，询问我发生了什么事，他说感觉这段时间我好像变了个人。犹豫过后，我吞吞吐吐地把心中的困扰告诉了他，他听后摇摇头，笑着说："我还以为是什么大事呢！你经历的这些都不是事，这是每个新教师都要经历的挫折！"随后跟我一起分析这次考试不理想的原因，还告诉我他听了我的课后的一些感受和看法，建议我先研究一下学生的基本情况，再结合自身的优势去开展教学，还邀请我去听他的课（我知道他是在照顾我的情绪，怕我不好意思去听课）。

听完雷老师的话，我心中的石头暂时落地了，随后花了几天时间分析了这一个月来的得与失，发现自己并非一无是处，其实自己在教学上还是有一定的优势的：①年轻有激情，用现在的话来说，那就是一个"小鲜肉"，很受学生欢迎，学生很喜欢我的课；②语言表达能力强，上课幽默，我的课堂总是充满笑声；③未婚有时间，可以多跟学生交流，了解学生最真实的想法和需求。

随后的日子，我认真研究学生、研究教材、研究中考真题，经常跟学校的老教师取经，有空就去听他们的课，学习他们驾驭课堂、处理课堂突发事件的方式方法，并结合自身的实际进行改进，使之变成符合我教学实际的教学方法，最终取得了不错的成绩：在第一学期期末的全县统考和第二学期的中考中，我任教班级的平均分都名列第一，是学校历史上取得的最好成绩。在雷老师的鼓励下，我还化实践为理论，开始尝试撰写教学论文。功夫不负有心人，参加工作不到一年，我的第一篇教学论文《农村学生学习化学兴趣的培养》就发表在省级刊物《广东教育（综合版）》（2008年第5期）上，引起了学校领导和教育局领导的注意。刚参加工作一年的我就被评为学校优秀教师。

（二）担任教务副主任（2008年9月—2015年7月）

2008年是我教学生涯的一个转折点，这一年，原本负责中学部教学工作的雷老师被调到县教研室任化学教研员，我被学校委以重任，接替雷老师担任学校教务副主任，负责中学部的日常教学工作，还担任九年级三个班的化学教师和化学实验室管理员（当时学校只有我一个化学教师，所以实验室管理员非我莫属），说实话，那时候的我是极其不愿意接替雷老师的职务的，总觉得自己刚参加工作，没什么经验，怕影响学校的教学，可当时的校长只用一句话就让我无法拒绝："我 24 岁就已经主持学校全面工作了，你能力那么强，24 岁还做不好一个教务副主任？"我接受了学校的工作安排，成为当时整个县最年轻的教务副主任。

担任教务副主任后，因害怕别人说我这个教务副主任教书能力差，难以服众，所以，在教学上，我不断改进和创新各种实验及方法，创设生动活泼的教学情境，充分调动学生学习化学的主动性和积极性，让学生爱学化学并乐此不疲。在生活上，我关心、爱护学生，尊重学生的人格，用自己真诚无私的爱去感染学生。我特别注重学生的个性倾向，重视培养学生良好的心理素质和创新、实践能力，用"赏识法"做后进生转化工作，取得了不错的成绩，每年都被评为"最受学生欢迎的老师"。我任教的班级每次考试平均分都超过其他班级，尤其是 2014—2015 学年，第一学期期中考试的时候，我任教的三个班仅有两人进入年级化学单科成绩前十名，而且是第七名和第九名。但第二学期的中考，我所教的学生有七人进入年级化学单科成绩前十名，而且前五名全部都是我教的学生。

在学校教书那些年，我任教的化学一直是学校的招牌学科，有多名学生的中考化学单科成绩进入全县前十名，最好的曾排在全县第四名，是瑶区学校历史最好成绩。此外，我还积极参加各种比赛，获得了不错的成绩，也先后被评为"三排镇优秀教学组织者""连南县新课程教学教研积极分子""县优秀教师""县先进班主任""县教改积极分子"。

在教学管理上，我始终抱着一颗服务的心，凡事力求做到公平公正，事事为教师们着想，也得到了学校全体教师的认可。在我的号召和影响下，九年级师生团结一致，在中考中取得了优异的成绩。在我担任教务副主任之前，学校从未有学生考上清远市第一中学，但自从我任教务副主任后，学校的中考成绩突飞猛进，每年都有 1～3 名学生考上清远市第一中学，是连南瑶区学校中唯一有学生考上清中的学校。所以，2012 年，刚参加工作五年的我就被评为"清远市教书育人优秀教师"。

取得成绩后，县城学校多次向我伸出橄榄枝，但是，考虑到自己是农村学校培养的，就这样离开的话对不起身边信任我的领导和同事，所以，我拒绝了县城学校的邀请，坚持留在瑶区任教。

（三）担任县化学教研员（2015 年 8 月至今）

由于教学教研能力和教学管理能力突出，2015 年 8 月，在瑶区任教才八年的我就被县教育局直接调到县教学研究中心任化学教研员，成为连南教育局20多年来唯——个直接从乡镇瑶区学校正式调进教育局的教师。在任化学教研员期间，为了提升个人的教研能力，更好地履行教研员的职责，我不但自费购买了目前国内使用的七个版本的教材进行研究，还经常深入学校听课评课，且多次上示范课，我跟县城学校的教师许诺，只要在不影响我本职工作的情况下，可以随时让我去上化学课。2016—2017学年，由于工作需要，田家炳民族中学的一位化学教师中途调动，造成该校化学教师紧缺，在该校的申请下，我克服困难，两头兼顾，在不影响教研工作的情况下，去帮这个学校上了一个班的化学课，中考成绩出来后，我上课的班级取得了全校第二、全县第三的好成绩，得到了学校、学生、家长的认可。2019年4月，田家炳民族中学的邓建军老师请假半个月，我又在学校的申请下，协调各项工作，去顶了邓建军老师所教3个班的化学课程，合计3个星期36节课。任化学教研员期间，我团结我县化学教师，统一思想，积极地为我县化学教师排忧解难，提出"要想学生走出题海，首先老师要走入题海"，要求各化学教师"多做题、做真题、真做题"，自己以身作则，每年坚持做不少于100套的中考题。此外，我还注重加强与外界的联系，先后组织我县化学教师到广州、顺德、南海、英德、佛冈等地参观学习，把我县化学教师拧成一股绳，组织全县化学教师合力编写了符合我县实际的九年级化学学案，在全县初中推广使用。在我的指导下，我县中考化学成绩提升明显，我也因此被评为"连南县教改积极分子""连南县优秀教研员""连南县教改标兵""清远市教坛标兵"，任教研员两年就被教育局提拔为中心副主任，还被确定为广东省中小学"百千万人才培养工程"初中理科名教师培养对象。

（四）成为"百千万人才培养工程"培养学员以后（2021年9月至今）

自从评上副高职称后，我就开始有"躺平"的想法了，但刚好碰上2021年广东省遴选百千万学员，抱着试一试的想法报名了，过五关斩六将，最终成功成为广东省中小学"百千万人才培养工程"初中理科名教师培养对象当中的一员。加入理科班这个大家庭后，我发现班里人才济济，同学们一个比一个优秀，自己也不敢再"躺平"了，开始申报课题、撰写论文、积极举办各种讲座，向优秀的同学们学习，吸取好的经验和做法，在自己的不懈努力下，成功被聘为华南师范大学教师教育学部兼职教师、华南师范大学化学学院硕士研究生兼职导师，还被评选为"清远市优秀教研员""清远市名教师""清远市名教师工作室主持人""广东省中小学名教师工作室主持人"。

回想这些年走过的路，我发现，每换一个岗位或者环境，我都会受到自己身边的人的影响，好在自己从未忘记教育的初心，一直坚持自己的信仰。

二、我的教学实践

（一）担任教师期间

在多年的教学实践中，我发现了一个有趣的现象：那些学生喜爱的老师所教的科目，学生的成绩往往不会太差。这个现象背后有着一定的道理，因为学生对于某科目老师的喜爱会转化为对该学科的积极态度，进而提升学习效果。那么，什么样的老师容易受到学生的喜爱呢？

首先，一个受学生喜爱的老师肯定是充满爱心的。教育不仅仅是传授知识，更重要的是关心学生的成长。一个有爱心的老师会关注学生的需求和感受，愿意倾听他们的声音，了解他们的困惑和问题。这种关心能够让学生感受到老师对他们的真挚情感，进而产生积极的反馈。他们会更加主动投入学习中，对于老师所任教的科目也会更加用心去学习。

其次，一个受学生喜爱的老师往往上课富有激情。教学态度直接影响着学生的学习效果。一个有激情的老师会以饱满的热情和活力去感染学生，让课堂变得更加生动有趣。他们抑扬顿挫、富有激情的教学风格能够吸引学生的注意力，激发他们的学习兴趣。这不仅让学生学到了知识，还让他们感受到了学习的快乐。

再者，一个受学生喜爱的老师往往拥有幽默的教学风格。幽默是一种很好的调剂品，它可以让学生在轻松愉悦的氛围中学习知识，同时能吸引学生的注意力，提高他们的学习兴趣。一个具有幽默感的老师能够以风趣幽默的语言和动作来化解学习的压力，让学生在快乐中学习知识。这样的课堂氛围让学生更加愿意参与到学习中来。

最后，一个受学生喜爱的老师必须具备广博的知识。学生对于知识的渴望是无止境的，一个知识渊博的老师能够满足他们对知识的渴求。一个知识渊博的老师还能够旁征博引、举一反三，将复杂的知识点以简单易懂的方式呈现给学生。这样的教学让学生感到学习并不是一件枯燥的事情，而且能够从中获得乐趣和成就感。

因此，在教学上，我上每堂课都充满激情，讲解知识点的时候，都是从学生身边常见的现象出发，构建情境引出问题，让学生围绕问题去思考，最后得出结论。例如，由于我的学生很多都是农村的孩子，家里面一般都有化肥，都对化肥有一定的了解，我在讲授"化学肥料"这节课时，采取了如下授课方式：

（1）课前准备：在上课前，首先要求学生回家查看自家化肥的种类和数量，向父母了解这些化肥的作用，并要求学生记录下相关的观察结果，为课堂讨论做准备。

（2）课堂教学：在课堂上，首先播放我事先拍摄的田里一些营养不良的蔬菜的图片以及其他农作物的图片，并以夸张的语气告诉学生，如果这些问题得不到解决的话，今年的收成就会大受影响，然后引导学生阅读课文，了解常见的化肥种类及其作用。随后，分小组讨论自己在家庭调查中发现的问题，以及从父母那里了解到的化肥用途与课本知识是否一致。对于不一致的地方，鼓励学生提出疑问，通过课堂讨论或教师解答的方式解决疑问。

（3）实践活动：为了进一步加深学生对化肥作用的理解，我还会把学生分成若干小组，每组负责观察一种营养不良的农作物，通过观察和推理，讨论该农作物缺乏哪种元素，并建议补充何种化肥。在第二节课的时候，学生汇报自己小组的结论。

这样的教学设计使课堂氛围热烈，学生积极参与讨论，表现出浓厚的学习兴趣。通过这样的教学方式，学生不仅了解了常见化肥的种类和作用，也在真实的问题情境中锻炼了观察、推理和合作交流的能力。首先，真实的问题情境有助于激发学生的学习兴趣和参与热情，使他们能更加深入地理解和掌握知识；其次，学生在家庭调查和小组讨论中，不仅学习了化肥的相关知识，还锻炼了自主学习、合作交流的能力；最后，实践活动的设置让学生更加直观地认识到化肥对于农作物的重要性，有助于他们在日常生活中更加关注农业问题。

（二）担任教研员期间

自 2015 年担任县化学教研员后，我一直在思考一个问题：教研员是干什么的？怎样的教研员才是合格的教研员？怎样的教研员才会受到教师们的喜欢？

基于以上思考，在担任教研员后，我就明确地跟全县的化学教师说，教研员就是为教师服务的。所以，我想方设法帮化学教师排忧解难，只要他们提出问题，我就想办法去解决问题。例如他们上课缺乏好的课件，我就组织一批骨干教师整理一份符合我县实际的教学课件，供全县的化学教师使用；学生基础比较差，我就带头申报了一个关于导学案教学的课题，整理出一整套符合我县实际的学案，每年七月份更新最新的中考题，无偿供化学教师使用。自 2017 年起，我县全面使用我带头整理的导学案教学，化学教学成绩日益提升，该成果还荣获清远市教育科研成果奖三等奖；由于学校规模小，很多学校都只有一个化学教师，教师遇到问题找不到人讨论，我带头申报了清远市第一个初中化学名教师工作室，秉承"立足连阳、辐射清远"的宗旨，吸引连阳地区的一批化学教师加入，在我的引领下，工作室成员成长迅速，大部分成了当地骨干。2022 年，我指导工作室成员参加清远市书面作业设计比赛，先后荣获六项一等奖、九项二等奖、三项三等奖。在清远市第三十一届中小学教师教学基本功比赛初中化学学科总决赛中，工作室共有 5 名成员参加，经过说播课、演讲答辩、课堂教学、命题、说题、课堂教学等环节的激烈角逐，工作室有 2 名成员获一等奖、3 名成员获二等奖，其中潘玲、韩晶晶老师分别斩获中年组和青年组一等奖；雷俊青、何宇玲、邓文惠老师获二等奖。特别值得祝贺的是，中年组潘玲老师以命题、说题环节第一，课堂教学环节第一，总分第一的优异表现，斩获此次教师基本功比赛中年组第一名，并获"最佳课堂教学奖"。在本人的悉心指导下，工作室成员邓建军、覃艳老师晋升为初中化学高级教师，叶剑飞、曾庆良老师晋升为初中化学一级教师。

讲台是教师的主阵地，何时何地，教师都不能丢了这个阵地，因此我每次下乡听课时都坚持上课，一学期上不少于 15 节的公开课，没有脱离课堂。评课的时候，先挖掘教师的优点，再委婉地指出其需要改进的地方，没有让教师觉得我高高在上。因处处站在化学教师的角度着想，了解教师、了解学生，接地气，我在化学教师团队中享有较高的声誉，每次安排的工作化学教师都高效完成，得到了各级领导的认可，我也因此被评为"清远市优秀教研员"，还作为教研员代表参加教师表彰大会。

三、我的教学主张

我开朗、热情、风趣幽默，在课堂上深受学生的喜欢，每堂课都笑声不断，从不会有学生打瞌睡，很多教师观摩过我的课，都说我的课堂充满激情，风格幽默。这些年，在自己的课堂教学上，我不断尝试、改进、归纳、完善，结合我自己的情况，提出了自己的教学主张：真爱、务实、激情、幽默，并在北京教育学院邓靖武教授的提点下，融汇成两句话：真爱与务实同行，激情与幽默共舞。

1. 真爱：教育工作的出发点和归宿

教育是一项充满爱和责任的事业。在教育的过程中，教师作为执行的主体，首先必须对教育事业充满热情，对学生充满关爱。这种关爱是教育工作的出发点和归宿，也是教育工作的核心和灵魂。这种关爱不是一种单向的给予，而是一种相互作用的过程，是教师和学生之间情感的交流和心灵的共鸣。

真爱在教育工作中的重要性不言而喻。

首先，真爱能够激发学生的学习热情和兴趣。当教师真正关爱学生、尊重学生的个性和差异时，就能够更好地了解学生的需求和兴趣，从而为他们量身定制更合适的教学方法和内容。这种个性化的教学方式不仅能够提高学生的学习兴趣，还能够增强他们的学习动力，让他们更加主动地投入学习中。

其次，真爱能够培养学生的创新精神和人文素养。在真爱的引导下，教师注重学生的全面发展，注重培养学生的创新精神和实践能力。真爱还表现在教师对学生的尊重、理解和关爱中，这有助于培养学生的情感和社交能力，塑造他们的人文素养。当教师真正关心学生的成长和发展时，他们就会用心去引导和激励学生，让学生在实践中不断探索和创新，成为具有社会责任感和创新精神的人。

在课堂教学中，真爱表现为教师愿意花时间去了解每个学生的学习需求和学习困难，为每个学生提供适切的教学内容和教学方法。这种个性化的教学方式不仅能够优化学生的学习效果，还能够增强学生的自信心和自尊心。真爱也体现在教师愿意用心去倾听学生的声音，以学生的视角去理解世界，为学生提供情感支持和心理疏导。这种关爱和支持不仅能缓解学生的心理压力，还能促进师生之间的互动和交流，建立起更加密切和信任的师生关系。

除了关注学生的学习和情感需求外，真爱还表现为教师对学生的长远发展负责。教师在教育过程中不仅要关注学生当前的学习，还要注重培养学生的未来发展潜力。在课堂教学中，教师应该注重培养学生的思维能力和创造力，教会他们如何学习、如何思考、如何创新，为他们未来的发展奠定坚实的基础。

我深信，一个优秀的教师必定对教育事业充满热情，对学生充满关爱。这是我作为教育工作者的出发点和归宿。我始终相信，只有真正关爱学生的老师，才能赢得学生的尊重和喜爱。在课堂上，我始终保持真诚的态度，关注每一个学生的情感需求，尽我所能为他们提供最优质的教育资源。我的学生中有很多是留守儿童，由于从小缺乏父母的陪伴和照顾，成绩并不理想，于是我经常邀请他们到家里吃饭，一边吃饭一边聊天，了解他们的生活和学习情况，学生们都非常喜欢这种方式，很多学生都说我是他们的知音。直到今天，十多年过去了，每年的春节和教师节，学生都会自发地到我家里做客，平时也会积极地给我打电话、发短信问候，一直记得我这个老师。

记得刚教书的时候，班上有名女生很沉默，但是学习成绩很好，我觉得很奇怪，就打听了一下她的情况，得知她是留守儿童，家庭非常贫困，仅靠母亲外出打工养家，面临辍学。了解到这一情况后，我一方面积极跟学校汇报，减免她的资料费、作业本费、校服费；另一方面积极帮她联系热心团体赞助她上学，一直到她大学毕业。在大家的共同努力下，这名女生成为学校第一个考上清远市第一中学的学生。她读高中后，虽然我没有再教她，但她一直坚持每个月都打电话向我汇报学习情况，高考填志愿的时候，还让我帮忙指导选学校。她大学毕业后找工作，又征询我的意见，最终成功进入公务员队伍，目前已经是副科级干部，但每月一次电话交流的习惯一直保留了下来。今年教师节的时候，她还专门发了一条短信给我：老师，如果没有遇到您，也许今天的我应该是几个孩子的妈了，正在家里种田。看到这句话，我沉默了很久，很多时候，一些不经意的举动，在我们看来没什么，但是，真的有可能改变学生的命运。

2. 务实：教学工作的重要原则

务实意味着教师在教学过程中要注重实际效果，关注学生的实际收获。务实的教学不仅关注知识的传递，还重视学生技能的培养和素质的提升。教师需要明确教学目标，精心设计教学内容，合理运用教学方法，有效评估教学效果。

在课堂教学中，务实表现为教师注重课程内容的科学性和系统性，注重知识的实际运用和能力的综合培养。教师应关注学生的学习进步和成绩反馈，根据实际的教学效果及时调整教学策略。同时，务实的教学也强调学生实践能力的培养，通过各种实践活动使学生将理论知识转化为实际操作能力。

在现实教学中，许多教师可能倾向于使用花哨的 PPT 动画等视觉辅助工具来吸引学生的注意力，虽然这些方法可能会增加课程的趣味性，但过度使用可能会分散学生的注意力，影响他们对课程内容的理解和掌握。因此，教师在教学过程中要尽量避免过度依赖这些视觉辅助工具，而应该通过更加简洁明了的方式，将复杂的知识点以简单易懂的方式呈现给学生。同时，教师还需要注重与学生的沟通和交流，及时了解学生的需求和学习情况，以便根据实际教学效果调整相应的教学策略。

此外，务实要求教师在教书的时候，要脚踏实地地教学，要让学生感受到教师在上课的时候，是真心地为学生着想，而不是为了教师自己。因此，在任教研员期间，我就告诉化学教师，如果学生很强，我们就要做精英教育；如果学生很弱，那我们就要做成功教育。要想尽一切办法帮助学生改变命运。

3. 激情：教学工作的重要动力

激情可以使教师在教学过程中保持积极向上的精神状态，感染学生的学习热情，激发学生的学习动力。有激情的教师能让学生在轻松愉悦的学习氛围中体验到知识的魅力，使学习过程充满乐趣和意义。

在课堂教学中，激情表现为教师以饱满的热情投入教学中，以生动有趣的语言、形象具体的描绘、引人入胜的实例来吸引学生的注意力。教师会用激励性的语言鼓励学生积极参与课堂活动，引导学生发现问题、分析问题和解决问题。同时，激情还体现在教师对教育工作的热爱和对教学改革的探索上，教师会积极寻求创新的教学方法和手段，以更好地服务学生的学习和发展。

一个缺乏激情的课堂，犹如一潭死水。在这样的课堂上，教师讲课缺乏热情，照本宣科，不注重与学生的互动，容易导致学生对课程缺乏兴趣和热情，影响学习效率和成绩。首先，缺乏激情的课堂气氛沉闷，缺少活力。在这样的课堂上，学生和教师之间的互动很少，甚至没有。学生往往会感到无聊乏味，产生消极情绪，甚至失去对学习的兴趣和热情。而教师也会因为缺乏学生的反馈和互动，失去讲课的热情和动力，进一步影响教学质量。其次，在缺乏激情的课堂上，学生的思维能力和创造力都会受到限制。在一个沉闷的课堂上，学生很难集中注意力，无法充分激发他们的思维能力和创造力。这样不仅会影响到学生的学习成绩，还会限制他们的个人发展和成长。最后，缺乏激情的课堂还会影响学生的学习态度和价值观。在这样的课堂上，学生会感到学习毫无意义，会产生消极的学习态度和价值观。这将会对他们未来的生活和工作产生不良影响。

教师是课堂的灵魂，而激情则是教师的灵魂。所以，我的每堂课都充满激情，这种激情不仅体现在教学的内容和方式上，更体现在我对学生的热爱与关注上。每一个学生都是独一无二的个体，他们的兴趣、爱好和学习能力都各不相同。因此，我努力让我的每堂课都充满个性化的关怀，关注每一个学生的发展，激发他们的潜能。

4. 幽默：教学工作的重要调节剂

幽默可以使教师在教学过程中缓解学生的紧张情绪，营造轻松愉快的学习氛围。幽默还可以使抽象、枯燥的知识变得生动有趣，让学生在欢笑中获得知识和启迪。

在课堂教学中，幽默表现为教师善于利用语言和表情来制造轻松的气氛，用诙谐幽默的话语或故事来解释复杂的理论知识，用趣味性的比喻和形象的描述来帮助学生理解和记忆知识，用趣味性的问题引导学生思考和探索知识。同时，幽默体现在教师对学生的包容和善意上，教师会用机智和幽默化解学生的尴尬或错误，让学生在愉悦的氛围中接受教育和指导。

为了能吸引学生的注意力，我们可以采用以下方法进行教学：

（1）利用趣味性的教学内容：将教学内容与趣味性的元素相结合，让学生在轻松愉悦的氛围中学习知识。例如，在教授"碳和碳的化合物"时，可以通过游戏教学让学生了解不同的碳单质和碳的化合物的性质及用途。

（2）使用幽默的教学语言：运用幽默风趣的语言，可以让学生感受到老师的亲切和幽默，增加学生对老师的喜爱程度。例如，可以用一些流行的网络用语或者搞笑段子来调节气氛，激发学生的兴趣。

（3）引入趣味性的案例：将一些趣味性的案例引入教学中，可以增加学生对知识的兴趣和理解。例如，在教授金属时，可以引入一些与金属有关的趣味案例，让学生了解到化学在日常生活中的应用情况。

（4）创造互动性强的课堂氛围：让学生参与到教学过程中来，可以增加学生对教学内容的关注和兴趣。例如，可以通过组织小组讨论、角色扮演等形式来创造互动性强的课堂氛围。

（5）用夸张的语气和肢体动作来营造轻松愉快的课堂氛围，让学生在轻松的学习环境中发挥最大的潜力。

幽默的方式和途径多种多样，教师可以根据自己的学科特点、教学风格和学生需求来选择合适的方式和途径。不过，需要注意的是，幽默只是一种教学的辅助手段，不能过度使用，否则会分散学生的注意力，影响教学质量。

总之，真爱、务实、激情和幽默是相互联系、相辅相成的教学主张。真爱是教学的基础和出发点，务实是教学的原则和方法论，激情是教学的动力和催化剂，幽默是教学的调节剂和润滑剂。在课堂教学中，教师应当秉持真爱、务实、激情和幽默的教学主张，营造愉悦、和谐、有序的课堂氛围，激发学生的学习兴趣和潜能，帮助他们获得全面发展。

建构"三级"课堂，提升学生数学学习幸福感

汪丽丽

（东莞外国语学校）

　　从教 23 年来，本人一直把培养学生的好奇心和激发学生的数学兴趣作为教学的首要目标，所教班级及格率达 94.3%，优秀率达 75.3%，中考数学成绩名列前茅。在 2018 年 PISA 测试中，我国学生虽然取得总分第一，但"生活的满意度"指标远低于全球平均水平。我国参测学生在学习生活中的幸福指数偏低这一现状，更加坚定了我的教学思想——教学生喜欢的数学，提升学生数学学习的幸福感，形成了"趣味、互动、激情、融合"的教学风格，建构了"三级"课堂教学模式，即有安全感的"四悟"课堂—跨学科融合探究型课堂—跨学科融合项目式学习课堂，提升学生学习数学的幸福感。

　　学生学习数学的幸福感源于：一是知识掌握与自信心。数学学习是一种知识和技能的积累过程，学生在有安全感的一级课堂可以畅所欲言地说出自己的不懂之处，不会因为提出不专业的问题而被同学笑话，当学生通过努力掌握数学知识和解决数学问题时，会提升自己的能力和自信心，进而增强幸福感。二是有挑战与成就感。数学学习通常需要一定的挑战和努力，当学生克服困难时；在二级跨学科主题课堂，需要动手实践操作和综合运用其他学科知识解决问题时；体悟数学之美，取得进步和成就时，会感到满足和自信，从而增强幸福感。三是心流体验。当学生在三级课堂跨学科融合项目式学习课堂中高度集中时，会体验到愉悦感。通过任务驱动、学科融合、合作探究等数学学习，可以挑战性地解决问题，当学生处于适度挑战与能力匹配的状态时，会体验到心流，从而提升幸福感。四是成功推动职业发展。数学是许多职业能力的基础，通过数学学习，学生可以为将来的职业发展奠定坚实的基础。当个体在数学学习中取得成功，可能会对他们的职业前景和未来带来积极的影响，从而增加幸

福感。当然，学生学习的幸福感受多个因素的影响，数学学习只是其中之一，还受到家庭环境、社会支持、个人兴趣和其他教育领域的经验等方面的影响。因此，数学学习对于每个学生的幸福感影响程度会因人而异。

本人与科组同事经过近 9 年的"三级"课堂教学实践，形成"趣味数学—逻辑数学—智慧数学"跨学科融合进阶课程，获得广东省特色课程评比二等奖。引导学生运用数学和其他学科的知识解决生活中的实际问题，全面提升了学生的数学学习兴趣和成绩，与此同时，在建构"三级"课堂的过程中，有效提升了教师的专业素养，促进了青年教师的成长。本人出版了专著《初中数学综合实践改革研究》，主持了 2019 年度广东省教育厅基础教育信息化融合创新示范培育推广优秀项目，已结项并被评为优秀。本人 2021 年获得广东省创新成果二等奖，2019 年获得广东省创新成果三等奖。现将本人 23 年的教学思想凝练如下：

一、"三级"课程体系建构

（一）"三级"课程体系建构理论依据

认知理论：本人倡导的"三级"课堂的建构借鉴了认知学派的观点，结合新课标理念，学生获得知识是一个主动的、自我建构的过程，需要在探索中形成自己的知识结构，而不仅仅是被动接受教师的灌输。研究表明，被动学习效果可能会限制学生的主动性和创造性思维，同时降低学生对学习的兴趣和动机。通过有安全感的"四悟"课堂—跨学科融合探究型课堂—跨学科融合项目式学习课堂的学习，学生更容易理解和吸收知识，将数学知识、数学与其他学科的知识、数学与生活中的知识与自身经验联系起来，并将其整合到已有的知识结构中。在自主学习和探索中，学生能更好地培养解决问题的能力、批判性思维和创新能力，提升学习数学的幸福感。本人倡导的"三级"课堂教学法并不是简单地按照三个层次进行划分和实施的，而是将这些层次进行有机结合，根据不同的教学目标和学习内容，灵活地组织和设计教学活动。

社会构建主义理论：学习是社会参与的过程，学生与环境、社会和文化是相互依赖的。学生通过参与讨论、合作学习等方式与他人互动，共同构建知识，学生的学习不仅受到学校和教师的影响，还受到家庭、社区和文化背景等因素的影响。因为学生所处的文化环境、家庭背景和自身思维方式的不同，合作的结果也不尽相同。学生通过与这些不同层面的同学互动，获得新的信息、经验和观点，并将其与已有的知识框架进行交互和整合。我们倡导的"三级"课堂注重创设积极的学习环境，促进学生与周围社会环境的互动，比如走出教室，走进社会探究"校园贷"的秘密，以便他们能够更好地构建知识、发展技能和理解世界，然后通过小组合作撰写调查报告。学生在与他人共同学习的过程中能够更好地理解和应用知识，同时也能够培养合作能力和自主学习能力。

信息处理理论：学生接受新知识时需要经过感知、加工、存储和检索等一系列认知过程，而"三级"教学法有助于促进这些过程的运作。我校倡导的"三级"课堂让学生在学习过程中，首先，通过感知来接收新的信息和刺激，使用感官来注意、观察和倾听。教师通过创设积极的学习环境和进行有特色的教学设计，提供有趣、引人入胜的学习材料和活动，以激发学生的感知和注意力，并促使他们对新的知识和信息产生兴趣。其次，学生经过加工的过程来理解和组织接收到的信息，将新的信息与已有的知识进行关联和整合，筛选并提取重要的概念和意义，然后将学习过程中获得的知识和信息储存，通过反馈、复习和反思等方式，巩固和强化所学内容。最后，学生需要学会迁移，在跨学科融合研究型课堂和跨学科融合项目式学习课堂，能够快速检索和回忆已经储存在记忆中的知识和信息，并能运用这些知识诠释生活中的数学现象。我校倡导的"三级"课堂提供机会让学生运用所学知识解决问题、参与实践活动，促进学生对知识的应用和迁移，帮助他们将所学知识转化为能力和技能。

（二）"三级"课程体系建构背景

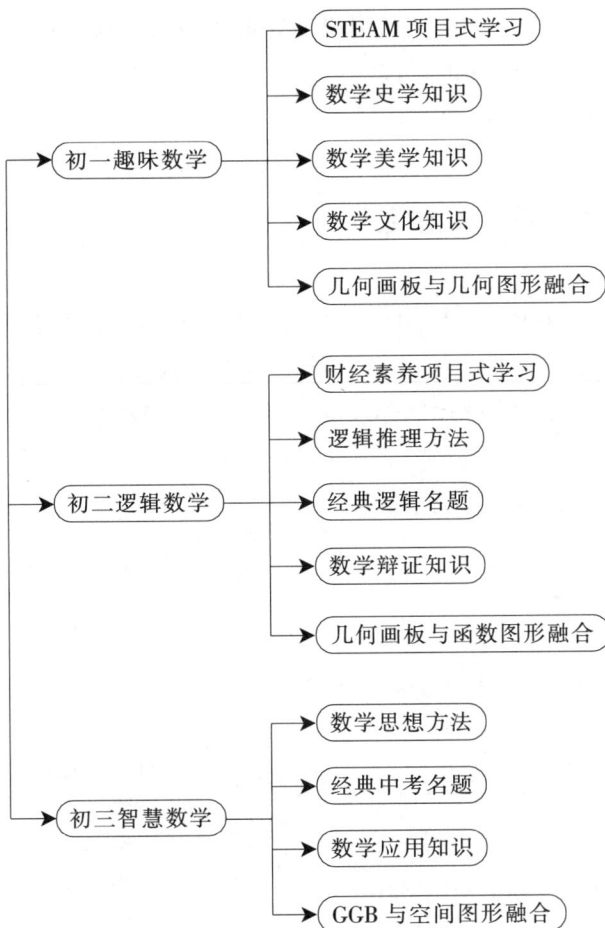

图1　综合与实践校本课程框架

　　我所在的东莞外国语学校是东莞市综合改革试点学校，建立了独特的莞外博雅课程体系，"一体两翼"——以国家课程为主体，以文化类选修课和实践活动类选修课为两翼。基于学校的博雅课程体系，我带领科组团队，共同研发，每周1节的校本必修课程在全校推广，依据学生的年龄特征和国家课程的设置体系分三个年级开设：初一阶段名为"趣味数学"课，初二阶段名为"逻辑数学"课，初三阶段名为"智慧数学"课。内容为各个版本教材上的"数学活动""课题学习""阅读材料"及教材以外的拓展内容，并将其分层优化为校本课程。内容涵盖 STEAM 项目式学习、数学史学知识、数学美学知识、财经素养项目式学习等多学科融合的校本课程（见图1），以信息技术为辅助手段，将静态知识动态化，抽象知识具体化，枯燥知识趣味化，复杂问题简单化，目的在于指导学生综合运用相关知识与方法解决实际问题，并在解决问题的过程中培养问题意识、探究意识、应用意识和创新意识，提升学生学习数学的幸福感。

二、"三级"课堂实施模式

我们的生活是多元的，要想解决生活中的实际问题，就需要综合运用数学和其他学科的知识来解决，以此提升学生的核心素养。因此，在实施"三级"课堂的过程中，我带领科组团队逐步推进育人方式和教学方式的变革（见图2）。

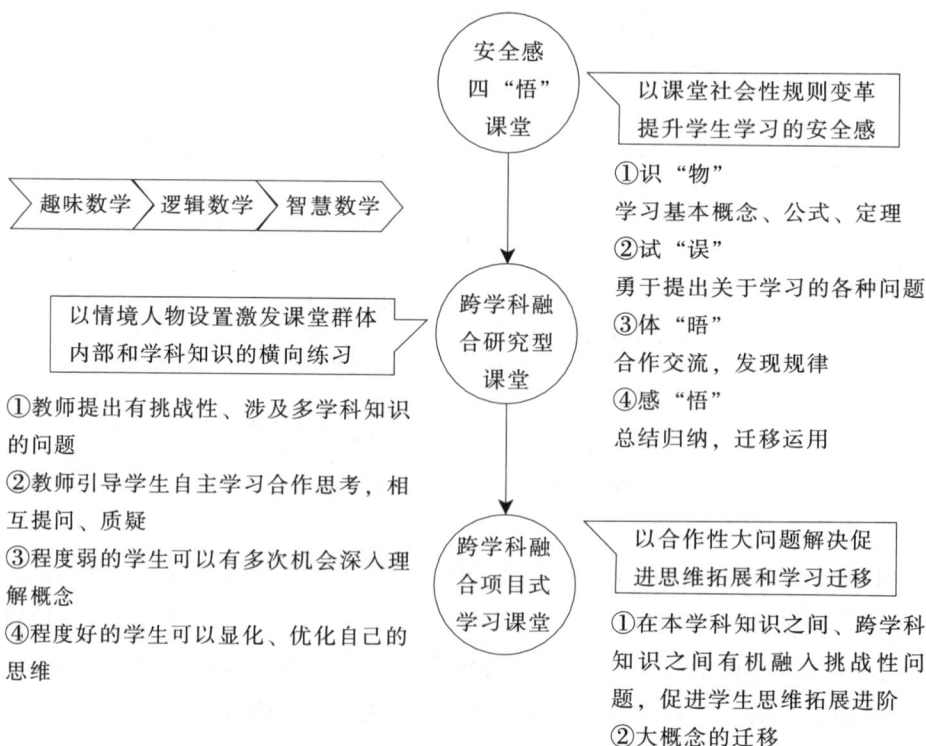

安全感
四"悟"课堂

以课堂社会性规则变革
提升学生学习的安全感

趣味数学 〉逻辑数学 〉智慧数学

跨学科融合研究型课堂

①识"物"
学习基本概念、公式、定理
②试"误"
勇于提出关于学习的各种问题
③体"晤"
合作交流，发现规律
④感"悟"
总结归纳，迁移运用

以情境人物设置激发课堂群体内部和学科知识的横向练习

①教师提出有挑战性、涉及多学科知识的问题
②教师引导学生自主学习合作思考，相互提问、质疑
③程度弱的学生可以有多次机会深入理解概念
④程度好的学生可以显化、优化自己的思维

跨学科融合项目式学习课堂

以合作性大问题解决促进思维拓展和学习迁移

①在本学科知识之间、跨学科知识之间有机融入挑战性问题，促进学生思维拓展进阶
②大概念的迁移

图2　实施"三级"课堂样态

（一）"一级"课堂：安全感四"悟"课堂

学生需要在每周的国家课程中扎实学好基础知识，教师则需要富有激情地完成整个课堂的实施。具体实施操作要旨为：第一步是识"物"，即学习国家课程教材的基本概念、公式、定理，体现逻辑性；第二步是试"误"，通过变式教学创设问题情境，引发一系列的问题，营造自由氛围引导学生敢于说出自己的不懂之处，勇于提出关于学习的各种问题，形成基本技能，体现工具性；第三步是体"晤"互动，通过持续深入探索，利用小组合作，学生自主变式，不断提炼数学思想方法，对本质规律进行分析归纳，体现人文性；第四步是感"悟"，通过一至两节课的观察、猜想、归纳、实践等活动，积累基本活动经验，最终形成应用数学的意识，迁移解决其他问题，体现社会性（见图3）。

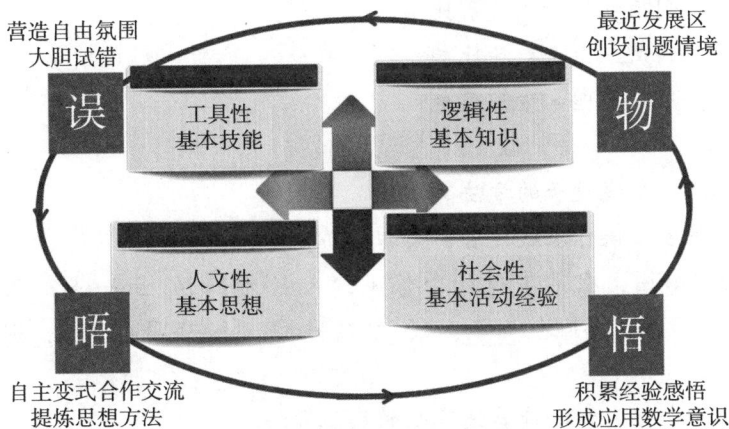

图3　安全感四"悟"课堂操作要旨

例如，在初三复习课"圆背景下线段长的求法"的教学中，首先回忆求线段长度的多种方法，学生在有安全感的一级课堂可以畅所欲言说出自己的多种解法，然后进行变式，运用不同的方法计算，不断试错。求线段长度，从操作过程中提炼数学思想方法，然后小组合作自主变式，寻找规律和思想方法，最终迁移解决其他类型的计算问题，学生在迁移解决问题的过程中感到满足和自信，从而增强幸福感。

问题1：如图，AB 为 $\odot O$ 的直径，点 C 为圆上一点，且弦 $AC = 3$，$BC = 4$，则直径 AB 的长为_____。

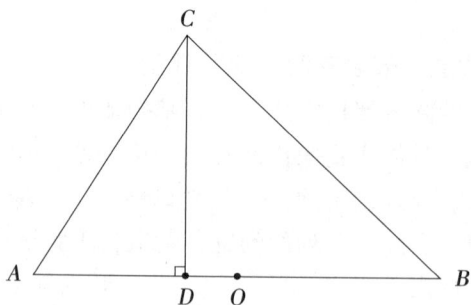

变式 1：如图，在第 1 题的条件下，若 $CD \perp AB$ 交 AB 于点 D，则线段 CD 的长为＿＿＿＿＿。

思路一：利用等面积法

思路二：利用相似对应边成比例

思路三：利用三角函数导比例

思路四：勾股定理＋方程思想

"物" $\Longrightarrow$ "误"

基础知识，求线段长的方法。

运用多种方法操作求线段长，大胆猜想，勇于试"错"。

变式 2：如图，在第 1 题的条件下，点 E 为弦 BC 上一点，且 AE 平分 $\angle CAB$，则线段 CE 的长为＿＿＿＿＿。继续将 AE 延长交圆 O 于 F，则 EF 的长为＿＿＿＿＿。

不断生长内化，体晤计算线段长的思想方法。

"误" $\Longrightarrow$ "晤"

运用多种方法操作求线段长，大胆猜想，勇于试"错"，从操作过程中提炼数学思想方法。

变式 3：如图，在第 1 题的条件下，请你尝试着添加一条线段，画出图形，并提供求此线段长的思路。

提炼计算线段长的思想方法——自主变式

"晤" $\Longrightarrow$ "悟"

从操作过程中提炼数学思想方法。经历观察、猜想、归纳、实践等数学活动过程之后，最终发现规律，形成应用数学的意识。

最终学生的成果百花齐放，异彩纷呈，部分图形如下：

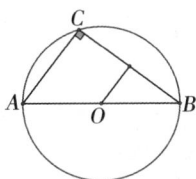

添加中位线

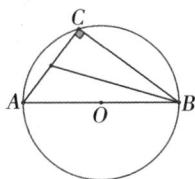

添加中线

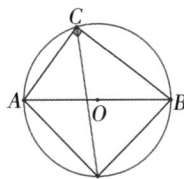

添加角平分线

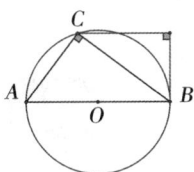

添加垂线段（高线）

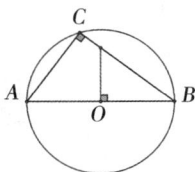

添加平行线

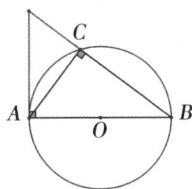

添加切线

（二）"二级"课堂：跨学科融合研究型课堂

学生需要在每周 1 节课的综合与实践校本课程中进行跨学科融合研究。"综合与实践"活动学习相关的数学课程，在国际上都有着共同的目标：一是以"问题解决"为主体，让问题解决成为数学学习的重要途径之一；二是从现实生活中选择素材作为研究"课题"，架起数学知识与日常生活的桥梁；三是发现各学科之间的相通性，打破学科限制，让数学走进其他学科领域；四是培养学生的创新意识与动手实践能力，树立正确的数学观，养成善于解决问题的好习惯。我们倡导的二级课堂，会提出一些源于生活、能让学生迅速进入问题情境、涉及多学科知识的趣味十足的问题。在问题串的引领下，由浅入深逐层探究，基础弱的学生可以有多次机会深入理解相关知识的概念，基础好的学生可以显化、优化自己的思维并进行迁移。

案例：人教版《数学》七（下）第 10 页"观察与猜想""看图时的错觉"

为什么同一条线段"〉━〈"会比"←━→"看起来长呢，教学中引导学生迅速进入问题情境，跨学科融合粤沪版《物理》八（上）第 13 页"测量长度和时间"的知识，通过心理学的大小恒常机制可以轻松解释这种视觉错觉现象，并迁移解释其他视觉错觉现象。学生通过观察、实验、猜想、验证，发现眼见不一定为实，要科学追求真理，提升学生的抽象能力、几何直观、空间观念、数学推理、运算能力等数学核心素养。

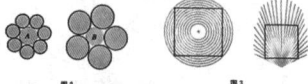

人教版《数学》七（下）第10页
"看图时的错觉"

粤沪版《物理》八（上）第13页
"测量长度和时间"

教学目标：

（1）经历看图时产生错觉的过程，能正确识别图形的形状、大小，提高观察力和空间想象力。

（2）经历视觉错觉在生活中的应用的过程，能综合运用数学与科学等相关理论知识诠释生活中的视觉错觉现象，体会数学源于生活服务于生活。

教学重点：了解视觉错觉在生活中的应用。

教学难点：运用数学、生物、美术、物理等相关理论知识诠释生活中的错觉现象。

教学过程：

问题探究1：为什么同一条线段，加上不同方向的箭头，"＞—＜"会比"←→"看起来长？

通过探究，查阅资料明晰：德国社会学家米勒·莱尔1889年发现了产生长度错觉的原因，就是线段两端箭头的方向：箭头开口朝外使线条所占空间大，从而使线条似乎变长了。"凸角"意味着较近的距离，比如房间里面凸出的墙角；"凹角"意味着较远的距离，比如房间内凹进去的墙角。视觉系统认为，方向向内的箭头（凹角）表示线段离我们较远；方向向外的箭头（凸角）表示线段离我们较近。接下来，大小恒常机制会对我们观察到的图像做出修正：增加"较远"（两端箭头向内凹角）的线段的长度，减少"较近"（两端箭头向外凸角）的线段的长度，结果导致我们认为上面的（"较远"凹角）线段长度比下面的（"较近"凸角）线段长。（跨学科融合心理学知识）

问题探究2：为什么静止的图片看上去动了？

通过探究发现这是一种运动错觉。

原因1：几何图形和线形的组合产生了特殊的环境，致使视觉发生错误。

原因2：心理学家福伯特和赫伯指出，我们的视觉细胞对高对比度的图像反应会更快，对低对比度的图像反应会慢一些，这就会产生时间差，我们就会产生运动错觉。（跨学科融合心理学、生物学知识）

迁移：上网查找会"动"的图，尝试根据这个原理感受一下动态的过程。

问题探究3：服装店老板为什么斜置镜子？

通过探究发现：

原因1：试衣镜高宽比例一般不小于4∶1，试衣镜越长视觉拉伸效果越好，服装店试衣镜的宽高比例主要起视觉效果的作用，长镜子在视觉上有拉长作用，能让人看起来瘦一些。

原因2：试衣镜与地面呈65度到75度角斜置，显瘦效果最好，这是利用光的反射原理，能形成仰视效果，让人感觉镜中的人像向后仰，使视觉效果变长，协调人的身体比例。人的视觉效果，是远的东西看得小，近的东西看得大，所以镜子斜放时，上身变小，下半身变长。（跨学科融合物理知识）

迁移：你能不能根据这个原理制作一个会显"胖"的镜子？

"二级"课堂操作要旨：

（1）数学观察：问题的引发很重要，教师要不断提升内化，创设一种联系学生知识水平、身边生活实际，学生易于迅速进入状态的模型情境，引领学生抽象出数学问题，激起学生浓厚的学习兴趣，引发一系列问题探讨。

（2）数学思考：组织探讨时，教师营造自由氛围，让学生敢问、敢想，运用数学和其他学科知识深度思考，尝试解决后，再与同伴交流，体验感悟。

（3）数学表达：在教学活动结束的时候，对学习内容要再次进行回顾梳理，强化提升，一方面，帮助学生梳理知识之间的联系，构建清晰的认知结构，感受到思想方法的重要性，另一方面，激发学生继续探究的欲望，养成反思的习惯，树立积极的科学观。

（三）"三级"课堂：跨学科融合项目式学习课堂

学生需要在每学期1次的大型学习项目中合作探究，体会数学知识之间、数学与其他学科之间、数学与其他生活之间的内在联系。例如 2022 年暑假，我和朱金莲老师带领学生花了 6 个月的时间进行项目式学习"网络画板中的 3D 未来建筑"，跨学科融合了信息技术、美学等学科知识（见图 4）。

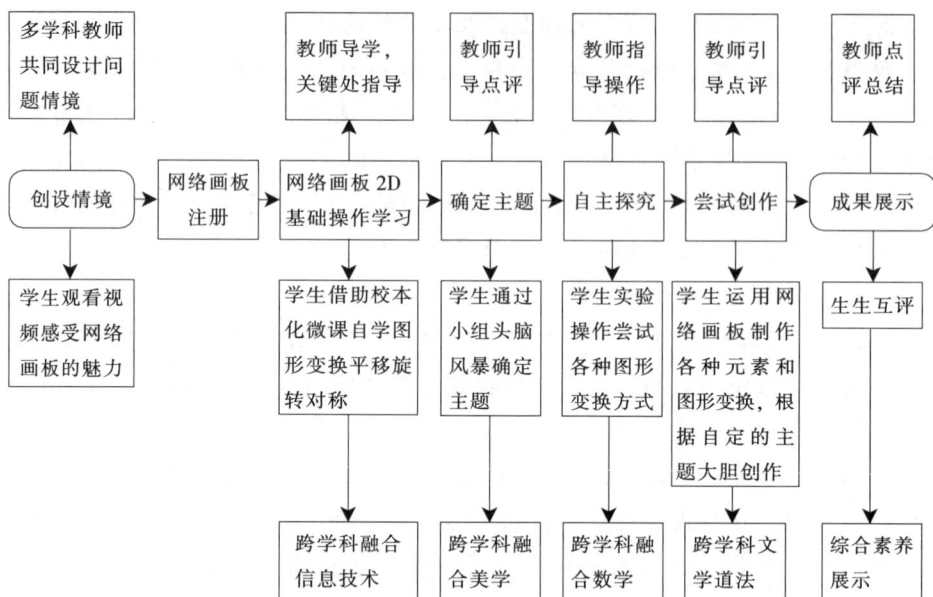

图 4　项目式学习"网络画板中的 3D 未来建筑"实施流程

　　学生从真实的问题情境所蕴含的关系中，用数学的眼光观察世界，发现问题、提出问题，不仅仅需要熟记知识内容，更需要能够将他们所学的知识迁移应用到新的环境中，打通学科之间的壁垒，动手进行实践操作。在这个过程中培养了学生对数学的好奇心和求知欲，使学生了解数学的价值——不仅仅是为了考试，还能解决许多生活中的实际问题。学生欣赏数学美，提高学习数学的兴趣，产生了一批优秀的作品（见图 5、图 6、图 7、图 8）。

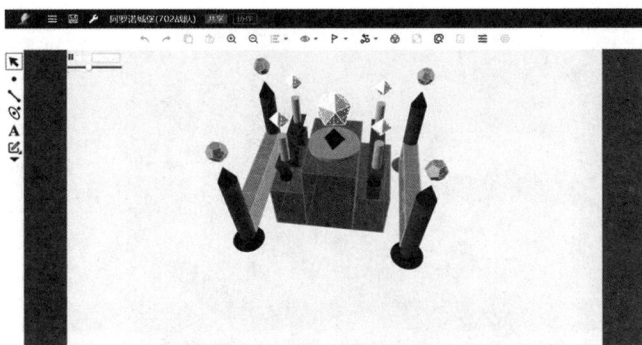

图 5　702 作品　《阿罗诺斯城堡》

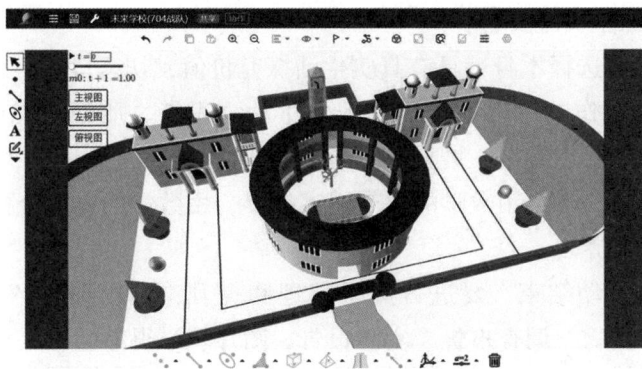

图 6　704 作品　《未来学校》

图 7　705 作品　《海上流浪城》

图 8　706 作品　《云端之城》

"三级"课堂实施要旨：

（1）课题的选择本身就具有真实生活探究价值，切入口小，辐射大。

（2）分工合作的过程中可以培养学生独立思考、质疑反思的理性精神。学生交流讨论时有理有据，培养其一丝不苟的数学态度。同时，培养了学生的数感和推理能力，学会用数学的眼光观察世界，用数学的思维分析世界，用数学的语言表达世界。

（3）研究活动结束，要进行成果整理和提升，可用项目产品、小论文、图表、模型、实物、调查报告、实验报告、图片、心得体会、展板等不同形式展示，不拘一格，提炼升华，成果固化。

三、"三级"课堂作业设计与评价

（一）以课标为依据设计作业目标

表 1　"一周生活费规划"目标设计

作业目标序号	目标描述	学习水平
1	阅读教材"收入""支出""结余"等概念	了解
2	理解"收入""支出""结余"等概念的含义	理解
3	记录一周内每天的生活费"收入""支出""用途"等情况，并运用有理数运算法则计算每天的花费和结余，完成任务单	应用

（续上表）

作业目标序号	目标描述	学习水平
4	查找资料，制作幻灯片，运用统计图（条形图、折线图、扇形图等）图文并茂地总结分享自己合理消费的技巧和秘密（如通过卖废品等方式，既能保护环境，又能锻炼身体，还能积攒零花钱）	综合应用

初中数学"综合与实践"领域的作业目标要以《义务教育数学课程标准（2022年版）》中的第四学段目标为依据：在项目学习中，综合运用数学和其他学科的知识与方法解决问题，积累数学活动经验，发展核心素养。可见，"综合与实践"领域作业目标设计更加体现跨学科的特征与要求，体现"五育并举"的全面育人思想。

作业1：七年级"趣味数学"——一周生活费规划

在学完第一章"有理数运算"后，进行"一周生活费规划"项目式学习，完成综合实践作业，让学生记录在校一周的收入与消费情况，他们可以通过"一卡通"详细查询，收入为正数，消费为负数。

作业1是一周的"长"作业，学生需要持续记录一周的数据并运用有理数运算法则进行计算，教师要及时引导他们观察数据，如果存在入不敷出、消费过多等情况，要根据自己的实际情况及时调整，最后对一周的生活费进行汇总，再向全班汇报。在完成"长"作业的过程中，学生充分发挥自主性，在积累基本数学活动经验的同时，掌握有理数的运算，学会量入为出，合理规划消费，提升理财意识，这样的"综合与实践"作业目标设计能让学生体会到数学源于生活、服务于生活，从而通过作业达到学科育人的目的。

（二）以跨学科融合为主线设计作业类型

"综合与实践"作业要打破学科限制，发现各学科之间的相通性，让数学走进其他学科领域。为此各学科教师要通力协作，通过对问题的探讨，了解所学知识和其他学科之间的关联，发展学生的应用意识和创新能力。

《义务教育数学课程标准（2022年版）》指出：利用数学专用软件等教学工具开展数学实验，将抽象的数学知识直观化，促进学生对数学概念的理解和数学知识的建构。人教版《数学》中部分章节有"信息技术应用"选学栏目，我校七年级"趣味数学"的"综合与实践"课中，使用几何画板中的元素——直线、圆、多边形、曲线，经过对称、旋转、平移、迭代等图形变换，以当下热点为主题，创意绘图，用简练、优美的一句话概括自己的设计意图，并对优秀作业开辟专栏，展示创意。

作业2：七年级"趣味数学"——几何画板创意绘画作业
…………

（三）以社会热点问题为背景设计作业内容

以社会热点问题为背景设计作业有助于学生积极地收集信息、获取知识、探讨方案，架起数学知识与生活之间的桥梁，唤起他们的好奇心和求知欲。

数学与社会主义市场经济息息相关，从量化的角度引导学生认识贸易顺差、贸易逆差、贸易平衡等概念，培养建模意识，既能让他们学会用数学的方法解决经济问题，又有助于其从中了解相关的经济常识。作业内容如下：

作业3：八年级"逻辑数学"——贸易进出口顺逆差探究作业

贸易差额＝出口总额－进口总额，用贸易差额可以表示一段时间内某国对外贸易的收支情况：

当出口总额＝进口总额时，称贸易平衡；

当出口总额＞进口总额时，称贸易顺差；

当出口总额＜进口总额时，称贸易逆差；

通常，贸易顺差用正数表示，贸易逆差用负数表示。请阅读表2、表3，并回答问题。

表2　1820—1829年中英进出口贸易价值　　　（单位：银两）

年度	1820—1829 年
出口总额	1 001 584 155
进口总额	70 582 955
进出口总额	1 072 167 110
贸易差额	
贸易顺差/逆差	

——摘自《中国近代经济史统计资料选辑》

表 3 1870—1879 年中英进出口贸易价值 （单位：英镑）

年度	1870—1879 年
出口总额	480 073 794
进口总额	664 473 290
进出口总额	
贸易差额	
贸易顺差/逆差	

——摘自《中国近代对外贸易史资料》

（1）请把表 2 和表 3 补充完整。

（2）1820—1829 年，中国处于贸易顺差的原因是什么？1870—1879 年，中国从贸易顺差变为贸易逆差的原因又是什么？贸易顺差与贸易逆差对一个国家的经济发展会产生哪些影响？贸易逆差越小越好这个观点是否正确？请联系历史与现实，写一篇 500 字的小论文，谈谈你对中国贸易差额的看法。

"双减"背景下，"综合与实践"作业设计要与学生的现实生活有机结合，在真实情境中解决问题，这样才能让他们更好地运用所学，实现知识的迁移和运用，从而实现"减负提质"的目标。对于作业 3，学生不但要通过数学方法计算史料中贸易顺逆差，而且要查询史料，发现表 1、表 2 分别代表鸦片战争前后中国的贸易进出口情况，鸦片战争的全面爆发，导致中国经济实力急剧下滑，真实的情境、鲜明的数据让学生深刻体会到"落后就要挨打"的道理，以提升其家国情怀。

"双减"既要减轻学生的作业负担，又要培养他们的学科核心素养，这对作业设计提出了更高的要求。各学科课标中均要求有 10% 的跨学科学时，如果割裂完成跨学科作业，无疑会加重学生负担。因此我通过与科组教师的合作，共同研究设计跨学科项目式作业，找准"整合点"并充分利用，以提高效率。作业 2 把数学知识与信息技术、文学知识、美学知识等有机融合，有一定的弹性和开放性，使学生在获取知识的同时，提高实践能力、思维能力、分析能力和建模能力，发展创新思维，其中的创意设计、画面构图、色彩搭配、比例设置等对提升学生的美学素养也大有裨益。

（四）以多元化呈现为内核实施作业设计

除了常规的书面作业，还有开放的形式：设计方案、调查报告、小论文。操作类的形式：运用数学原理折纸，数学实验。社会实践类的形式：参观博物馆，社区服务。"综合与实践"作业设计要依据学情，通过多元化的呈现方式，满足学生的不同需求，达到"减负提质"的目的。

目前，无论是军队征兵体检还是学生升学体检，均采用国际标准视力表（常见的 3m）。但是视力表中每个相似的"E"位置固定不变，可以通过记忆指出所在位置，致使视力测试误差较大。我校九年级"智慧数学"的"综合与实践"作业，就让学生解决这一真实问题，他们可以上网查阅相关资料，通过劳动自制实物或设计图，根据自己的能力水平进行选择或组合。

作业 4：九年级"智慧数学"——制作视力表

任务 1   认识"E"

以小组为单位度量 3m 视力表（见图 9）中"E"的线段 a、b、c、d、e 的长度（精确到 1mm），并填写表 4。（每小组只量一组数据）

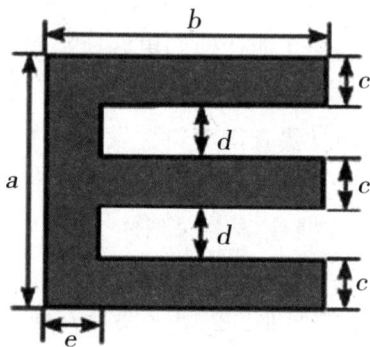

图 9   视力表局部

表 4   视力表测量统计

视力	小组	a/mm	b/mm	c/mm	d/mm	e/mm
0.1	1					
0.2	2					
0.3	3					

（续上表）

视力	小组	a/mm	b/mm	c/mm	d/mm	e/mm
0.4	4					
0.5	5					
0.6	6					
0.8	7					
1.0	8					
1.2	9					
1.5	10					
2.0	11					

问题 1：观察表 4 中的数据，你发现 a、b、c、d、e 之间有什么关系？

问题 2：观察表 4 中的数据，思考所有这些"E"有什么关系？

问题 3：怎样制作"E"型图？

任务 2　探究视力表的制作原理完成作业（见表 5）

任取两个大小不同的"E"，编号为①②，如图 10 所示放置在水平桌面上，观测点 O 紧贴桌沿。

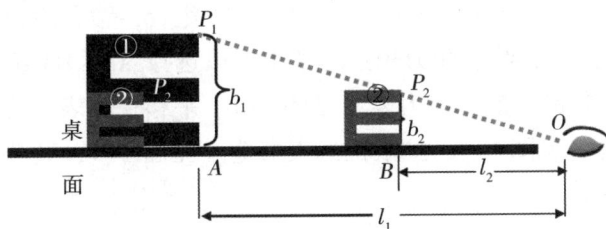

图 10　探究视力表的制作原理

问题 1：将②号"E"沿水平桌面向右移动，观察点 P_1、P_2、O 有没有可能在一条直线上？

问题 2：测量出此时 l_1、l_2、b_1、b_2 的长度，计算出 $\dfrac{b_1}{l_1}$ 与 $\dfrac{b_2}{l_2}$ 的值。

问题 3：实验中你能得到哪些结论？你能解释这个结果吗？

问题 4：按照上面的结论，如果测试距离 l_1 为 5m、视力为 0.1 的"E"高

b_1 为72mm，那么测试距离 l_2 为3m、视力仍为0.1的"E"高为多少呢？

问题5："E"高为15cm，用它来测试0.1的视力需要站在多远处？

表5　探究视力表制作原理分层作业

作业类型	序号	内容	难度
书面作业	A1	度量国际标准视力表（3m）每个"E"各边的长度，并完成任务单	易
	A2	写出不同距离视力表的换算原理，并计算出自己房间视力测量距离为0.1~1.5m的"E"的每条边长	中
	A3	根据制作过程，写出一个研究报告，说明如何解决"E"的位置固定不变导致的误差问题	难
其他类型作业	B1	制作一个国际标准视力表中的"E"	中
	B2	制作一个适合自己房间大小的视力表（注明距离）	难
	B3	制作一个国际标准视力表（距离3m），解决"E"的位置固定不变导致的误差问题	难

　　本项目难度较大，通过项目式任务单的引领，语言表达能力强且有创意、但是动手能力弱的学生可以选择表5中的 A3 – B1 组合，动手能力强但是语言表达能力弱的学生可以选择 A1 – B3 或 A2 – B3 组合，综合能力较弱的学生可以选择 A1 – B1 组合，综合能力较强的学生可以选择 A3 – B3 组合。以下展示部分学生设计的作品：旋转视力表（见图11）、平移视力表（见图12）、红外线遥控视力眼镜（见图13），护眼视力表书签（见图14），其基本理念是让视力表"动"起来。

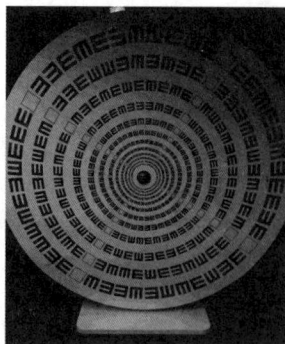

图11　旋转视力表

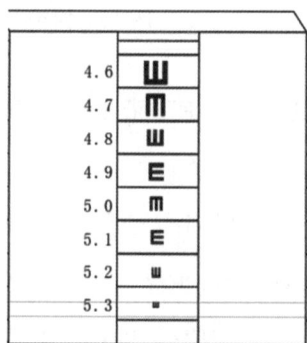

图12　平移视力表

图 13 红外线遥控视力眼镜　　图 14 护眼视力表书签

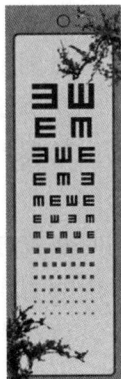

"双减"背景下，减轻学生的作业负担，更重要的是缓解他们心理层面的学习压力，养成积极主动学习的习惯。作业 4 根据学生的学情设置多元化的自选分层作业，学生可以根据自己的学习情况选择一组作业，培养其创新意识与动手实践能力，树立正确的数学观，养成善于解决问题的好习惯。学生在思辨分析的过程中启迪智慧，形成严密的逻辑思维习惯，增强克服困难的信心。

"双减"背景下，我校"综合与实践"作业依托《义务教育数学课程标准（2022 年版）》设计目标，通过仿真情境、问题驱动，找准"整合点"，集零为整，各学科教师共同探究，把割裂的学科作业有效融合，降低重复率，提高利用率，让学生自主参与，实践探索，改变传统纸笔作业的样态，以多元化方式呈现，分层自选作业，满足他们个性化发展的需求，真正做到"减负提质"。

四、"三级" 课堂实施效果

（一） 学生的数学知识与数学素养得到有效发展

通过"三级"系统化的课程设置，有选择、有目的、有计划、有步骤地操作，学生进行探究、发现、思考、分析、归纳等思维活动，最后能自主获得概念、理解或解决问题的思路，学生更加热爱数学。实施阶段学生学习数学的兴趣大大提升，在课时量少于其他学校的情况下，各年级中考、市期末统考数学成绩均名列前茅。我参与了中国财经素养协同创新中心主办的"财经素养教育与美育融合"项目、中国教育科学研究院"东莞外国语学校 STEM 融合课程系列案例的开发与实践研究"课题，其间指导学生撰写的小论文《揭秘校园贷》在全国财经素养大会中作为优秀案例进行交流，并荣获东莞市科技创新大赛一等奖；2019年3月我指导学生完成的项目"中美贸易大家谈"在全国财经素养大会中作为优秀案例进行交流；2019年5月我指导学生参加的财经辩论赛，荣获全国二等奖。2020年7月我指导学生参加广东省财经素养优秀案例评选活动，获得6个一等奖，10个二等奖，4个三等奖的好成绩，成绩位居广东省之首，同时我校被评为"优秀组织单位"（全省仅5所学校）。在获取知识的同时，学生的实践能力、思维能力、分析能力、动手能力及合作交流能力都得到了提高，数学化思想、建模能力也随之形成，部分学生的创造性思维得到了快速发展。

（二）青年教师自我成长效果显著

我带领科组教师共同探讨新教学模式的实施，青年教师的团队精神、拓展能力和自我成长意识明显提高，专业素养显著提升。培养了一大批热爱本职、勤于钻研、乐于奉献的优秀教师，成为本校数学教学的中坚力量，其中陈文慧、尹佩芬获得全国青年教师优质课一等奖，李燕华获得广东省青年教师优质课二等奖，陈文慧、李惠玲成长为东莞市学科带头人，蔡宁、陈文慧、尹佩芬、王海军等6人成长为东莞市教学能手。

（三）学科课程体系得到优化

"三级"课堂三年课程设置呈螺旋上升，从具体到抽象，由简单到复杂，优化了学校"一体两翼"课程，既是在国家课程基础之上的合理拓展，又是颇具东莞外国语学校特色的创新课程。通过带领科组教师8年来的潜心研究，出版了专著《初中数学综合实践教学改革研究》。

（四）实践成果显著

基于项目式学习方式，我带领科组全体教师跨学科整合财经素养教育、STEAM教育等活动，开发的校本课程荣获广东省特色课程评比二等奖，同时获得2019年度广东省教育厅基础教育信息化融合创新示范培育推广项目。2019年研究项目"基于学科融合的中小学财经素养教育实践研究"获得了广东省创新教育成果二等奖。

我为贯彻新课标理念，促进学生核心素养能力的提升，在教学一线贡献了自己的微薄力量，同时为调动学生学习数学的积极性、培养学生探索未知的好奇心、提高学生数学学习的幸福感提供了沃土和养分。

玩以致用——初中物理教与学的游戏化设计

邱慎明

（中山市浪网中学）

初中物理教学的关键，在于"格物致知"和"学以致用"。

一、玩以致用的缘起：格物致知和学以致用

格物致知，历史上有不同的解释，在这里指穷究事物原理，从而获得知识。所谓格，即探究之举；所谓致，即求得之义。无论做学问还是搞科研，只有深入实践、认真研究客观事物，才是寻求真理的唯一途径，强调通过亲身实践和观察事物来获取知识和认识事物的真实本质。格物致知，就是在躬行践履中研究真理。学贵力行，行贵体悟，行而致知，知而促行，循序渐进，方能诚意正心，培育修齐治平品格，造就经世致用人才。清朝末年，把物理、化学统称为"格致"，即取《礼记》"致知在格物，物格而后知至"之义，这是科学精神的体现。

学以致用，主张学用结合，强调把所学的知识运用到实际生活中去。在学校教学情境下，这里的"学"和"用"，是互为因果的。"学"是"用"的前提，同时"用"也是"学"的方法。它启发我们要确立实践导向的教学观念，引导学生连接理论与实际，将抽象的物理知识与实际生活结合起来，通过生动、具体的实例和活动引导学生理解和掌握知识，帮助学生树立理论联系实际的学习观念，同时让学生通过动手做，探究问题的解决方法，从而锻炼他们的实践能力和创新能力，培养学生综合运用知识的能力。

格物致知，学以致用，形成了一个物理学习的闭环，跟我们通常说的"从生活走向物理，从物理走向社会"有异曲同工之妙。

二、玩以致用的心理学基础：好奇心、好胜心与自信心

好奇心是与生俱来的进化本能，儿童尤其强烈。由于好奇心的驱使，当我们遇到新奇事物时，会主动提出问题，并产生通过实际行动解决问题的强烈动机，既是本性使然，也是生存之本。好奇心是创造性思维的源泉，探索和研究未知事物的心理倾向促使人们不断求新求异，发现和提出新的问题，并积极探索解决问题的方案。探究、实践以及随之而来的肯定与奖励，能将好奇心转化为求知激情、审美情趣和执着探索的精神，而各种形式的惩罚、排斥等显性或隐性的规训可能会抹杀个体天生的好奇心，进而扼杀其创造力。

同样，好胜心是人与生俱来的进化本能，是人们追求胜利、战胜对手，期望在某个领域取得优异成绩的心理特征。这是人类社会的基本生存动力，也是推动人类社会进步的重要因素。适度的好胜心可以激发学生的积极性，引导学生自我挑战、努力向前，激发他们的创造力。有些学生自我标榜"佛系"，不过是一种对胜利无望之后习得性无助的表现，或者是一种失败之后的自我安慰和心理调整。当然，过度追求成功和胜利，将学习导向过度功利化，也是我们应该避免的。我们应当合理地引导和调控学生的好胜心，以保证其积极、健康地发挥，让学生明白，比赛和挑战不是简单地由胜负决定，更重要的是过程，是参与，是发现问题和解决问题的勇气和智慧。

自信心是对自己能力和价值的信任和肯定，它让学生相信自己可以应对挑战和困难、克服障碍并取得成功。它帮助学生充满信心地解决问题、尝试新的方法和面对挑战。当学生相信自己能够应对困难和挑战并取得成功时，他们的自信心会增强，自我效能感就会提升。积极的反馈和认可、适度的挑战和机会、充分的环境支持和学习指导，让学生能够体验成功和成长，从而培养起学生的自信心，更好地应对学习和生活中的挑战，并发挥自己的潜力。

好奇心、好胜心和自信心，构筑了学生强烈的学习动机。好奇心可以激发好胜心，好胜心可以增强自信，自信心又可以促进好奇心和好胜心的发展。

三、玩以致用的目标追求：学习过程的心流体验

"玩以致用"是一种教育理念，强调通过游戏的方式来进行学习和应用知识。通过创造有趣、互动、具有挑战性和指向应用与实践的学习环境、教学游

戏，激发学生的兴趣和主动性，提高他们的学习积极性和学习效果。

"玩"是一种学习心理状态，是一种良好的学习体验。学习应该是一种愉快和有趣的体验，而不仅仅是一种任务和义务。通过将学习内容转化为游戏、挑战和活动，可以使学生更加投入和积极地参与学习过程。"玩"需要一种相对安全的心理支持，学生不会因为游戏失败而受到终结性的评价和惩罚，他们可以重新设置、重新过关。"玩"是一种充满惊喜的冒险之旅，游戏过程中各种关卡、奖励、彩蛋，都能带给学生良好的学习体验。

"玩"是一个学习过程，是围绕学习内容而开展的拓展之旅。将学习内容融入游戏活动和游戏规则之中，在玩中学、学中玩，以是否达到学习标准作为游戏是否过关的依据，将学与玩合二为一，让学生体验到不一样的物理学习，这是玩的要义。"玩"是学力、智力与毅力的综合考验，是一个技术活、艺术活。

"用"是"玩"的目的，强调学习的实际应用。通过将学习内容、游戏过程与实际生活和实际问题联系起来，帮助学生更好地理解和应用所学知识，在学中用、在用中学。这种实际应用的学习方式可以培养学生的创造力、解决问题的能力和实践能力，使他们能够将所学知识应用于实际情境中。

"用"同时是"玩"的过程，是"学"的手段。用的过程就是学的过程，也就是玩的过程。将生活情境、物理应用设计进教与学的游戏过程，学生在具体的情境和应用的过程中游戏、学习，从而加深对物理知识、物理规律的理解，这是一个相互促进的过程。

玩以致用，中间有一个学作为衔接。玩以致学、学以致用，不仅可以促进学生对物理知识的理解和掌握，而且可以培养他们的实践能力和创新能力，对于提高物理教学质量和效果具有重要意义。通过游戏化的方式进行学习，可以培养学生的团队合作、沟通和解决问题的能力，在愉快的学习氛围中获得更好的学习体验和成果。

要在教学中实现玩以致用，应基于游戏化思维对教与学的过程进行重新设计。一是提供物化的物理游戏，如棋牌类游戏等，帮助学生在课内外通过小组游戏的方式完成学习；二是将游戏化元素引入教学过程之中，如关卡设置、竞争机制、奖励机制等。

因此，玩以致用是指向生活实践与物理应用的游戏化学习过程。可以将之概括为一个简单的模型（见图1）：

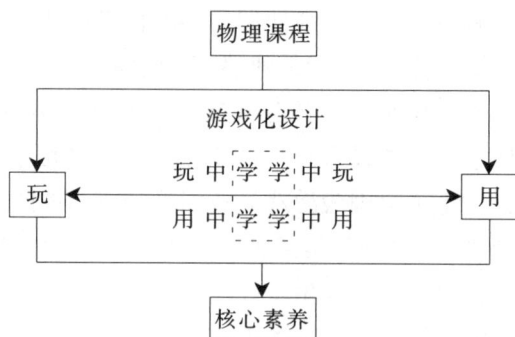

图1   玩以致用模型

四、玩以致用的理论依据：情境学习与实践社群

玩以致用，可以引以为据的理论有很多，这里特别介绍一下情境学习与实践社群。

琼·莱夫（Jean Lave）和艾蒂纳·温格（Etienne Wenger）在《情景学习：合法的边缘性参与》一书中认为，学习不仅仅是在个体的大脑中发生的，相反，学习是情境性的，它在很大程度上是环境的产物。情境学习强调将学习过程放在特定的实际情境中进行，要求学生在真实或模拟的环境中解决问题，从而获得知识和技能。这种学习方式着重于"做中学"，而非传统的"灌输式"教学。情境学习的目的是让学生在实践中学习并掌握知识，使学生的学习更加贴近实际生活和未来的工作环境。它强调知识的应用，而非仅仅是对知识的记忆和理解。

在情境学习中，教师的角色主要是学习的设计者和引导者，而学生则是学习的主动者。教师需要设计出符合学生认知水平和兴趣的学习情境，引导学生参与讨论和实践，鼓励他们主动思考和解决问题。

情境学习的优点是可以提高学生的积极性和主动性，培养他们解决问题的能力，提高他们的思维能力和创新能力。而且，情境学习可以帮助学生更好地理解和记忆知识，提高学习的效果。

"实践社群"是一个概念，主要指的是一群人共同进行某项活动或追求某项目标，通过互相协作，分享知识、经验和理解，从而共同进步，提升个体和集体的能力。在实践社群中，社群成员可以通过合作解决问题，创新思考，达成共同发展的目标。美国当代学者琳达·达林哈蒙德（Linda Darling-Hammond）和尼克尔·理查森（Nikole Richardson）认为，实践社群中更为重要的是人文环境：不同背景的学习者的习性、社群规范、惯习等都会影响他们的学习成效。当学习者感受到自身归属和责任的时候，他们一方面彼此信任，愿意参与其中，帮助和促进其他学习者共同发展；另一方面也相互督促，促使自身不断学习，以更为专业的"头脑"思考实践与学习，能够大大丰富学习者之间的体验，并围绕共同的实践任务和话题，形成一种社群文化，促进每一位学习者责任心的构建和专业能力的提升。

五、玩以致用的实现：教与学的游戏化

游戏化教学是通过将游戏元素和机制应用于教学过程中，以增强学生的参与度和兴趣的一种教学方法。游戏化教学的原理基于行为主义学派的学习理论，强调学习是一种积极、动态的行为，学生通过与环境的互动来获取知识和技能。游戏化教学着重设计活动和任务，通过设置目标、提供反馈和奖励激发学生的学习动力和积极参与。

需要说明的是，关于游戏化教学，有两种不同的路径。一种是将教学元素、教学内容与电子游戏相结合，通过电子游戏的方式来完成学习；一种是运用游戏化思维，将游戏化元素运用于常规教学流程之中，以游戏化的教学活动来完成学习。这里说的游戏化教学，专指后一种。

在游戏化教学中，教师可以利用游戏中的竞争、合作、挑战、奖励等元素来激发学生的学习兴趣。游戏化教学还注重情境创设，将学习任务融入游戏情节之中，使学生在游戏中能够体验到真实世界的问题和挑战。此外，游戏化教学还强调学生的自主性和控制权，鼓励学生在游戏中进行探索和实验，培养他们的创造力和解决问题的能力。

与传统教学相比，游戏化教学在激发学生学习兴趣和提高学习动机方面具有独特的优势。传统教学往往以教师为中心，注重知识的传授和学生的被动接受。而游戏化教学则通过引入游戏元素，将学习过程变得更加活跃和有趣，使学生更加主动参与和探索。

游戏化教学还可以提供更加个性化的学习体验。传统教学中，教师很难满足学生的个体差异。而游戏化教学可以根据学生的能力和需求，提供不同难度和挑战的游戏任务，使每个学生都能够在适合自己的学习环境中获得进步。这是一种特殊的"玩"的过程。

玩用结合、玩以致用的游戏化教学还可以加强学生对知识的理解和记忆。在游戏中，学生需要通过解决问题和完成任务来获取胜利或奖励，这要求他们不仅需要掌握表面的知识，还需要深入理解和灵活运用。同时，游戏中的反馈和奖励机制可以强化学生的记忆和巩固学习成果。

游戏化教学何以能？游戏化教学能够提供不同于常规学习的一种良好的学习体验。这种体验主要来源于游戏化教学的以下特点：

（1）游戏化学习的使命感。只有当学生意识到自己的学习能够给他人或世界带来可见的改变时，学习的使命感才能够有效地建立起来。这是游戏化学习的长处。

（2）允许失败并提供多次尝试的机会。这样就可以在一定程度上减轻学生的学业压力，改善学生的学习体验。

（3）个性化、阶梯性与挑战性。标准化、程式化、齐步走的教育给有些学生的体验是相当糟糕的，游戏化教学可以在一定程度上克服这个问题。

（4）及时的奖励与反馈。真正有效的反馈和奖励，应当及时而且明确，而这正是游戏的最大特点。

（5）竞争与合作。游戏化教学鼓励学生以"打团战"的形式参与学习，学生的体验是比较好的。

（6）自我决策。游戏的过程依靠自己决策，全程是自己把控的，学生会对结果负责。但是在学习过程中则相反，这种被动性是学生体验不佳的原因之一。

（7）规则的确定性。游戏的规则是非常明确的，怎样才算胜利、通关，怎样才能进阶、升级，需要提前明确。

（8）多样性与趣味性。相比于学校学习过程中的单调乏味，游戏过程中总有许许多多的趣味性元素，例如意料之外的游戏彩蛋、精彩纷呈的故事情节、千变万化的皮肤装备、惊喜不断的通关奖励，都让学生进入一种"心流"的状态，乐此不疲。

六、玩以致用的应然与实然：指向素养的提升

物理观念、科学思维、科学探究、科学态度与责任，是物理学科核心素养的四个维度。物理知识相对于物理观念更强调学科本位，是物理事实、物理概念、物理规律以及物理方法的集合，在一定程度上是割裂的、表观的。物理观

念则直接指向生活实践与物理应用，是具体情境的物理模型与物理抽象，也是物理知识的实践模型和应用具象。物理观念与物理应用是一体两面、互为彼此的。玩用结合、玩以致用的游戏化教学，可以激发学生的科学思维，驱动科学探究，达成物理观念，从促进科学态度与责任心的生长。

玩以致用的游戏化教学作为一种创新的教学方法，对于初中物理课程中学生的学习动力有着显著的提升作用。通过将传统的教学内容以游戏的形式呈现，可以有效激发学生的学习兴趣并增加参与度，进而增强他们的学习动力。游戏化教学为学生提供了一个具有挑战性和娱乐性的学习环境。在游戏化的物理学习中，学生参与其中的过程更像是在进行一场有趣的游戏，而非枯燥的知识灌输。这种学习环境激发了学生的好奇心和求知欲，使他们更加积极主动地去学习和探索。学生通过解决问题、完成任务等方式，不断获得成就感和奖励，这种通过游戏获得的满足感进一步激发了他们的学习动力。游戏化教学为学生提供了实践和互动的机会。学生可以通过闯关、竞争、合作等方式亲身参与到物理学习中，去探索物理规律。这种实践性的学习方式为学生提供了更多的互动和体验机会，激发了他们学习的主动性和积极性。

面临游戏中的任务和挑战，学生需要运用所学的物理知识来解决问题，这种实践性的学习方式能够培养学生解决问题的能力和灵活思维。

游戏化教学提供了积极的学习环境，使学生在游戏中通过不断尝试和实验，发现错误并获得奖励，从而产生学习的乐趣和成就感。这种正向的学习环境能够有效地激发学生的学习兴趣，改善学生的自我效能感，并提高学习效果。

游戏化教学还能够提高学生的合作和沟通能力。在游戏中，学生常常需要与其他同学合作完成任务，共同解决问题。这种合作性的学习方式既能够培养学生的团队合作精神，又能够提高他们的沟通能力和交流能力。通过与他人的合作，学生能够相互学习、共同进步。

当然，在进行教学的游戏化设计时，应当避免两个倾向：过度娱乐化与过度功利性。

玩以致用的游戏化教学，归根结底是一种教与学融合的方式，游戏是外衣，学习是根本。游戏应当为教学内容服务，而不是喧宾夺主。否则，学生可能会只注重游戏的娱乐性，而忽视了对知识的学习。他们可能会过度关注游戏目标的完成，而忽略了其中蕴含的物理原理和概念。这种情况下，即使他们在游戏中取得了较好的成绩，但在对知识的掌握上并没有实质性的提升。

玩以致用的游戏化教学，需要提供必要的反馈与奖励，但物化奖励容易导向一个极端：学生可能会过度依赖游戏的反馈和奖励，将获得奖励作为参与游戏的目的，而不是聚焦于学习本身，久而久之，学生会对物理课程内容本身失去兴趣，一旦外部奖励停止，学习活动就停止了。因此，教师在设计的时候，应当把可能出现的问题考虑在内，引导学生关注学习内容本身，而非游戏提供的娱乐和奖励。

七、玩以致用的教学应用：游戏化设计案例

（一）游戏化产品设计

1. 创意魔方

游戏材料：创意魔方（提前画好物理量、单位、物理意义、知识点等）。

游戏规则：学生通过翻转魔方，得到正确的公式、物理知识、规律等。

2. 单位换算

游戏目标：以最快的速度把手中的所有"单位"牌转换为目标单位。

游戏材料：

（1）物理量牌：长度、时间、速度、质量、电流、电压、电阻、电功率、电能、力、机械功、机械功率、机械效率、温度各 2 张。

（2）单位牌：m、s、g、A、V、Ω、N、J、W、℃、min、h、m/s、kW·h、m^2、m^3各 4 张。

（3）量纲牌：M、k、d、c、m、μ、n 各 8 张。

（4）操作牌：$\times 10^9$、$\times 10^6$、$\times 10^4$、$\times 10^3$、$\times 10^2$、$\times 10$、$\times 10^{-1}$、$\times 10^{-2}$、$\times 10^{-3}$、$\times 10^{-4}$、$\times 10^{-6}$、$\times 10^{-9}$、$\times 3.6$、$\div 3.6$、$\times 60$、$\times 3\,600$、$\div 60$、$\div 3\,600$各 2 张。

（5）科学家牌：16 张。

游戏规则：

（1）游戏开始时，除科学家牌以外，其他牌洗乱后随机发牌。

（2）轮到某个选手时，选手可以选择使用一张操作牌进行单位换算。例如，选手手中有一张"m"单位牌、一张"长度"物理量牌、一张"$\times 10^{-6}$"操作牌，那么选手可以打出这三张牌，如果其他选手手上有一张"μ"量纲牌和一张"m"单位牌，即可打出这两张牌并赢得这一回合，或者该选手有其他的组合，如"n"量纲牌、"m"单位牌和"$\times 10^{-3}$"操作牌，也可以赢得这一回合，但不能同时出与上一选手同样的牌。如果没有选手可以出牌应对，那么这一回合初始出牌的选手赢得胜利。

（3）每个回合胜利者，可以随机摸一张科学家牌。每张科学家牌上面有不同的分数。当所有选手都无法继续出牌时，游戏结束，科学家牌的分数相加最高的选手，即为游戏的最终胜利者。

3. 速度游戏

游戏材料：皮尺、圆形的计时器、粉笔。

游戏规则：

（1）学生在地面上画出起点线和终点线。学生 A 负责设定时间，学生 B 将计时器从起点向前滚动，若滚到终点时刚好响起结束铃声，则学生 B 获胜，否则学生 A 获胜，然后交换比赛。

（2）学生在地面画出起点线和终点线。学生 A 负责设定平均速度，学生 B 根据设定的速度，调整好时间，将计时器从起点向前滚动，若滚到终点时刚好响起结束铃声，则学生 B 获胜，否则学生 A 获胜，然后交换比赛。

（3）学生可以用计时器和皮尺做其他游戏。

4. 物态变化卡牌游戏

游戏材料：

（1）物态变化牌：熔化、凝固、升华、凝华、汽化、液化各 6 张。

（2）现象牌：霜、雪、露、"白气"等生活中的物态变化现象共 36 张。

（3）吸放热牌：吸热、放热各 18 张。

（4）科学家牌：4 张。

游戏规则：

（1）抽乌龟：2 ~ 4 人一起打牌，随机发牌，学生如果可以拼出"现象 + 物态变化 + 吸放热"或"三张科学家牌"（称为"一条龙"）或"现象 + 物态变化"、"物态变化 + 吸放热"、"现象 + 吸放热"（称为"两条蛇"），则可以直接出牌，若出错牌，则罚该名学生收起这三张牌，同时要从其他人手上抽一张牌。轮流进行，谁先把手上的牌出完即为胜利，手上留下最后一张科学家牌的学生输掉游戏。

（2）消消乐：将四张科学家牌取出，将其余纸牌洗乱，随机发牌，摆成 6 × 18 的方阵，如果横、竖可以拼出"现象 + 物态变化 + 吸放热"三张牌，即可消除；消除后，可以整行或者整列移动，并继续消除。4 张科学家牌可以代替其中的任何牌，进行消除操作，直到全部牌消除为止。

5. 光现象游戏

游戏材料：

（1）光学元件：平面镜、凸透镜、凹透镜、凹面镜、凸面镜、三棱镜、玻璃砖各 2 个，激光笔 4 支，LED 发光物体 2 个，骰子 1 个，接收光屏 4 个。

（2）元件牌：14 张。

（3）任务牌：30 张。

（4）科学家牌：10 张。

游戏规则：

（1）2 人以上玩游戏。选手 A 掷骰子，根据骰子的点数，决定摸多少张元件牌。

（2）选手 A 摸元件牌，并根据元件牌，取用光学元件（不含激光笔、LED 发光物体和接收光屏）。

（3）选手 B 摸一张任务牌，交给选手 A，选手 A 需要利用手上的光学元件，在 2 分钟内完成任务牌上面的任务。完成任务后可以抽一张科学家牌。

（4）每个回合胜利者，可以随机摸一张科学家牌。每张科学家牌上面有不同的分数。游戏结束，科学家牌的分数相加最高的选手，即游戏的最终胜利者。

6. 声现象卡牌游戏

游戏材料：

（1）身份牌：4 张（主公、忠臣、反贼×2）。

（2）频率（音调）牌：30 张。

（3）振幅（响度）牌：30 张。

（4）音色（武器）牌：10 张。

（5）装备牌：20 张（真空罩、隔音墙、防声耳罩、共鸣箱、扬声器各×4）。

（6）音乐家牌：12 张。

（7）生命值牌：4 张。

游戏规则：

（1）每次 4 名学生参加游戏，根据抽取的身份牌，分别扮演主公、忠臣和反贼，每个人再抽取一张生命值牌。游戏过程中，凡是生命值被扣光的角色，视为退出游戏。主公退出游戏，则两个反贼赢；两个反贼退出游戏，则主公和忠臣赢。

（2）主公先出牌，若有选手被扣生命值，则下一轮被扣生命值的选手出牌，否则按顺时针出牌。出牌时，需指定被攻击方，将音调牌和响度牌同时各出一张，根据频率与振幅的乘积，被攻击方将被扣除相应的生命值。

（3）攻击方可以同时使用音色牌和装备牌，改变攻击的范围和杀伤值，并改变防守的方式和效果。如共鸣箱可以使杀伤值×2，扬声器可以对所有选手造成同等的杀伤，音色牌可以使被攻击方停止摸牌一次，摸一张音乐家牌，或禁止使用装备牌一次，等等。

（4）被攻击方可以使用装备牌进行防守，如真空罩可以使攻击方的攻击对所有选手失效，防声耳罩可以使自己免收本轮杀伤，隔音墙可以为指定的选手抵御攻击等。

（5）音乐家牌可以让受到杀伤时的自己回血。

（6）若在规定时间内，主公和反贼都没有被扣光生命值，则比较主公、忠臣的生命值之和和两个反贼的生命值之和，更高的一方胜出。

7. 音速飞行棋

游戏材料：

（1）棋盘：一个 12×12 列的棋盘，其中左边 1~2 列为空气区，中间 3~6 列为清水区，右边 7~12 列为钢轨区。

（2）棋子：对战双方声音精灵 4 个、隔音棋 4 个、回声棋 4 个、消声棋 4 个。

游戏规则：

（1）隔音棋、回声棋、消声棋均在本方的第一行排列，排列位置可以自由布局，声音精灵在清水区第二行。下棋时，目标是将本方四个声音精灵全部走到对方的最后一行，以到达对方最后一行的声音精灵数量的多少为判断胜负的标准。

（2）声音精灵横向左右移动时，每次只能移动一格；在纵向方向，声音精灵只能向前，不能后退，在空气区每次只能向前移动 1 格，在清水区可以向前移动 2 格，钢轨区可以向前移动 3 格。

（3）隔音棋、回声棋、消声棋在同一区域内左右移动时，可以一次性移动多个格子，但不能跨越区域，有棋子阻挡时，不能跨越阻挡的棋子；跨越区域时，只能到达区域的边缘；在同一区域，隔音棋、回声棋和消声棋可以前后移动，但每次只能移动 1 格。当对方声音精灵与本方隔音棋紧挨时，对方声音精灵需停止移动一轮；当对方声音精灵与本方回声棋紧挨时，对方声音精灵需退后一格；当对方声音精灵与本方消声棋位置重叠时，对方声音精灵被消灭。隔音棋、回声棋和消声棋重合时，后下棋的一方可以把对方的棋子消灭。

8. 电路板游戏

游戏材料：

（1）电路板：1 个。

（2）电路元件：电源×4、电灯×8、电铃×2、导线×20、开关×8、电流表×4、电压表×4、5Ω 电阻×4、10Ω 电阻×4、0~20Ω 变阻器×2。

（3）任务牌：30 张。

游戏规则：

学生随机抽取一张任务牌，并在电路板上使用电路元件完成任务牌上面的电路连接任务。

9. 压强与浮力大挑战

游戏材料：

（1）属性牌：如质量、重力常数、受力面积、体积、物体密度、深度、液体密度、压强、浮力等，共 40 张。

（2）场景牌：如水平路面、水下、月球、太空等，共 20 张。

（3）任务牌：如计算压强大小、压力、受力面积、浮力大小、判断压强增大或减小、判断物体上浮还是下沉等，共 20 张。

（4）幸运牌：如答错对手不加分、答对分数 ×2 等，共 6 张。

（5）生命牌：每张卡代表 1 分，共 20 张。

游戏规则：2 名以上选手参与游戏，先出牌的选手将属性牌、场景牌与任务牌组合成一个任务后出牌，让对方进行答题。若答对，则答题人加 1 分，答错，则出题人加 1 分、取一张生命牌，然后交换出题人和答题人。若本轮本方无法出题，可以放弃出牌权。若双方牌已出完，或无法再进行组合出题，则游戏结束，生命值高的选手获胜。

其他教学内容，可以仿照上面的游戏设计，设计成趣味盎然、与教学内容紧密结合的游戏。

（二）课堂教学流程的游戏化设计

按照分组比赛、设计关卡、提供反馈、增加趣味性和随机性等原则，将教学活动进行游戏化设计。以声现象为例，可以设计"为物理百科撰写声现象词条"的项目任务，要求词条的每一个板块都图文并茂，学生需要分组完成以下游戏活动：

（1）声音测速：学生利用两台手机完成声音的测速实验，并将实验过程和实验结果填写到词条之中。

（2）校园最强音比赛：学生借助手机，比赛谁发出的声音响度最大，记下分贝值；将比赛过程和比赛结果填写到词条之中。

（3）校园最高音比赛：学生借助手机，比赛谁发出的声音音调最高（分男生和女生两组），记下频率值；将比赛过程和比赛结果填写到词条之中。

（4）闻声识人游戏：学生分组游戏，看看谁能够根据预先录下的"你好"录音，准确辨认出录音者；将游戏过程填写到词条之中。

（5）比较不同材料的隔音效果：借助两部手机，比较常见物体的隔音效果；将实验过程和实验结果填写到词条之中。

（6）校园噪声地图标注：学生借助噪声测量仪，分别在早上、中午、下午和晚上，在校内不同地点测量噪声，并在地图上标注分贝值；将标注后的地图复制到词条之中。

实验过程也可以按照上述思路进行游戏化设计。以"测量固体的密度实验"为例，除了设置不同难度的关卡（如测量金属块密度、测量密度小于水的蜡块密度等）以外，还可以增加一些随机因素，如将两个小组进行结对，互相从对方的实验器材中取走任意一样，看能否继续完成实验，等等。

八、结语

玩用结合，玩以致用，运用游戏化思维对初中物理教学进行游戏化设计，将游戏元素和教学内容相结合，将学习过程与物理应用相结合，以游戏的方式激发学生的学习兴趣，提高学生对物理知识的理解和应用能力，这是一条具备充分可行性和创新性的教与学路径。

情思数学

黄伟群

（揭阳市揭东区第一初级中学）

数学是现代科技发展的基础，也是基础教育的重要科目。然而，许多学生在学习数学的过程中，往往感到枯燥无味、难以理解，导致学习兴趣下降，成绩不佳。为了解决这一问题，我开始探索并形成新的数学教学思想——"情思数学"。"情思数学"强调情感与思维的结合，以情感为引子，激发学生对数学学习的兴趣；以思维为线索，培养学生的数学思维和数学能力。通过情感与思维的互动，引导学生探索数学的本质，激发学生的学习动力，使他们更加主动地参与数学学习，从而达到更好的学习效果，提高学生的数学素养。

通过对相关文献的研究，我发现，"情思数学"教学思想不仅对传统的数学教育产生了深刻的影响，同时引领了数学教育的新风向。

"情思数学"提出的背景可以概括为：在全球教育领域内，传统数学教育存在诸多问题，难以满足当代学生全面成长的需求。在这个背景下，"情思数学"应运而生。作为一种创新的教学思想，"情思数学"为数学教育注入了新的活力和动力，成为值得探索的一种教学思想。

一、"情思数学"的研究意义

"情思数学"是一个全新的、开放的教学思想，它重视学生情感和思维的发展，以引导学生的情感和思维为出发点，推动学生的创造性思维和实际问题解决能力的提高，帮助学生更好地适应现代社会的发展，更好地实现自身价值。在初中数学教学中，其研究意义主要体现在以下几个方面：

1. 推动数学教学创新

数学是科学的基础，是一门理论和实践密切结合的学科。它既有自身的内在逻辑体系，又与现实生活密切相关。在现代数学教学中，"情思数学"教学思想就是为了更好地发挥数学教学的作用，推动数学教学创新，使学生更好地理解和运用数学知识，更好地面对未来的挑战。

2. 引导学生情感和思维的发展

在传统的数学教学中，主要关注的是知识的传授和思维的训练，通常忽视了学生情感和思维的发展。这种教育模式可能会导致学生对数学学习的兴趣降低，甚至出现"数学恐惧症"，进而影响数学学习的效果。而"情思数学"教学思想则强调从学生的实际需求出发，引导学生情感和思维的发展，使学生更好地理解和应用数学知识，建立正确的数学观念和态度。

3. 培养学生的创造性思维和解决实际问题的能力

创造性思维和解决实际问题的能力已经成为当代人才所必需的基本素质之一，"情思数学"教学思想以培养学生的创造性思维和解决实际问题的能力为目的，推动学生在各个领域发展全面的能力和素质，以适应未来社会的发展。总之，"情思数学"教学思想为学生的综合素质发展提供了新的途径和方法。

4. 促进学生的全面发展

"情思数学"教学思想注重培养学生的情感和思维发展、创造性思维和解决实际问题的能力，从而全方位促进学生的个性化发展。这不仅符合现代教育发展的要求，也能帮助学生更好地实现自身价值。

二、"情思数学"的核心理念

"情思数学"教学思想提出了一个新的理念，即注重学生情感和思维的发展，在教学过程中注重引导学生热爱、理解、应用和创新数学知识。它的核心理念可以从"情""思"两个方面来阐述。

（一）"情"方面的含义

在人类的学习和成长中，"情"占有极为重要的位置。无论是在学习中还是在生活中，"情"都是影响人行为和决策的关键因素之一。作为一种情感体验，它可以激发人在学习过程中的兴趣和动力。在"情思数学"教学思想中，"情"主要体现在以下几个方面：

1. 激发学生的学习兴趣

学习兴趣是学生主动学习的源动力，也是影响学生课堂表现和学习成绩的重要因素之一。学生只有在对学习内容产生兴趣时，才会更加主动地参与到学习当中，并不断地探究和学习，进而取得更好的成绩。在"情思数学"教学思想中，通过教师设计有趣、有挑战性和富有创意的问题，来调动学生的主动性，激发学生的学习兴趣，使其在学习中能够投入自己的情感，积极参与到学习当中去。

2. 培养学生正确的数学观念

数学作为一门基础学科，其知识体系相对独立，逻辑性强，对学生的思维能力有着很大的考验。在"情思数学"教学思想中，教师应该关注学生数学观念的形成，让学生能够树立正确的数学观念，树立自信心，从而培养学生学习数学的兴趣和热情。

3. 注重学生情感的培养

情感是人类内在的感性体验，其对个体心理发展和人际交往均具有重要作用。在"情思数学"教学思想中，教师应该注重对学生情感方面的引导和培养，帮助学生树立积极的情感体验，推动学生情感和思维的协同发展。

（二）"思"方面的含义

在学习和成长中，"思"是一种重要的思维方式，能够引导学生的创新思维和提高实际问题解决能力。在"情思数学"教学思想中，"思"主要体现在以下几个方面：

1. 引导学生的创新思维

创新思维是现代社会人们所必需的基本素质之一。"情思数学"教学思想提倡教师注重培养学生的创新思维能力，引导学生运用逻辑思维和创造性思维，探究问题的本质，寻找解决问题的方案，从而提高学生解决实际问题的能力。

2. 提高学生的数学思维能力

数学思维能力是面对数学问题、解决数学问题所必需的基本素质。数学思维能力包括问题意识、问题解决、推理证明、抽象思维、空间想象等方面，是数学学习的核心和基础，也是现代社会中各个领域所需要的基本素质之一。

在数学教学中，教师应该注重培养学生的数学思维能力。首先，教师应该引导学生建立正确的问题意识，激发学生的学习兴趣和求知欲。其次，教师应该教会学生解决问题的正确方法，培养学生解决问题的能力，让学生能够独立思考、独立探究。再次，教师应该注重培养学生的推理证明能力，帮助学生理解和掌握数学中的概念、定义、定理和证明方法。此外，教师还应该注重培养学生的抽象思维和空间想象能力，让学生能够通过抽象思考、空间想象来解决数学问题。

数学思维能力的培养需要长期坚持和不断探索。教师和学生应该共同努力，通过多种方式，不断地提高数学思维能力，更好地掌握和应用数学知识，为未来的学习和工作打下坚实的基础。

3. 注重实际问题解决能力的培养

实际问题解决能力是现代社会所必需的综合素质之一。"情思数学"教学思想强调教师应该注重培养学生解决实际问题的能力，引导学生通过数学知识的应用，不断探索、创新解决实际问题的方法。

综上所述，"情思数学"教学思想的核心理念是注重学生情感和思维的发展，提高学生的创造性思维和实际问题解决能力。通过"情"和"思"两个方面的培养，教师可以引导学生更好地理解和应用数学知识，并将其运用于生活实践中，最终实现学生的全面发展。在实际教学中，教师可以运用各种手段来实现"情思数学"教学思想的理念。例如，在课程设计中，教师可以设计有趣、富有挑战性和创意的问题，来调动学生的学习兴趣和主动性。在课堂教学中，教师可以采用互动性强的教学方法来引导学生进行探究性学习。互动性强的教学方法包括课堂讨论、小组合作、教学案例、游戏化教学等。在课外实践活动中，教师可以让学生运用数学知识解决实际问题，实践活动可以包括数学建模、竞赛等，这些都有利于学生情感和思维的发展。通过培养学生的创造性思维和解决实际问题的能力，来实现"情思数学"教学思想的理念。

三、"情思数学"的主要内容和作用

"情思数学"教学思想是针对传统数学教育模式的一种创新性的教学理念，通过改变传统的教学方法和内容，关注学生的学习兴趣和实践能力，为学生提供积极、开放的学习环境，从而达到更好的教育效果。下面将对"情思数学"教学思想的主要内容和作用进行总结。

(一)"情思数学"教学思想的主要内容

1. 强调学生的主体性和实践能力

"情思数学"教学思想将学生置于教学的核心位置，尊重、培养和发掘学生自身的潜能，注重学生的实践能力和实际应用。

2. 注重数学知识的整合和应用

"情思数学"教学思想注重引导学生将学过的知识整合运用到实际问题

中，提高对数学知识的应用，培养学生的创新意识和能力。

3. 培养学生的创新思维和团队协作精神

"情思数学"教学思想注重培养学生的创新思维和团队协作精神，鼓励学生在学习过程中充分发挥个人和团体的潜能，充分展现积极性和主动性。

4. 打破教学壁垒，促进交流互动

"情思数学"教学思想打破传统教学模式的壁垒，建立学生与教师之间的良好互动，促进师生之间的有效沟通，提供有益的反馈和指导。

（二）"情思数学"教学思想的作用

1. 增强学生的学科素养

"情思数学"教学思想通过实践和探究，培养学生对数学知识和应用的深入理解，不仅能够提高学生的数学素养，也能够提升学生的综合素养。

2. 提高学生的探究精神和实践能力

"情思数学"教学思想强调学生的主体性和实践能力，鼓励学生通过实践和探究获得知识和经验，提高学生的实践能力和探究精神。

3. 培养学生的创新意识和协作精神

"情思数学"教学思想注重培养学生的创新意识和协作精神，鼓励学生在学习过程中拓展思维和创造能力，并注重学生的个性发展和自我体验。

4. 促进教育信息化和科技创新

"情思数学"教学思想鼓励学生在实践中应用现代技术手段，促进教育信息化和科技创新，借助数字化媒体等工具，提升学习效率和教育效果。

5. 提高教育者的教学水平和专业素养

"情思数学"教学思想提高了教育者的教学水平和专业素养，激发了他们的教学激情和创新精神，有利于提高教育的质量和效果。

总之，"情思数学"教学思想是一种提高教育教学质量的有效途径，它强调学生的主体性，能提高学生的实践能力和创新思维，促进学生对知识的深入理解和应用，善于顺应教育改革的大趋势和时代发展的要求，为数学教育的发展和进步注入了新的思想和活力。

四、"情思数学"的实施方法

要在教学中贯彻"情思数学"教学思想，需要遵循一些具体的教学策略和方法。下面将介绍一些实施"情思数学"教学思想的具体方法和策略，以帮助广大教师更好地贯彻"情思数学"教学思想。

（一）引导学生的情感和思维

在教学中，教师应该注重学生的情感，尤其是积极的情感体验。学生的情感状况会直接影响其学习效果，而积极的情感体验可以帮助学生更好地融入学习中，提高学习成效。教师可以通过以下方法来引导学生的情感和思维：

（1）学情分析：教师应该通过了解学生的心理状态、学习兴趣、心理健康等方面的情况，进行学情分析。只有了解学生的情感和思维特点，才能更好地制订教学方案，满足学生的需求。

（2）热情表达：教师应该积极表达出自己对学科、对教学的热情和信心，以此来激发学生的学习兴趣和提升其情感体验。教师的热情和信心会感染学生，激励学生更好地参与到学习中。

（3）鼓励参与：教师应该鼓励学生积极参与课堂活动，提高学生的情感投入。通过不同的互动形式、小组合作等，让学生在课堂上积极参与，促进学生的全面发展。

（4）竞赛比拼：教师可以组织学生参加一些竞赛，以此来激发学生的竞争意识和情感投入。竞赛可以调动学生的积极性，激发其学习动力并提高其学习效率。

（5）鼓励奖励：教师应该及时给予学生鼓励和奖励，以此来增强学生的情感体验。奖励可以激励学生更加努力地学习，同时也能够增强学生的归属感和自豪感。

（二）培养学生的创造性思维

创造性思维是学生综合素质的关键之一，它可以促进学生的创新和发展。在教学中，教师应该关注学生的个体差异，采用多种教学方法和策略来培养学生的创造性思维。

（1）鼓励学生思考：教师应该鼓励学生积极思考，并提供足够的思考时间和空间。课堂上可以设置一些问题，让学生自己思考并给出答案，或者通过小组合作、讨论等方式来帮助学生发挥创造性思维。

（2）提供多样化的教材：教师可以提供多样化的教材和案例，鼓励学生自主探索和学习。在教材和案例的选择上，可以注重知识的应用和实践，引导学生运用所学知识解决实际问题。

（3）实践活动：教师可以引导学生参加一些实践活动，如科技竞赛、创新设计等。这些活动可以让学生将所学知识运用到实际中，从而培养学生的实践能力和创新思维。

（4）游戏教学：教师可以采用一些游戏化的教学方式，通过游戏的方式来培养学生的创造性思维。在游戏中，学生可以自由发挥想象力和创造力，获得愉悦的学习体验。

（5）小组合作：教师可以采用小组合作的方式，让学生在小组中互相交流、学习，共同解决问题。小组合作可以让学生发挥创造性思维和团队精神，提高学生的学习效果和综合素质。

（三）培养学生解决实际问题的能力

实际问题的解决是数学教育的重要目标之一。随着社会的发展，实际问题越来越复杂和多样化，因此在教学中，教师应该注重培养学生解决实际问题的能力，提高学生的数学应用能力。

（1）实际问题的引入：教师可以通过引入实际问题来进行课堂教学，如讲述一个问题、演示一个实验等，激发学生的兴趣。这样做可以帮助学生理解所学内容的实际意义和应用场景，使学生更加愿意深入学习。

（2）实践活动的开展：教师可以组织学生参加一些实践活动，如调查研究、实验模拟、数学建模等，让学生将所学知识运用到实际问题中，提高学生的实际应用能力。实践活动可以激发学生的兴趣，促进学生主动学习。

（3）教材的设计：教师应该根据学生的实际需求和特点，设计符合学生实际应用需求的教材。教材应该具有实际意义和应用场景，并且要精简扼要、重点明确、易于理解。

（4）教学方法的运用：教师可以采用多种教学方法和策略，如启发式教学、案例教学、竞赛教学等。这些教学方法可以鼓励学生积极思考、自主学习，提高学生的综合素质、实际应用能力和创新能力。

五、"情思数学"的具体实践

"情思数学"教学思想是一种注重学生情感、思维、创造性和实际应用能力的教学思想。要贯彻"情思数学"教学思想，需要在课程设计、教学方法和评价方式等方面进行具体实践。下面从这三方面详述"情思数学"教学思想的实践。

（一）课程设计方面

1. 突出问题意识和探究精神

课程设计应该突出问题意识和探究精神，让学生在探究中逐渐形成自己的思考方式和学习策略。同时，课程设计应该注重多元素整合，将数学知识和实际问题相结合，以激发学生的学习兴趣和创造性思维。教师可以设置一些有趣且具有挑战性的问题，鼓励学生进行探究和思考。

2. 激发学生的创造性思维

在课程设计中，要注重激发学生的创造性思维。教师应该鼓励学生去探究问题，发现解决问题的方法，并提供多种解决问题的途径。通过引导学生比较、分析和选择不同的方法，让学生可以发展出新的思维方式和创新性的解决方案，从而培养他们的创造性思维。此外，教师还可以通过课程设计，开展各种实践活动，让学生在实践中亲身体验创新的重要性，从而深化他们对创新的理解和应用。另外，教师也可以通过课程设计，鼓励学生提出新的问题和观点，培养学生的创造性思维。

3. 培养学生的实际应用能力

在课程设计中，教师应注重发展学生的实际应用能力，这不仅包括学生对数学知识的掌握，还包括学生对这些知识的实际应用。教师应积极引导并鼓励学生将所学的数学知识应用到实际问题中，让学生在实践中亲身体验和发现数学知识的实际应用价值。此外，教师也可以通过课程设计，激励学生参与数学竞赛和实践活动，以培养他们解决实际问题的能力，这既能提高他们的技能，又能培养他们的创新思维。

（二）教学方法方面

1. 引导学生自主学习

"情思数学"教学思维强调学生自主学习，这一理念要求教师引导学生自主学习，并让学生在探究中形成自己的思考方式和学习策略。为了实现这一目标，教师可以采用任务型教学和问题式教学等教学方法，以培养学生主动学习的习惯和自我探索。通过任务型教学，教师为学生设定明确的任务和目标，让学生以个人或团队的形式进行探究、解决问题，从而促进他们主动学习和独立思考。问题式教学则是以问题为核心，让学生在学习过程中不断发现问题、提出问题、分析问题和解决问题，从而培养他们的创新思维和解决问题的能力。总之，教师应当注重学生的自主学习，创造有利于学生思维发展的环境和条件，让学生在学习中自由探索、自主思考，从而培养出独立、创新的人才。

2. 建立互动式教学环境

"情思数学"教学思想不仅强调学生自主学习，还强调教师和学生之间的互动和合作。教师可以采用小组讨论、Peer Review 等教学方法，建立互动式教学环境，这样可以激发学生的合作精神和创造性思维，促进学生情感和思维的协同发展。

3. 采用多种教学策略

"情思数学"教学思想还强调多种教学策略的综合运用。教师可以运用多种教学策略，例如反思式教学、探究式教学等，以激发学生的学习兴趣和创造性思维。同时，教师还应该鼓励学生采用多种方法和策略解决问题，培养学生创造性思维和实际应用能力。

（三）评价方式方面

1. 采用多元化评价方式

"情思数学"教学思想强调多元化的评价方式。教师应该采用多种评价方式，例如口头表达、书面作业、小组讨论等，以全面评价学生的情感、思维和实际应用能力，这样可以鼓励学生更好地发挥自己的优势和特长。

2. 引导学生评价自我

"情思数学"教学思想强调学生自我评价。教师可以引导学生评价自我，让学生在评价中发现自己的优缺点，进而调整自己的学习方式和策略，这样可以培养学生的自我管理能力。

3. 重视过程评价

"情思数学"教学思想强调过程评价。教师应该重视学生探究和思考的过程，关注学生的探究思路和解决问题的方法，这样可以更好地评价学生的情感、思维和实际应用能力，鼓励学生持续探究和学习。

总之，要贯彻"情思数学"教学思想，需要在课程设计、教学方法和评价方式等方面进行具体实践。教师可以通过突出问题意识和探究精神、激发学生的创造性思维、培养学生的实际应用能力、引导学生自主学习、建立互动式教学环境、采用多种教学策略、采用多元化评价方式、引导学生评价自我和重视过程评价等方法，使"情思数学"教学思想得以落实。

六、"情思数学"的教学范式与教学设计

"情思数学"的教学范式与教学设计注重情感的激发和思维的逻辑性，通过情感和思维的结合，使学生能够更深入地理解和应用数学知识。在教学设计中，创设情境、提出问题、探索发现、合作学习和实践应用是重要的环节，通过这些环节的设计，可以有效地提高学生的数学素养和应用能力。

（一）教学范式

"情思数学"的教学范式是基于情感和思维的数学教学范式。在这种教学范式中，情感和思维被视为数学学习的两个重要方面，通过情感和思维的结合，使学生能够更深入地理解和应用数学知识。

"情思数学"的教学范式强调情感的激发和思维的逻辑性。情感在数学学习中起着非常重要的作用，被看作数学学习的重要动力。通过情感的激发，可以提高学生对数学的兴趣和学习的积极性，使他们能更加主动地参与数学学习。情感的激发可以通过多种方式实现，例如通过创设富有情感色彩的学习情境，让学生感受到数学的趣味性和实用性；通过学生的自主探索和实验，让学生体验到数学知识的发现过程和解决问题带来的乐趣；通过及时的反馈和鼓励，增强学生的自信心和成就感。同时，"情思数学"注重思维的逻辑性。在数学学习中，思维起着至关重要的作用，通过思维的训练，可以帮助学生更好地理解数学概念和原理，提高解决问题的能力。思维的逻辑性包括问题分析、推理和归纳等过程，这些过程需要在数学学习中进行阶段性培养和锻炼。

（二）教学设计

"情思数学"的教学设计包括以下几个方面：

（1）创设情境：通过创设具有吸引力的情境，培养学生的情感，引起学生的兴趣，从而提高学生学习的积极性和主动性。

（2）提出问题：通过提出具有启发性的问题，引导学生思考，培养学生的思维，使学生能够深入思考和理解数学知识。

（3）探索发现：通过让学生自主探索和发现，培养学生的观察、比较、分析、综合、抽象、概括等思维能力，从而提高学生的数学素养。

（4）合作学习：通过合作学习，使学生能够相互交流、相互学习、相互

启发，从而加深对数学知识的理解和掌握。

（5）实践应用：通过实践应用，使学生能够将所学数学知识应用到实际生活中，从而提高学生的数学应用能力。

（三）教学案例

以初中数学中的"勾股定理"为例，进行"情思数学"的教学设计。

（1）创设情境：通过介绍勾股定理的历史和应用，激发学生的学习兴趣和好奇心。

（2）提出问题：通过提出"你们知道勾股定理的证明方法吗""你们能够发现勾股定理在生活中的应用吗"等问题，引导学生思考和探索。

（3）探索发现：通过让学生利用勾股定理测量物体的高度、长度等，让学生自主探索和发现勾股定理的应用。

（4）合作学习：通过小组合作学习和交流，让学生相互学习和启发，从而加深对勾股定理的理解和掌握。

（5）实践应用：通过实践应用，让学生将所学数学知识应用到实际生活中，从而提高学生的数学应用能力。

七、"情思数学"对学生的影响

"情思数学"是以学生为中心的教学思想，在实践中可以对学生产生多方面的影响，包括提高学生的学习兴趣和积极性，培养学生解决问题的能力，以及促进学生的全面发展。下面从这三个方面分析"情思数学"教学思想对学生的影响。

（一）提高学生的学习兴趣和积极性

"情思数学"教学思想强调突出数学的实际应用价值和探究性，教师应该注重培养学生对数学的兴趣和积极性。在实践中，"情思数学"教学思想可以激发学生的学习兴趣和积极性，具体表现在以下几个方面：

1. 增强学习主动性和自主性

在"情思数学"教学过程中，学生需要通过自主学习和探究来掌握知识。这种学习方式可以激发学生的主动性，让学生深入到学习和探究中，从而提高学生的学习兴趣和积极性。

2. 培养学生的实际应用意识

"情思数学"教学思想强调数学知识的实际应用，让学生在学习中明确数学知识的实际用途，并感受数学知识对解决实际问题的帮助。这种感受可以激发学生的学习兴趣和积极性，从而提高其学习效果。

3. 增强学习的实践性

"情思数学"教学思想注重将数学知识与实际问题相结合，让学生在实践中掌握数学知识。这种学习方式可以增强学习的实践性，让学生在学习中深入了解数学的实际应用，从而提高学习兴趣和积极性。

（二）培养学生解决问题的能力

"情思数学"教学思想强调培养学生解决实际问题的能力，让学生在实践中掌握数学知识。在实践中，"情思数学"教学思想可以提高学生解决问题的能力，具体表现在以下几个方面：

1. 培养学生的创造性思维

"情思数学"教学思想注重让学生在实践中发现问题和解决问题，这种培养方式可以激发学生的创造性思维，让学生为问题寻找出路。在实践中，学生需要不断探究和实践，从而提高其解决问题的能力。

2. 培养学生的分析能力和评价能力

"情思数学"教学思想强调将数学知识与实际问题相结合，让学生在实践中应用数学知识解决实际问题。在这个过程中，学生需要进行分析和评价，并从中得到反思和总结，从而提高其分析能力和评价能力。

3. 培养学生的团队合作能力

"情思数学"教学思想注重团队合作，并通过团队合作来解决实际问题。团队合作可以激发学生的合作精神和创造性思维，提高学生解决问题的能力。

（三）促进学生的全面发展

"情思数学"教学思想强调全面发展学生的情感、思维能力、创造力和实际应用能力等。在实践中，"情思数学"教学思想可以促进学生的全面发展，具体表现在以下几个方面：

1. 情感的培养

"情思数学"教学思想强调在教学过程中，注重学生的情感体验，使学生在积极、愉悦的情感状态下进行学习。教师通过创造有趣、生动的教学情境，激发学生的学习兴趣和好奇心，使他们愿意主动参与到数学学习中来。同时，教师还关注学生的情感变化，及时给予鼓励和肯定，帮助学生建立自信，培养他们的学习热情和毅力。

2. 思维能力的提升

"情思数学"注重培养学生的思维能力，通过引导学生进行深度思考，使他们在解决问题的过程中不断锻炼和提升逻辑思维能力、创新能力和批判性思维。教师在教学过程中，鼓励学生大胆提出自己的想法和见解，培养他们独立思考和解决问题的能力。同时，教师还通过设计具有挑战性的问题，激发学生的探索欲望，促进他们的思维向深度和广度发展。

3. 创造力的激发

"情思数学"教学思想鼓励学生发挥创造力，通过多样化的教学活动和形式，为学生提供展示才华的平台。教师在教学过程中，引导学生从不同角度、不同层面去思考和解决问题，培养他们的发散性思维和创新意识。同时，教师还鼓励学生参与数学竞赛、数学游戏等活动，让学生在实践中锻炼自己的创造力。

4. 实际应用能力的提升

"情思数学"教学思想强调数学与生活的紧密联系，注重培养学生的实际应用能力。教师在教学过程中，将数学知识与现实生活相结合，引导学生运用所学知识解决实际问题。同时，教师还鼓励学生参与数学实践活动，如数学建模、数学调查等，让学生在实践中提升自己的数学应用能力和综合素质。

总之，"情思数学"教学思想通过关注学生的情感、思维能力、创造力和实际应用能力等方面的发展，促进学生的全面发展。这种教学思想不仅有助于提高学生的数学成绩，更重要的是能够培养学生的综合素质和未来的发展潜力。

八、"情思数学"的发展前景

"情思数学"教学思想是新时期的一种教学思想，注重以学生为中心，增强学生的探究精神和实践能力。随着教育理念的不断更新和教育技术的不断发展，"情思数学"教学思想也将逐渐得到越来越多的认同和支持。

首先，"情思数学"教学思想的发展前景十分广阔。它强调学生的情感参与和思维活动，使得数学学习不再是枯燥无味的公式和计算，而是充满趣味性和探索性的过程。这有助于激发学生的学习兴趣和动力，提高他们的学习效果。同时，"情思数学"教学思想也注重培养学生的创新思维和解决问题的能力，这在当今这个快速变化的时代尤为重要。

其次，"情思数学"教学思想的应用前景非常广泛。它不仅可以应用于传统的课堂教学，还可以与现代教育技术相结合，如在线教学、虚拟现实等，为学生提供更加丰富多样的学习体验。此外，"情思数学"教学思想还可以应用于数学竞赛、数学建模等领域，为培养高素质的数学人才提供有力支持。

对于学生而言，"情思数学"教学思想能够帮助他们建立正确的数学观念，提高他们的数学素养。通过情感参与和思维活动，学生可以更好地理解数学的本质和应用，形成对数学的积极态度和兴趣。同时，"情思数学"教学思想也能够培养学生的逻辑思维能力和创新精神，为他们未来的学习和职业发展打下坚实的基础。

对于教育者而言，"情思数学"教学思想为他们提供了一种新的教学理念和方法。它可以帮助教育者更好地关注学生的个体差异和情感需求，创造更加和谐、互动的教学氛围。同时，"情思数学"教学思想也能够促进教育者的专业成长和创新能力的提升，推动教育教学的改革和发展。

总之，"情思数学"教学思想作为一种新的教学思想，具有广阔的发展前景和潜在的应用价值。它不仅能够提高学生的数学素养和综合能力，还能够推动教育教学的改革和创新。因此，我们应该积极推广和应用"情思数学"教学思想，为培养更多优秀的数学人才和推动数学教育的发展做出积极的贡献。

九、"情思数学"的研究反思

"情思数学"是一种注重情感和思维逻辑的数学教学思想，通过情感和思维的结合，提高学生对数学学习的兴趣和积极性，培养学生的数学思维能力和应用能力。在践行"情思数学"的过程中，需要教师不断反思和总结，继续实践和探索，并不断完善和发展该教学思想。

1. 深化理论研究

进一步深入研究"情思数学"教学思想的理论基础和原理，不断丰富其理论内涵，以便为实践提供更加坚实的理论支撑。

2. 加强教师培训

对教师进行专业培训，提高教师的数学素养和情感教育能力，让教师掌握"情思数学"教学思想的概念、原理和方法，并将其融入日常教学中。

3. 开发教材和教学资源

根据"情思数学"教学思想开发相应的教材和教学资源，包括课件、练习册、案例等，以便教师更好地实施教学。

4. 开展示范课和公开课

组织开展示范课和公开课等教学活动，让其他教师能够直观地了解"情思数学"教学思想在实际教学中的运用情况，推广成功的经验。

5. 加强学术交流

教师要参加相关学术会议、研讨会等，与其他教师和专家交流"情思数学"教学思想的研究成果和实践经验，促进学术交流和合作。

6. 探索情感教育方法

教师要尝试将情感教育融入数学教学中，例如通过数学美的欣赏、数学历史的介绍等方式，激发学生的情感共鸣，提高学生的学习积极性和主动性。

7. 注重思维逻辑培养

在数学教学中注重思维逻辑的培养，通过问题设置、案例分析、探究活动等方式，引导学生的思维，培养学生的逻辑思维和创造性思维。

8. 结合实际应用

将数学理论知识与实际应用相结合，让学生了解数学的实际应用价值，锻炼学生的数学应用能力。例如，通过解决实际问题、开展数学竞赛等方式，让学生将所学知识应用到实际生活中，提高他们的数学应用能力。

9. 促进合作学习

通过合作学习、小组讨论等方式，让学生相互学习、相互启发，提高学习效果。例如，组织学生成立学习小组，共同探讨数学问题，让学生在合作学习中提高自己。

10. 反思教学成果

及时对教学成果进行反思和总结，不断改进教学方法和策略，提高"情思数学"教学思想的实践水平和教学效果。例如，对学生的学习情况进行定期评估，对教学方法进行反思和改进，以提高教学质量。

总之，通过这些环节的实践和探索，可以有效地提高"情思数学"教学思想的实践水平和教学效果，促进学生的全面发展。

十、结语

通过对"情思数学"教学思想的深入探讨，我们不禁感叹其深厚的理论内涵与广泛的应用前景。它不仅关注学生的数学成绩，更重视学生的综合素质与未来发展潜力，将情感与思维紧密结合，让数学学习充满乐趣与活力。展望未来，我们有理由相信，"情思数学"教学思想将继续引领数学教育的新潮流，为培养更多具备创新思维和实践能力的优秀人才奠定坚实基础。让我们携手共进，共同探索和实践"情思数学"的无穷魅力，为数学教育的繁荣与发展贡献自己的力量！